Johannes Dietl-Zeiner

Das kastrierte Evangelium

Die falsch übersetzte Bibel und die Wiederentdeckung der Lust

Ariston

Die Deutsche Bibliothek – CIP-Einheitsaufnahme

DIETL-ZEINER, JOHANNES:
Das kastrierte Evangelium: die falsch übersetzte
Bibel und die Wiederentdeckung der Lust / Johannes Dietl-Zeiner.
Erstaufl. – Kreuzlingen ; München :
Ariston Verlag, 1996
ISBN 3-7205-1941-4

Gestaltung des Schutzumschlages:
Egon Meichtry, Zürich

Satz: SatzTeam Berger, Ellenberg
Druck und Bindung: Wiener Verlag, Himberg bei Wien

Erstauflage: September 1996
Printed in Austria

ISBN 3-7205-1941-4

Inhalt

ZWEITER TEIL

Statt dessen rufen die Päpste weiterhin die anderen, nur nicht sich selbst, zur Umkehr auf und laden – wie zur Zeit von JESUS die Pharisäer – den Menschen Lasten auf, die sie selbst nicht tragen wollen.

Die Antwort auf die Frage, warum also die Frohe Botschaft weitgehend nur leere Worte zu bieten hatte und hat, ist relativ leicht zu geben. Das geistige Fundament der christlichen Kirchen ist seit mehr als 1600 Jahren (HIERONYMUS) schlechtestens gelegt, weil das, worauf alles aufgebaut ist, (nämlich die Übersetzungen des Neuen Testamentes aus dem griechischen Urtext), schwerste Fehler enthält. Diese sind so gravierend, daß die betreffenden Sätze oft genau das Gegenteil von dem aussagen, was die Schreiber des Urtextes den Menschen als Frohe Botschaft Gottes von Jesus vermitteln wollten.

Wie jedoch konnte es geschehen, daß die Menschen so viele Jahrhunderte hindurch von großen Glaubenslehrern, Päpsten und theologischen Wissenschaftlern falsch informiert worden sind?

Und was sind die Folgen davon für die christlichen Kirchen? Wieviel Leid hat das alles in die Welt gebracht?

Und wie sieht die Frohe Botschaft Gottes tatsächlich aus, die die Urkirche verkündtete und durch Taten bestätigte?

Auf diese wichtigen Fragen sollen hier Antworten gegeben werden.

Eines sei noch vorausgeschickt: Ob die Übersetzungen aus dem griechischen Urtext mit voller Absicht aus kirchenpolitischen Überlegungen und Taktiken zur Stärkung der päpstlichen Machtposition fehlerhaft angefertigt wurden oder ob die Fehler aus Unzulänglichkeit, Mißgeschick, Irrtümern und Ängsten vor dem Zerfall des Christentums entstanden, ist nicht so leicht zu entscheiden. Höchstwahrscheinlich kam das alles zusammen. Die daraus resultierende Tragik besteht jedoch darin, daß die Menschen innerhalb und außerhalb der

Einführung

Das Christentum im Labyrinth der
kirchlich autorisierten Übersetzungsfehler
in den Schriften des Neuen Testaments –
der Weg zu einem glücklichen
und erfüllten Leben?

Die christlichen Kirchen (und da im besonderen die römisch-katholische) versuchten zu allen Zeiten, den Menschen durch Predigten und Unterweisungen die Frohe Botschaft Gottes zu verkündigen und ihnen so das Heil zu bringen. Die Päpste sahen viele Jahrhunderte hindurch die Position der römisch-katholischen Kirche in der Weise, daß es außerhalb von ihr kein Heil und keine Erlösung von der Erbsünde gäbe. So formulierte Papst BONIFATIUS VIII. 1302 in seiner päpstlichen Bulle *Unam sanctam:* »... wir glauben an sie (die Kirche) ..., außer der wir kein Heil noch Verzeihung der Sünden finden« (Josef Neuner, Heinrich Roos, Der Glaube der Kirche in den Urkunden der Lehrverkündigung. Regensburg 1986, Nr. 376, S. 254). – »... extra quam (eccelsiam) nec salus« (Heinrich Denzinger, Enchiridion Symbolorum – Kompendium der Glaubensbekenntnisse und kirchlichen Lehrentscheidungen, Freiburg 1991, Nr. 870, S. 385).

Warum aber haben die Menschen in ihrem Leben dieses Heil dann nie erfahren?

Im Gegenteil: Die christlichen Kirchen schrieben bis in die Gegenwart oft nicht nur eine ausgesprochen unchristliche Geschichte, sondern vollbrachten selbst (vor allem die Kirche Roms) unmenschliche Handlungen. Bis heute haben sie das immer noch nicht in ausreichend deutlicher Form verurteilt.

Kirchen keine wirklich brauchbaren Hilfen und Orientierungen für ihre jeweilige Lebenssituation bekommen konnten.

Daß diese christliche Botschaft von ihnen bis heute nicht als frohmachend wahrgenommen werden kann und so auch die besten Bemühungen der kirchlichen Vertreter nicht mehr sind als Hinweisschilder in einem Labyrinth, muß überaus bedenklich erscheinen. Jedenfalls zeigt sie den Menschen nicht den »trockenen Weg durch das Rote Meer«.

Die Kirchen vertreten in ihren Lehren und in ihrer Praxis leider heute noch leib- und lustfeindliche Geisteshaltungen, frauenfeindliche Tendenzen und pessimistische Partner- und Eheauffassungen, und es sehen einige von ihnen noch immer die Ehelosigkeit als etwas an, das dem Willen Gottes entspricht. Oder es wird der Reiche fast schon so angesehen, als ob er von Gott für seinen Reichtum bestraft werden sollte, und der Kranke oder Unterdrückte weiß trotz der Belehrungen auch nicht wirklich einen Weg in seiner Not.

So haben die Menschen bis heute noch keine eindeutige und widerspruchsfreie Lehre und Vorstellung des Christentums erhalten.

Den frohmachenden Geist, den positiven Kern der christlichen Botschaft soll dieses Buch freilegen, gestützt auf die unverfälschten Aussagen der Bibel, insbesondere der Evangelien und anderer Schriften des Neuen Testaments.

Wir wollen uns dabei nicht mit dem neuerdings wieder entbrannten Streit um die Authentizität der Evangelien und die historische »Echtheit« der Person JESU aufhalten. Einzelheiten der politischen Situation in Palästina zu Beginn unserer Zeitrechnung oder der Datierung neutestamentlicher Berichte anhand von Papyrusfragmenten tragen wenig dazu bei, den Geist der biblischen – der christlichen – Botschaft zu erfassen, ungeachtet der exakten Quellenlage.

Ob Jesus nun in Bethlehem geboren wurde oder in Kapernaum, ob er so oder anders gelebt und gelehrt hat, ob ihm vieles in den Mund gelegt oder ob von ihm wiederholt wurde, was sich schon früher in anderen Quellen (so etwa den Qumran-Schriftrollen) findet, das tut dem Geist der christlichen Botschaft, wie er sich in den biblischen Texten manifestiert, keinen Abbruch. Der aktuelle Streit (ausgelöst unter anderem durch das Buch *Der Jesus-Papyrus* von CARSTEN PETER THIEDE und MATTHEW D'ANCONA und hochgespielt zwischen Fachgelehrten und politischen Magazinen) fördert im Kern auch nicht viel mehr zutage als das, was ALBERT SCHWEITZER bereits 1913 formulierte: »Das moderne Christentum muß von vornherein und immer mit der Möglichkeit einer eventuellen Preisgabe der Geschichtlichkeit Jesu rechnen.«

Der Geist der christlichen Botschaft – wo immer die Wurzeln ihrer Überlieferung zu vermuten sein mögen: in der Antike, im alttestamentarischen Raum, bei den Essenern, um nur einige Beispiele zu nennen – spricht als »Wort Gottes« und Frohe Botschaft zu den Menschen aller Zeiten – aus den Texten, die wir von manipulativen Sinnentstellungen reinigen und zur Klarheit des Gemeinten führen wollen. Dabei werden sich auch manche der vermeintlichen Widersprüche in den Reden Jesu auflösen.

ERSTER TEIL

Die große Odyssee der christlichen Botschaft

Die historischen Ursachen der Übersetzungsfehler im Neuen Testament

Bevor es darum geht, gravierende Fehler der neutestamentlichen Übersetzungen aufzuzeigen, soll auf deren Ursachen näher eingegangen werden. Es stellen sich die Fragen: Wie ist das passiert? Und warum wurden in all den Jahrhunderten bis zum heutigen Tag diese schweren Übersetzungsfehler nicht aufgespürt und korrigiert?

Am 25. April 1979 wurde vom jetzigen Papst Johannes Paul II. die neue lateinische Gesamtübersetzung der Bibel veröffentlicht. Sie ist für alle katholischen Christen der ganzen Welt verbindlich. Auch die in den Gottesdiensten und Gemeinden sowie Schulen zu verwendenden Übersetzungen in die jeweiligen Landessprachen wurden von den Bischofskonferenzen in Auftrag gegeben und weichen nicht wesentlich von dieser *Neo-Vulgata* ab. All diese Übersetzungen sind Norm für die Auslegung und Deutung der römisch-katholischen Lehre.

Jedoch auch Übersetzungen des Neuen Testaments, die nicht unter der Kontrolle vatikanischer Stellen (römische

Bibelkommission oder römische Glaubenskongregation) entstanden (zum Beispiel *Luther-Bibel*, die *Jerusalemer Bibel, Die Gute Nachricht, The Holy Bible – King James Version* und viele andere) enthalten die groben Fehler in ihren Texten, weil auch bei den Übersetzungsarbeiten für sie immer wieder der alte lateinische Text, die *Vulgata*, in seiner Abfassung durch HIERONYMUS (um 400) und seine Schüler als wichtigste und angeblich »richtige« Grund- und Vorlage herangezogen wurde.

1
Die geistigen Urväter der falschen Übersetzungen im Neuen Testament

Die Übersetzungsfehler haben sich nicht in einem historisch »leeren« oder isolierten Raum in die Texte eingeschlichen.

In der Zeit der ersten Christen und der Entstehung des neutestamentlichen Schrifttums sind die geistigen Urväter für das angeblich christliche Denken zu suchen, dem dann die Übersetzer späterer Jahrhunderte folgten.

Sieht man sich nun jenes Schrifttum genauer an, so findet man nicht nur verschiedene individuelle Ausdrucksweisen (so etwa unterschiedliche literarische Formen, auf Zielgruppen abgestimmte Inhalte und anderes), wie die ersten Christen die Botschaft von JESUS weitergegeben haben, sondern es findet sich hier, vor allem bei PAULUS und seinen Schülern, eine pessimistische Geisteshaltung, die keineswegs dem Anliegen der Schreiber der *Evangelien* entsprach.

Von den *Evangelien* und ihren Verfassern kann angenommen werden, daß sie sich sehr genau, soweit es bei der mündlichen Überlieferung möglich war, an die »Frohe Botschaft« von Jesus und an die »Lehre der Apostel« gehalten haben, von der auch die *Apostelgeschichte* berichtet (vgl. Apg 2, 42; 4, 31).

Weiterhin stand Paulus zweifellos mit der religiösen jüdischen Gruppe der Essener beziehungsweise der Gemeinschaft von Qumran (Kumran) in Verbindung, wodurch seine Predigten und Briefe ebenfalls beeinflußt wurden. (Er selbst aber zählte sich nicht zu dieser Gruppe).

Die Formulierungen und Gedankengänge in seinen Briefen weisen auffallende Parallelen mit den essenischen Schriften auf. Davon soll noch später die Rede sein.

Zunächst soll es aber um das entscheidende Verhältnis zwischen der Urkirche und Paulus in der jeweiligen Verkündigung der christlichen Botschaft gehen.

Die Frohe Botschaft der Urkirche und die spezielle Verkündigung durch Paulus

Die Urkirche, zu der nicht nur die authentischen Zeugen der Worte und Taten von Jesus, seine Jünger beziehungsweise die Apostel, gehörten, gab anfangs alles über ihn nur mündlich weiter. Petrus, Jakobus und Johannes leiteten dabei die ersten christlichen Gemeinschaften in Jerusalem, die das wichtigste geistige Zentrum bildeten. Petrus vor allem war hier der Hauptzeuge und Garant für die geistige Richtung, die Jesus in seiner Verkündigung (vgl. Mk 1, 15; Mt 5-7 u.v.a.) vorgegeben hatte (vgl. Mt 16, 18f.).

Trotz der weitgehend übereinstimmenden Gesinnung unter diesen Christen (vgl. Apg 2, 42; 4, 32) gab es, wie schon erwähnt, unterschiedliche geistige Strömungen. Von den Abweichungen des Paulus von den Lehren der Apostel geben uns seine *Briefe,* eine Textstelle im zweiten *Petrusbrief* und die *Apostelgeschichte* ein gutes Bild.

Dort zeigen sich auch die Konflikte zwischen ihm und den »Säulen der Urkirche« (Gal 2, 9), Petrus, Jakobus und Johannes, in Jerusalem sowie auch mit anderen Gruppen.

Paulus wird an einer Stelle der *Apostelgeschichte* nicht »Apostel«, sondern nur »lieber Freund« (griech. *agapetos*) genannt, der sich dadurch ausgezeichnet habe, daß er »für den Namen von Jesus Christus« sein Leben eingesetzt hat (vgl. Apg. 15, 25f.). Paulus selbst aber wollte als ein den anderen gleichwertiger Apostel gelten (vgl. 1 Kor 9, 1f.; 2 Kor 11, 5–9).

Der zweite *Petrusbrief* berichtet darüber, daß einige Briefe von Paulus so unklar seien, daß diejenigen, die gerade zum Glauben gekommen sind, seine Schriften mißdeuten und verdrehen: » ... Wie auch er (Paulus) in all seinen Schriften über das (Friede u.a.) spricht; in ihnen ist manches schwer zu verstehen; dieses wie auch die restlichen Schriften verdrehen die Ungebildeten und (im Glauben) Schwachen zu ihrem eigenen Verderben« (2 Petr 3,16/Übersetzung des Autors = Ü.d.A.).

Diese vorsichtige Kritik an Paulus zeigt, daß es im Zusammenhang mit ihm immer wieder Spannungen innerhalb und außerhalb der christlichen Gemeinden gegeben hat (vgl. z.B. Apg 15, 1ff.).

Daß es auch eine größere Auseinandersetzung mit Petrus, der bedeutendsten Persönlichkeit der Urkirche, gegeben hat, zeigt sein Bericht im *Brief an die Galater* (Gal 2, 11-21). Dort berichtet Paulus den Galatern, daß er Petrus in aller Öffentlichkeit zur Rede gestellt und ihm Heuchelei und Täuschung vorgeworfen habe.

Petrus hatte sich nämlich zuvor mit Heiden (Christen) zu einem Essen zusammengesetzt; aber nachdem einige Schüler von Jakobus gekommen waren, hatte er sich von ihnen wieder entfernt.

Es gab in der Gemeinschaft der Urkirche Judenchristen, die weiterhin für die strenge Einhaltung des jüdischen Gesetzes waren (vgl. Apg 11, 1ff.). Paulus zählt hier den Jüngerkreis von Jakobus, »dem Bruder des Herrn« (Gal 1,1-19), dazu. Nach Paulus' Meinung hätte sich nun Petrus vor diesen gefürchtet, weil sein Verhalten (Mahl mit Heiden) ein großer Skandal und ein Ärgernis für jene gewesen wäre.

Paulus klagt daher Petrus an, sich vor diesen Leuten nicht mit den Heiden(-christen) solidarisiert, sondern im Gegenteil sie durch sein Verhalten gezwungen zu haben, nach dem jüdischen Gesetz zu leben (Gal 2, 14). Diese Auffassung ist nur die eine Seite der möglichen Beurteilung jener Sachlage. Denn man muß Petrus hier zugute halten, daß er nicht bewußt einen Streit zwischen den Judenchristen und ihm beziehungsweise den Judenchristen und den Heidenchristen provozieren wollte.

Man könnte auch sagen, er wollte eine harmonische Lösung in diesem schwierigen Problemfeld.

In der Urkirche gab es Tendenzen unter den Judenchristen, daß Heiden, die auf Christus hin getauft werden, sich auch nach dem mosaischen Gesetz beschneiden lassen müssen (vgl. Apg 15, 1f.).

Vermutlich erstrebte Petrus eine Aussöhnung zwischen den beiden verfeindeten Gruppen.

Paulus war da jedoch anderer Meinung. Er geriet überhaupt in viele Schwierigkeiten durch seine starre Haltung und die Ungeduld mit seinen Mitmenschen, weil sie sich seiner Ansicht nach nicht schnell genug von seinen Worten beziehungsweise seiner Botschaft überzeugen lassen wollten.

Diesen Eindruck gewinnt man, wenn man in seinen *Briefen* und in der *Apostelgeschichte* liest, wieviele Probleme er bei seiner Missionstätigkeit hatte.

Eine Anschuldigung Petrus gegenüber, daß dieser sich nicht eindeutig den Heidenchristen gegenüber verhalten hätte, steht jedoch im groben Widerspruch zu den Berichten der Apostelgeschichte, deren Verfasser derselbe ist, der auch das *Lukas-Evangelium* geschrieben hat. Dort bezieht Petrus – im Hinblick auf das jüdische Gesetz beziehungsweise das Essen von »unreinen« Tieren – eine andere Position, als Paulus ihm im *Galaterbrief* unterstellt.

Abgesehen davon, daß die Apostelgeschichte von diesem Vorfall zwischen Paulus und Petrus in Antiochia nichts berichtet, wird dort erzählt, daß Petrus nach einer Vision seinen ihm von Jesus erteilten Auftrag neu sehen lernt. Gott will nämlich von ihm, daß er auch den Heiden die Frohe Botschaft verkünde.

Petrus hatte eine Vision von »unreinen« Tieren, wobei eine Stimme ihn aufforderte, diese zu schlachten und zu essen. Nachdem Petrus sich geweigert hatte, weil er gemäß dem jüdischen Gesetz nichts Unheiliges und Unreines essen wollte, erklärte die Stimme, daß das, was für Gott rein sei, von ihm nicht unrein genannt werden dürfe (vgl. Apg 10, 9-16).

Nach dieser Vision erhielt Petrus die Einladung von einem römischen Hauptmann, der ihn wegen einer Weisung eines »heiligen Engels« sprechen wollte. Petrus, der nun den Sinn der Vision erkannte, nämlich daß man keinen Menschen, auch nicht einen Heiden, »unrein« nennen dürfe, hielt vor dem Hauptmann CORNELIUS, seinen Verwandten und Bekannten eine Rede.

Er verkündete ihnen, daß Gott nicht auf die Person sehe, sondern daß der ihm willkommen sei, der ihn achte und tue, was gerecht ist.

Weiterhin sprach er von JESUS und seiner Frohen Botschaft. Während dieser Rede wurden alle vom Geist Gottes ergriffen, und Petrus taufte sie dann im Namen von Jesus Christus (vgl. Apg 10, 17-11,18).

So beschreibt die *Apostelgeschichte* die Verkündigung des Petrus bei den Heiden und erst nach dieser Begebenheit mit Petrus wurden SAULUS (PAULUS) und sein Mitarbeiter BARNABAS nach Antiochia gesendet, um dort den Juden und den Heiden das Evangelium von Jesus zu predigen (vgl. Apg 11, 19-30; 13, 1-52; 14, 21-28).

Der Bericht im *Galaterbrief* von der Konfrontation zwischen Paulus und Petrus paßt also gar nicht in diese Ereignisfolge.

Wieso hätte Petrus nach der Begebenheit beim Heiden Cornelius sich in Antiochia so merkwürdig verhalten sollen, wie Paulus es beschreibt? Abgesehen davon berichtet die

Apostelgeschichte nichts von einem Besuch des Petrus in dieser Gemeinde.

Außerdem hätte Petrus gleich nach dem Besuch bei Cornelius und noch vor der Aussendung von Paulus und Barnabas nach Antiochia allen in Jerusalem darüber Bericht erstattet. Daraufhin stimmten sie alle seinem Handeln zu und lobten Gott für diese neuen Erkenntnisse (vgl. Apg 11,1-18).

Es ist eher unwahrscheinlich, daß den Jüngern des JAKOBUS dies alles nicht mitgeteilt worden wäre. Sie hätten dann sicherlich der Handlungsweise des Petrus widersprochen, wovon aber die *Apostelgeschichte* nichts berichtet.

Warum hätte nun Petrus vor den Schülern des Jakobus Angst haben sollen (vgl. Gal, 2,12), wenn er bereits, bevor Paulus in Antiochia mit seiner Arbeit begann, in Jerusalem von allen die Unterstützung seiner positiven Haltung gegenüber den Heiden (Essen) erhalten hatte (vgl. Apg 11,1-18)? Noch merkwürdiger wird die Sache, wenn man bedenkt, daß sich Paulus mit Barnabas laut *Apostelgeschichte* nach Jerusalem begab, um dort mit den Aposteln und Ältesten nach einer Lösung für das Problem zu suchen, ob Heiden bei der Taufe nach dem jüdischen Gesetz beschnitten werden müßten (vgl. Apg 15, 1-35).

Dies wäre nach den Berichten des Paulus im *Galaterbrief* überhaupt nicht notwendig gewesen, weil er sich dort Petrus gegenüber so verhält, als ob die Frage bereits geklärt wäre. Paulus belehrte nämlich Petrus im Galaterbrief, daß das jüdische Gesetz durch den Glauben an Jesus Christus völlig bedeutungslos geworden sei (vgl. Gal 2, 16-21).

In der Apostelgeschichte wiederum lehnt jene Versammlung in Jerusalem allgemein die Forderung nach der Beschneidung ab und gibt an Paulus und alle anderen die Anweisung, daß man den Heidenchristen nichts in den Weg legen dürfe, außer daß sie keine heidnischen Kulte treiben dürften (Götzendienst), sich von Unzucht fernzuhalten hätten und weder Ersticktes noch Blut genießen dürften (vgl. Apg 15, 1-35).

Hätte Paulus die Auseinandersetzung mit Petrus wirklich gehabt, bei der er sich so negativ über das jüdische Gesetz geäußert haben soll (vgl. Gal 2, 14-21), so wäre die Befragung der Apostel in Jerusalem überflüssig gewesen.

Paulus hätte dann den Streit zwischen den Befürwortern und den Gegnern der Beschneidung in Antiochia (vgl. Apg 15,1f.) schon von vornherein lösen können, wenn er die gleiche souveräne Haltung in dieser Frage wie im Galaterbrief gezeigt hätte.

Die Widersprüchlichkeit der Berichte im Galaterbrief (Gal 2, 1-21) und in der Apostelgeschichte (Apg 10, 1-11,18, 25-30; 13, 1-3; 14, 21-15,35) ist so groß, daß nur eine der beiden Darstellungen richtig sein kann.

Petrus und Paulus werden vollkommen unterschiedlich beschrieben. Im Galaterbrief ist es Paulus, der Petrus davon überzeugt, daß das jüdische Gesetz keine Gültigkeit mehr habe.

In der *Apostelgeschichte* wiederum kommt Petrus durch seine Vision (vgl. Apg 10, 10–16) selbst zu dem Glauben, daß das jüdische Gesetz nicht mehr in der Weise von Bedeutung sei und er mit den Heiden essen und sie sogar taufen könne, weil sie ebenso vom Geist Gottes erfüllt sind.

Wenn Paulus im *Galaterbrief* Petrus eine inkonsequente Haltung vorhält, so behauptet die Apostelgeschichte von Paulus eine ähnlich inkonsequente Handlung: Paulus läßt mit Rücksicht auf die Juden seinen Begleiter *Timotheus* beschneiden, obwohl er dann in den Städten, die sie besuchten, die Beschlüsse der Apostel und Ältesten in Jerusalem überbrachte (Apg 16, 1-5). Diese Beschlüsse befreiten aber alle von der Pflicht zur Beschneidung (Apg 15, 19-20).

Das Problem der einander widersprechenden Darstellungen liegt nun klar auf der Hand.

Für die Richtigkeit des *Galaterbriefes* spricht, daß er zeitlich älter (geschätzt zwischen 54 und 56 n. Chr.) ist als die Abfassung der Apostelgeschichte (nach 80 n. Chr.; nach Abfassung des *Lukas-Evangeliums).* So ist zwischen den Ereignissen in Antiochia und der Abfassung des Galaterbriefes weniger Zeit vergangen als bis zur Niederschrift der *Apostelgeschichte.* Zu bedenken ist auch, daß Paulus selbst beschreibt, was er mit Petrus in Antiochia erlebt hat (Gal 2).

Andererseits spricht mehr dafür, daß die Berichte der Apostelgeschichte (Apg 11-15) allein den Tatsachen entsprechen:

Erstens muß bedacht werden, daß LUKAS höchstwahrscheinlich einer der Begleiter von Paulus gewesen ist (vgl. Kol 4, 14; 2 Tim 4, 11; Phlm 24). Als solcher hätte er bestimmt eine so wichtige Begebenheit wie die zwischen Paulus und Petrus in der Apostelgeschichte berichtet. Hätte er sie bewußt ausgelassen, würde auch das ein negatives Bild von Paulus abgeben.

Weiterhin entspricht die Beschreibung der Persönlichkeit des Petrus in der Apostelgeschichte mehr dem, was auch die synoptischen Evangelien über ihn berichten. Vermutlich hat er tatsächlich zusammen mit den anderen Aposteln in der Frage der Einhaltung des jüdischen Gesetzes und der Beschneidung der Heiden entschieden, weil sie lange genug mit der Botschaft von Jesus vertraut waren.

Daß Petrus sich aber von Paulus belehren oder gar rügen lassen mußte, dürfte nach den oben angestellten Überlegungen nicht den geschichtlichen Tatsachen entsprechen.

Warum berichtet aber Paulus in seinem Brief von solch einer Konfrontation mit Petrus, die sich wohl gar nicht ereignet hat? Warum schreibt er so etwas über Petrus und stellt diesen damit als unzuverlässige Persönlichkeit dar? Ist er für Paulus vielleicht doch nicht eine solch tragende »Säule« der Urkirche, wie er selbst ihn auch beschreibt (Gal 1, 9)?

Die Antwort lautet: Paulus schilderte Petrus im Galaterbrief so, um seine eigene Autorität als Verkünder seiner Botschaft vom Christentum zu stärken und die Autorität und Verkündigung des Petrus zu untergraben. So versuchte Paulus, die Bedeutung des Petrus für die Gesamtkirche einzuschränken, indem er eine willkürliche Einteilung traf: Er sah sich von der Gemeinde in Jerusalem beauftragt, das Evangelium unter den Unbeschnittenen zu verkünden, während er Petrus den Aposteldienst unter den Beschnittenen überließ (vgl. Gal 1, 7-9). Ob Petrus mit dieser Einteilung zufrieden war, ist durchaus auszuschließen.

Im übrigen war die Einstellung von Paulus bezüglich der Verbreitung des Christentums geprägt von Minderwertigkeitsgefühlen (vgl. 1 Kor 9, 1 ff.; 2 Kor 11, 16 – 12,13 u. a.) und zugleich von Überheblichkeit, weil er allgemein nicht als »Apostel« anerkannt wurde und selbst die Apostel als »Überapostel« (vgl. 2 Kor 11, 5) bezeichnete.

Möglicherweise wollte Paulus mit seinem Brief eine geistige Bewegung aufhalten, die sich bereits in Korinth entwickelte. Dort hatten sich Gruppen mit besonderen Anhängerschaften gebildet. Unter anderem gab es Anhänger von PETRUS (KEPHAS) (vgl. 1 Kor 1, 10-12). Es kann angenommen werden, daß solche Gruppen eine große Konkurrenz für seine Verkündigung darstellten.

Alles in allem sollte bei den Lesern seines Briefes der Eindruck erweckt werden, daß die Verkündigungsarbeit von Paulus größere Bedeutung als die von Petrus habe.

Sollte es die dargestellte Konfrontation zwischen Paulus und Petrus auch gar nicht gegeben haben, so steht historisch jedoch fest, daß es zumindest eine große Rivalität zwischen den beiden gab. Dies zeigen auch andere Texte im Neuen Testament, wenn vielleicht auch nicht so deutlich wie die oben angeführten Beispiele.

Ein Letztes sei hier noch zu dieser Konfrontation gesagt:

Wenn Paulus sich im *Galaterbrief* gegenüber Petrus auch profiliert haben mochte, so handelte er in diesem Fall als Verkünder der christlichen Botschaft nicht entsprechend der Weisung Jesu. Der gab nämlich seinen Jüngern den Rat, bei Streitigkeiten die Sache zunächst unter vier Augen zu diskutieren, bevor eine Öffentlichkeit vom Fehlverhalten des einen oder anderen erfahren sollte (vgl. Mt 18, 15-17; 7, 1-5).

Aus den Briefen des Paulus wird deutlich, daß er zwar am Glauben und an der Frohen Botschaft von Jesus Christus festhalten wollte, aber trotz seiner strikten Ablehnung des jüdischen Gesetzes nicht immer den vollen Zugang zum christlichen – positiven – Denken gefunden hatte. Mag sein, daß da auch mögliche Kontakte zu den Essenern beziehungsweise der Gemeinschaft von Qumran eine Rolle gespielt haben. Doch davon später.

Nach diesen Einblicken in die Person des Paulus wird es bereits verständlicher, warum seine Verkündigung der Frohen Botschaft von Jesus Christus von einer *negativen* Einstellung begleitet und belastet wurde.

Die Verkündigung des Paulus war eine Mischung aus Gemeinsamkeiten mit der »Lehre der Apostel« (vgl. Apg 2, 42) und vielen theologischen Eigenproduktionen, eigenen Positionen und Lösungsversuchen, zu denen er sich auch offen bekannte (vgl. 1 Kor 7, 25-40).

Es zeigen daher viele Stellen in seinen Briefen die Gemeinsamkeiten mit der »Lehre der Apostel«, wie wir sie in den Evangelien lesen können. Hier sei nur einiges skizzenhaft dargelegt: So findet sich beispielsweise der Satz in Mt 7, 1 »Verurteilt nicht (richtet, klagt an), damit ihr nicht verurteilt werdet« (Ü.d.A.) auch in den Gedankengängen von Paulus im *Römerbrief* (Röm 2,1) wieder.

Oder: Die Textstelle Mt 23, 26-28 behandelt das Thema Gesetzeslosigkeit und Unreinheit, und so auch Röm 6,19. Weiterhin ist bei Mt 25, 34 von der Erbschaft des Reiches

Gottes die Rede, sowie auch bei Paulus im *Galaterbrief* (vgl. Gal 5, 21). Als letztes Beispiel sei die Warnung Jesu vor der Lehre der Pharisäer und Sadduzäer (»Sauerteig«) bei Mt 16, 5-12 genannt; dies findet sich bei Paulus im Galaterbrief (vgl. Gal 5, 1-12) wieder. Gemeinsamkeiten sind dort vorhanden, wo es um die gesamtkirchliche Lebenspraxis, die Beurteilung und Stellungnahme gegenüber dem Judentum (Lehren über das jüdische Gesetz) und in groben Zügen um die Frohe Botschaft (»Evangelium«, »Herrenworte«, »Lehre der Apostel«) ging.

Für Paulus war wie für die anderen Verkünder eine einheitliche Linie in bezug auf die Ausbreitung des Christentums von großer Bedeutung.

Trotzdem gab es in entscheidenden theologischen und lebenspraktischen Fragen die erwähnten großen Unterschiede. Welches sind nun diese gravierenden Differenzen?

Abgesehen davon, daß die neutestamentlichen Schriften unterschiedlichen Gattungen angehören (Evangelien, Briefe), beinhalten die Schriften von Paulus *pessimistische Tendenzen*, die sein gesamtes Werk und auch das seiner Schüler (vgl. *Deuteropaulinische Briefe:* Kol, Eph, 1 Tim, 2 Tim, Tit, Heb) wie ein roter Faden durchziehen.

Trotz frohmachender und hoffnungsvoller Worte wirkt sein Pessimismus zugleich bedrückend und manchmal angstmachend. Seine Botschaft erscheint unklar und voller Widersprüche.

Es geht einem bei ehrlicher Betrachtung nicht anders als denen, die im zweiten *Petrusbrief* (vgl. 2 Petr 3,16) beschrieben sind und sich mit seinen Worten nicht richtig auskennen.

Am Beispiel von sieben pessimistischen Tendenzen bei Paulus soll der große Unterschied deutlich gemacht werden:

Ehe- und partnerschaftsfeindliche Tendenzen

Paulus und seine Schüler sprechen zwar oft über das Thema Ehe und über die Beziehung zwischen Frau und Mann: 1 Kor 7,1-6, 8-16, 27ff., 33, 36, 38f.; Deuteropaulinische Briefe: Eph 5,21-33; 1 Tim 3,2,5,12. Er ist aber weit entfernt davon, sie im Sinn von gleichberechtigter Partnerschaft zu bestimmen.

So gibt es bei ihm stets die Unterordnung der Frau unter den Mann (vgl. 1 Kor 11,3; Eph 5,22f. u.a.), was eher den jüdischen Sitten als der Auffassung von Jesus entspricht (vgl. Mk 10,6, 9-12). Bei Jesus geht es in der Beziehung zwischen Frau und Mann um eine Partnerschaft, in der sich beide gegenseitig ergänzen und helfen. Die Liebe zwischen Frau und Mann ist Gottes Schöpfung, und daher stehen beide unter seinem Segen (vgl. Gen/1. Mose 1,27f.).

Abgesehen davon, daß Paulus ein unbefriedigendes Ehebild hat, meint er, in Ehelosigkeit als besserer Mensch zu leben (vgl. 1 Kor 7,38). Auch traut er den Verheirateten nicht zu, sich um die »Sache des Herrn« zu kümmern (vgl. 1 Kor 7,32-34).

Sexual- und leibfeindliche Tendenzen

Eine Vielzahl von Texten des paulinischen Schrifttums (und dessen seiner Schüler) zeigt, daß seine Verkündigung von Sexual- und Leibfeindlichkeit geprägt war. Einige Beispiele sollen das deutlich machen.

In Paulus' Briefen stößt man immer wieder auf abfällige Bemerkungen über die Sexualität, wo er Ausdrücke wie »Begierde«, »Lust« (griech. *epithümia*) und »Leib« (griech. *sarx*) negativ bewertet (vgl. Röm 1,24, 26; 1 Kor 6,36ff.; Gal 5,16f.; 1 Tim 4,8 u.a., 2 Tim 2,22 u.a.).

Man findet Stellen, in denen er fast von »Kämpfen« zwischen dem Geist und dem Körper spricht: Der Geist wird nicht nur dem Körper gegenübergestellt, sondern ihm sogar übergeordnet. So wird der Eindruck vermittelt, als ob es um zwei völlig voneinander getrennte Dinge gehe, die auch als solche erlebt würden (vgl. Röm 8,4-15; Gal 5,16-18;6,8). Tatsächlich aber gibt es erstens eine Trennung zwischen Geist und Körper nur in der philosophischen Spekulation; der ganzheitliche Mensch hingegen erfährt beide als eine unzertrennbare Einheit. Zweitens ist eine Überordnung des Geistes unsinnig, weil er von seiner Qualität her nicht etwas Besseres als der Körper ist. Im Gegenteil: Beide sind in gleicher Weise »Schöpfung Gottes« und daher auch beide »sehr gut« (Gen/1. Mose 1,26ff., 31).

Vor der Sexualität warnt Paulus an vielen Stellen seiner Briefe. Sie ist für ihn nicht nur etwas, wovor man sich in acht nehmen muß, sondern sie bringt den Menschen sogar in persönliche Konflikte mit seinem Glauben an Christus. Zwei Beispiele mögen das demonstrieren:

Im dreizehnten Kapitel des *Römerbriefes* ermahnt Paulus alle, ein geordnetes Leben zu führen. Er schreibt: »Laßt euch mit dem Herrn Jesus Christus ein, aber erregt nicht in bezug auf den Leib eure Gedanken zu sinnlichen Gelüsten (Trieben, Begierden, Leidenschaften)« (Röm 13,14/Ü.d.A.). Hier versucht Paulus nicht nur einen Gegensatz zwischen dem Glauben an Jesus und einem lustvollen Sexualleben zu konstruieren, womit er sicher bei vielen die Freude an der Sexualität getrübt hat, sondern er verrät indirekt auch seine Angst vor der eigenen Sexualität und vor seinem Körper.

Das zweite Beispiel, ein Text von ihm oder einem seiner Schüler, zeigt etwas sehr Ähnliches. Im ersten *Timotheusbrief* gibt er diesem Anweisungen bezüglich junger Witwen in der Gemeinde. Sie klingen nicht nur überheblich, sondern sind schlichtweg beleidigend.

Abgesehen davon, daß es sehr fragwürdig ist, einer Witwe

zu raten, für immer im Witwenstand zu verbleiben (vgl. Aufnahme in Gemeindeliste; 1 Tim 5,9; 1 Kor 7,39f.), so ist es ungeheuerlich von ihm, in dieser Weise über junge Witwen und deren Sexualität zu sprechen: »Doch jüngere Witwen weise (vom ständigen Witwenstand) ab; denn wenn sie übermütig gegenüber Christus werden, wollen sie heiraten (›ehelichen Verkehr pflegen‹)« (1 Tim 5,11/Ü.d.A.). Wer ist Paulus, daß er wie ein Oberlehrer das Leben anderer mit Betragensnoten beurteilt? Wie kommt er dazu, persönliche Lebensentscheidungen in Frage zu stellen oder gar herabzuwürdigen? Woher nimmt er das Recht, die Heirat als etwas Minderwertiges darzustellen?

Und nun der Bereich, der am stärksten von seiner negativen Einstellung der Sexualität gegenüber betroffen ist: die Ehe, die Partnerschaft zwischen Frau und Mann. Wer sich an Paulus' Eheanweisungen hält (vgl. 1 Kor 7, 6-40), kann sicher sein, daß er sich mit Minderwertigkeitsgefühlen herumschlagen muß, ob er nun verheiratet ist oder nicht.

Läßt man sich auf diese paulinische Denkweise über die Ehe ein, so würdigt man sie bewußt oder unbewußt herab, weil sie ja angeblich weniger »gottgefällig« ist (vgl. 1 Kor 7,32-34). Damit ist aber auch die Sexualität allgemein nicht etwas sehr Gutes und Gottgewolltes. Je stärker man sich von diesem Denken beeinflussen läßt, desto gedämpfter erlebt man die Lust und Freude über die Begegnung mit dem geliebten Partner. Möglicherweise schleichen sich zwiespältige Gefühle ein, ob man Gott auch wirklich liebt und seinen Willen erfülle.

Eine solche Verunsicherung hinsichtlich der Sexualität kann nicht nur für Verheiratete leidvoll sein, sondern auch für Unverheiratete, weil diese ja ebenso die Sehnsucht nach einem glücklichen und erfüllten Sexualleben in sich tragen.

Nach Paulus' jedoch verspricht oder verheißt Gott Frau und Mann ein solches sexuelles Glück jedenfalls nicht.

Es ist zu fragen, ob Paulus hier nicht möglicherweise indirekt von einem eigenen ungelösten Problem beherrscht wird. Interpretierte und erlebte er vielleicht sein eigenes Leben als Bestrafung durch Gott? Fiel es ihm schwer, die Liebe Gottes anzunehmen, die ihm alles Negative aus seiner Vergangenheit (Verfolgung der Christen) nicht mehr anrechnete? Es sieht danach aus, als sei es ihm schwergefallen, sich selbst zu verzeihen.

Verwunderlich wäre es nicht, wenn Paulus seine eigene Sexualität beängstigend, zwiespältig, bedrückend, freudlos oder gar aggressiv erlebt hätte. Doch wer den Lehren von Paulus folgt, erlebt etwas Ähnliches und erkennt manchmal nicht, daß er sich auf einem Irrweg befindet. Diese Fehlbewertung des eigenen Lebens zieht sich dann bewußt oder unbewußt durch sämtliche Bereiche des Alltäglichen. Und die Suche nach einem Ausweg findet kein Ende, weil ein kritischer Standpunkt Paulus und seinen Lehren gegenüber fehlt. Zu dieser Einschätzung der Sexualität fällt auch die Ansicht von Paulus, daß er es nicht für notwendig erachtet, wenn sich Frau und Mann füreinander schön und begehrlich machen (vgl. 1 Kor 7,33f.). Dazu gehören auch seine Verordnungen für Frauen: Sie sollen keinen Schmuck tragen, im Gottesdienst ihre Haare verhüllen und dort schweigen (vgl. Kor 11, 5f.,13;1 Tim 2,9).

Solche scheinmoralischen Regelungen können jedes Sexualleben, ja überhaupt das gesamte Zusammenleben von Frau und Mann nur stören oder sogar zerstören. Bei einer solchen Lebensweise kann keine tiefe und echte Lebensfreude aufkommen, weil die Lust »kastriert« wird.

Paulus bewertet die Sexualität in der ehelichen Partnerschaft so gering, daß die Beziehung nur aus dem einen Grund notwendig ist, nämlich vor der »Unzucht« zu schützen (1 Kor 7,2). Schon allein der Gedanke, daß die Sexualität etwas mit Pflichterfüllung zu tun haben könnte, wie er es behauptet

(1 Kor 7,3), zeigt die Freudlosigkeit, in der er gelebt haben muß. Es fehlte ihm der Glaube, daß Gott auch für ihn eine Frau erdacht hat, weil er ihn liebt. Dies zeigen auch seine Worte über den »Körper der Frau« und »des Mannes« (1 Kor 7,4). Er redete so, als wären sie bloße Objekte oder Gegenstände. Es ist nicht verwunderlich, daß auf solch einer geistigen Grundlage die Ehe im Laufe der Geschichte oft zu einem »Kuhhandel« mit der Frau wurde. Auf einer derartigen Basis wurden nicht wenige »christliche Ehen« aus reiner Zweckhaftigkeit (etwa wegen Geld, Geschäft, Machtinteressen, Politik), aber nicht aus Liebe geschlossen.

Und nochmals zeigen sich Paulus' sexuelle Schwierigkeiten im ersten *Korintherbrief,* wenn er den beiden Partnern rät, sich einander nicht zu entziehen, um dem »Satan« keine Macht zu geben. Doch wo die gegenseitige Liebe zweier Menschen echt ist, da hat niemand anderer irgendwelche Macht. Vielleicht ist er selbst in seinem Inneren doch nicht so gefestigt, wie er vorgibt (vgl. 1 Kor 7,36). Es klingt mehr nach Heuchelei und Überheblichkeit, wenn er so tut, als ob er es nicht notwendig hätte, eine Frau zu lieben und zu heiraten (vgl. 1 Kor 7,8).

Spricht nicht Neid gegenüber den Verheirateten oder den sich Liebenden aus seinen Worten? Allein Neid hat ihn dazu getrieben, den Männern von Thessaloniki nahezulegen, mit ihren Frauen ohne Lust und Freude zu verkehren (vgl. 1 Thess 4, 5). Warum gibt ein Unverheirateter Verheirateten solche Anweisungen? Es ist unmöglich, darin den Willen Gottes zu erkennen.

Die Tragödie, die sich wegen solcher negativer Einstellungen der Sexualität gegenüber bis heute in den christlichen Kirchen abspielt, hat für die Menschen in den vielen Jahrhunderten das Gegenteil von Glück und Freude gebracht. Es entstanden durch die Ansichten der höchsten kirchlichen Autoritäten Ängste, Leid, Frustration, Unsicherheit und massivste

Repressionen. Vor allem auf dem Gebiet der Sexualität ist es der katholischen Kirche immer wieder gelungen, dem Menschen Schuldgefühle zu suggerieren, damit er sich jeden Augenblick als Sünder fühlen muß.

Die Rechtfertigung solcher Methoden war für das kirchliche Lehramt nicht schwer: Die Bibel und insbesondere die Schriften des Paulus lieferten die wichtigste Grundlage für ihre Lehrinhalte und ihr gesamtes Lehrgebäude (Dogmen, Predigten, Unterweisungen, Katechesen, Kirchengesetze und anderes).

Es war für die Lehrer der christlichen Verkündigung von unverzichtbarem Wert, daß es bei Paulus derartige Aussagen gab. Auf dieser Basis konnte man Menschen führen und leiten, aber auch mit Hilfe von Schuldgefühlen manipulieren und unterdrücken. Eine wirkliche *Hilfe* in dieser Frage blieb jedoch immer aus.

Warum sollen wir dann unsere Freude an der Sexualität, die doch Lebensfreude ist, »kreuzigen«, wenn wir zu Christus gehören wollen? Auf diese Behauptung von Paulus (Gal 5,24) gibt es keine Antwort. Für Paulus ist Gott grausam, unmenschlich und als Schöpfer des Menschen in höchster Weise widersprüchlich. Er war von dem liebenden Gott nicht wirklich fest überzeugt.

Frauenfeindliche Tendenzen

Über die Frauenfeindlichkeit des Paulus wurde schon einiges gesagt; doch das bedarf der Ergänzung.

In seinen Schriften finden sich viele frauenverachtende Formulierungen, in denen er eine lieblose Unterdrückung der Frau durch den Mann rechtfertigt, sie als nur zweitrangige Schöpfung Gottes nach dem Mann darstellt, sie als »Abglanz« von ihm bezeichnet und ihre Unterordnung unter den Mann vorschreibt. Den Gemeinden wurden von ihm ungeheuerliche Verhaltensvorschriften für Frauen im Gottesdienst aufgetragen, die zum Teil schon erwähnt wurden. Er macht entwürdigende Anspielungen, so, als ob nur sie sich vom Bösen verführen ließen. Ihre Lebensaufgaben werden auf ein Minimum eingegrenzt. Abgesehen davon, daß er ihre Lebensfreude einzuschränken versucht, rät er ihnen allgemein, wie auch den Männern, nicht zu heiraten. Von den überheblichen Worten Witwen gegenüber war bereits die Rede.

Alles in allem sind seine Ansichten geprägt von Vorstellungen der Erniedrigung und Demütigung der Frau, was sich als »hohes geistiges und geistliches Gut« in späteren Jahrhunderten in vielen Schriften der Kirchenväter und Kirchenlehrer in anderen Ausprägungen, oft noch viel schlimmer, wiederfindet.

Hatte Paulus Ängste vor den Frauen, oder hing diese negative Haltung mit der Einstellung zur eigenen Sexualität zusammen? Oder war sein Denken von Kontakten mit Essenern und der Gemeinschaft von Qumran geprägt? Hatte er sich vielleicht gar nicht soweit von seinem jüdisch-orthodoxen Leben der Vergangenheit entfernt, wie er es oft genug beteuert? Er bezeichnet sogar Menschen, die nach dem jüdischen Gesetz leben, als solche, die in Angst vor einem Fluch existieren müssen (Gal 3,10).

Paulus selbst lebte in Widersprüchlichkeiten: Einerseits lehnte er das Leben nach dem jüdischen Gesetz ab (vgl. Galaterbrief), andererseits ging er Kompromisse mit ihm ein und ließ sich im Tempel zusammen mit anderen Männern nach einer bestimmten jüdischen Gesetzesvorschrift weihen (vgl. Apg 21, 18-26: Nasiräatsgelübde). Einerseits lehnte er das jüdische Gesetzesdenken ab, andererseits formulierte er Vorschriften für die Frauen im Gottesdienst (vgl. 1 Kor 11,2-15).

Fest steht jedoch, daß Paulus die Frauen – genauso wie das jüdische Gesetz – nicht als den Männern gleichwertig behandelte. So spricht beispielsweise das neunte Gebot in erster Linie zu Männern (5. Mose 5,21: »... du sollst nicht nach der Frau deines Nächsten verlangen ...«).

Wie sieht nun diese Frauenfeindlichkeit im einzelnen aus? Die Frau ist für Paulus diejenige, die erst nach dem Mann von Gott geschaffen wurde (vgl. 1 Kor 11,8) und daher auf einer unteren Stufe rangiert. Diese Bemerkung fällt in eine Reihe von Begründungen für seine Behauptung, daß der Mann das »Haupt« (griech. *kephale*: auch Oberhaupt, Kopf, Leben, Spitze, Quelle, Ursprung, Ausgangspunkt) der Frau (1 Kor 11,3) ist.

Mit solchen frauenverachtenden Worten vertritt er auch die Meinung, daß die Frau der »Abglanz« (griech. *doxa*) des Mannes sei (1 Kor 11,7). Außerdem will er damit begründen, daß eine Frau im Gottesdienst stets ihren Kopf verhüllen müsse (1 Kor 11,5f., 13), weil es eben so Brauch sei.

Paulus verteidigt in diesem Abschnitt des ersten *Korintherbriefes* jedoch mehr als nur ein bestimmtes Brauchtum (1 Kor 11,16). Auch hier treten seine Konflikte mit Frauen offen zutage.

Aber nicht nur das. Man muß ihm auch grobe Unkenntnis des alttestamentlichen Schrifttums vorhalten. Im Schöpfungsbericht der *Genesis* (1. Buch Mose) werden Frau und Mann in gleicher Weise von Gott »gesegnet« (Gen/1. Mose 1, 28). Es ist unverständlich, daß er dies in seinen Vorschriften für den Gottesdienst vollkommen ignoriert.

Auch seine unterschwellige Bemerkung, daß die Frauen sich leichter als die Männer von dem Bösen täuschen ließen (vgl. 2 Kor 11,2f.), verrät wieder die gleiche Haltung.

Wie oben zeigt der erste *Timotheusbrief*, daß dessen Schreiber (Paulus oder sein Schüler) den Genesistext nicht genau gelesen hat. Er hätte sonst nicht die unrichtige Bemerkung gemacht, daß erstens nur EVA und nicht auch ADAM verführt worden sei und zweitens nur sie allein das Verbot übertreten hatte (vgl. 1 Tim 2, 14; 1. Gen/Mose 3,1-24: Sündenfall-Erzählung).

Adam und Eva haben ja beide von der verbotenen Frucht gegessen. Der Schreiber dieses Textes beweist keinen großen Glauben an den liebenden Gott, wenn er meint, daß die Frauen nur dadurch Rettung und Hilfe erfahren, daß sie Kinder zur Welt bringen und ein »heiligmäßiges« Leben führen (1 Tim 2,15).

In der Erzählung der *Genesis* (1. Mose 3) sieht die Situation jedoch ganz anders aus. Die Frau und der Mann erfahren dort in ihren Leben Leid und Mühsal, wo sie sich hochmütig gegen Gott stellen und ihre eigene Person und jeweilige Lebenssituation nicht so annehmen wollen, wie sie ist; wenn sie ihr Leben nicht als von seinem Grund her »sehr gut« sehen wollen (Gen/1. Mose 1,31). Der Schöpfer sieht sein Werk jedoch anders.

Die Frau (beziehungsweise der Mann) ist nicht von vornherein sündig, und der Mensch ist kein »Mangelwesen«. Die gesamte Schöpfung und im speziellen der Mensch ist von seinem Ursprung her vollkommen geschaffen. Durch seinen freien Willen hat er die Möglichkeit, sich für sein Glück oder Unglück zu entscheiden.

Alle Frauenfeindlichkeit des Paulus (und seiner Schüler) hat darin die Begründung: Die Frau sei minderwertig und auf keinen Fall dem Mann gleichgestellt. Wie anders wären die schon wiederholt erwähnten Beleidigungen von jungen Witwen zu verstehen (vgl. 1 Tim 5,12-14)? Sie finden sich in einem Brief, der als »Ziel der (Glaubens-) Unterweisung« für die Gemeinde die »Liebe aus reinem Herzen«, das »gute Gewissen« und den »ungeheuchelten Glauben« angibt. So steht es jedenfalls am Beginn dieses Briefes (1 Tim 1,5).

Doch einige Kapitel weiter zeigt sich, wie ehrlich es der Schreiber des Briefes mit der »Liebe aus reinem Herzen« meint, wenn er folgendes über die jungen Witwen schreibt:

»Und so verstehen sie sich alle zusammen darauf, faul (zu sein), und machen bei Häusern die Runde; doch nicht nur faul, sondern auch geschwätzig und neugierig (sind sie) und plappern unnötiges Zeug. Also will ich, daß jüngere (Witwen) heiraten, Kinder gebären, den Haushalt führen und dem Nachbarn keinen Anlaß zu Schmähungen und Scherzrede geben« (1 Tim 5,13f./Ü. d. A.).

Mit solchen Worten wird jede Frau beleidigt. Das ist ganz im Sinne der Intention, den Frauen jede Lebensfreude zu nehmen, egal, welchen Lebensbereich es betrifft. Diese Tendenz entspricht jedenfalls nicht den Worten und Taten JESU, wie ihn die Evangelisten beschreiben: Sein Umgang und seine Beziehungen zu Frauen sind geprägt von Respekt.

Freiheitsunterdrückende Tendenzen

PAULUS (und seine Schüler) läßt es in seinen Briefen oft nicht nur an Respekt und Freundlichkeit fehlen, sondern es schleichen sich in sie manchmal Formulierungen ein, die die Freiheit des Menschen gefährden.

Er legitimiert sogar die Sklaverei. Wieder einmal zeigt sich seine unklare und widersprüchliche Haltung, wenn er einerseits von der Freiheit des Christen spricht und andererseits so tut, als ob die Knechtschaft und das Sklaventum eine unaufgebbare gesellschaftliche Realität darstellen würden.

Worum geht es in den paulinischen Briefen, wenn von »Freiheit« die Rede ist? Paulus spricht im *Römerbrief* von »Freiheit« und meint damit in erster Linie die Befreiung vom jüdischen Gesetz, seinen Vorschriften, seinen Rechtssatzungen und vieles mehr (Röm 7,6).

Aber auch in seinen anderen Briefen geht es um diese spezielle Form der Freiheit (vgl. 1 Kor 8,9; Gal 2,4;5,1-4, 13). Im *Hebräerbrief*, wo auch von Freiheit die Rede ist, spricht er die Befreiung von Todesfurcht an, die allein durch Jesus Christus kommt (vgl. Heb 2,15).

Von der Freiheit, die Jesus den Menschen bringt und von der auch der Prophet Jesaja spricht, verkündet Paulus jedoch in seinen Briefen nichts (vgl. Jes 61,1f.; 29,20; 58,6). Jesus liest aus dem Buch dieses Propheten und legt den Menschen dar, daß es ihm um die Freiheit und die Befreiung der »Gefangenen und Zerschlagenen« geht (Lk 4,16-21).

Paulus hingegen hält aber die Sklaverei für etwas Notwendiges und möglicherweise sogar für etwas Gutes, wenn er die Gemeindemitglieder von Rom als »Sklaven Gottes« und »Sklaven der Gerechtigkeit« anspricht (Röm 6,18,22).

In anderen paulinischen Briefen geht man sogar noch ein Stück weiter: So soll sich der wirkliche Sklave unterordnen und »in allem« seinem irdischen Herrn gehorchen. Und mehr noch: Sklaven sollen ihre Arbeit so machen, als ob ihre Herren nicht Menschen, sondern Gott wären (vgl. Kol 3,22f). Es klingt zynisch, wenn der Sklavendienst als Dienst für Jesus Christus gelten soll, von dem der Sklave auch seinen »Lohn« empfängt (Kol 3,24). »Wer ein Unrecht tut«, weil er zum Beispiel seinem Herrn davonläuft – aus welchen Gründen auch immer –, »der wird weggeschafft werden, weil er gefehlt hat« (Kol 3,25). Hier klingt, jedenfalls indirekt, eine Bestrafung durch Gott mit. Es erhebt sich die große Frage, wo da die Gerechtigkeit bleibt.

In solchen Formulierungen fehlt jede Liebe. Wie kann man von einem Menschen, der bereits in der Beraubung seiner Freiheit, in Unterdrückung lebt, noch verlangen, seinen irdischen Herrn wie Gott anzusehen? Hat der Schreiber überhaupt kein Mitgefühl? Sind für ihn Sklaven keine wirklichen Menschen? Es klingt fast wie deren Verhöhnung, wenn im selben Brief behauptet wird, daß auch in ihnen Christus ist, falls sie ihren Zorn, ihre Wut und ähnliches ablegen (vgl. Kol 3,8.11-16, 9).

Den Zorn und die Wut kann ein freier Mensch leicht ablegen. Jemand jedoch, der von seinem Herrn aus einer Laune auch getötet werden kann, ist nicht immer fähig, seine Wut zurückzuhalten.

Rache und Zorn sind sicher nichts Gutes; aber ein Sklave benötigt für seine Notlage andere Worte, als der Schreiber sie für ihn findet. Und es hilft ihm auch nichts, wenn er erfährt, daß an seinen Herrn ebenfalls mahnende Worte gerichtet wurden (vgl. Kol 4,1).

Ähnlich ungeheuere Formulierungen finden sich im ersten *Timotheus-* und im *Titusbrief* (vgl. 1 Tim 6,1f.; Tit 2,9f.). Wie kann es überhaupt einen »gläubigen Herrn« geben, der sich Sklaven oder Leibeigene hält? Nur ein Menschenverächter kann zu einem Sklaven sagen, daß er »sich in allem« seinem »Herrn« (griech. *despotes*) »unterwerfen« und ihm »nicht widersprechen« soll (vgl. Tit 2,9).

Sah die Realität eines Sklaven nicht so aus, daß er von seinem Herrn (oder seiner Herrin) sexuell und auch sonst mißbraucht und gedemütigt wurde? Will der Schreiber diese Menschen noch mehr erniedrigen?

Was in diesen Briefen fehlt, sind Worte an die »Herren«, ihre Sklaven aus Liebe zu den Mitmenschen und zu Gott (vgl. Mk 12,28-31) für immer freizulassen.

Warum fehlen solche Worte? Hatte Paulus vielleicht »ehrenwerte Leute« in seiner Gemeinde, die selbst Sklaven besaßen und die er nicht verärgern wollte? Haben ihm diese Leute vielleicht für arme Gemeinden gespendet?

Sicher ist, daß Paulus sich »von einem Zwang belastet« fühlte, seine Botschaft zu verkünden (1 Kor 9,16). Ebenso schreibt er, daß er sich selbst »für alle« zu einem »Sklaven« gemacht habe (1 Kor 9,19). Er sah sich wahrscheinlich als »Sklave«, weil er zu wenig an einen barmherzigen und liebenden Gott glaubte, der sich für jeden Menschen die Freiheit wünscht.

Paulus, der ja aus einem jüdischen Elternhaus stammte, hatte vermutlich auch einen zu geringen Glauben an den Gott, der sein Volk aus der Knechtschaft von Ägypten herausgeführt hat (vgl. *Exodus* / 2. Mose 1-40). Oder war »diese Knechtschaft« in Ägypten für ihn etwas ganz anderes als das Sklaventum zu seiner Zeit?

Dafür, daß er sich selbst »für alle« zum »Sklaven« gemacht hat, wirkt Paulus in seinen Briefen jedoch sehr überheblich und autoritär. Für einen Sklaven gibt er erstaunlich viele Anweisungen, Befehle und Ermahnungen.

In diese Denkweise paßt auch, daß Jesus sich selbst wie zu einem Sklaven gemacht haben soll (vgl. Phil 2,7f.). Warum übertreibt Paulus hier? Nach den Berichten der Evangelien stellt sich Jesus in den Dienst aller Menschen und ist ausnahmslos für alle da. Dennoch finden wir dort nichts, daß er sich als ein Sklave beziehungsweise seiner persönlichen Freiheit beraubt gefühlt, geschweige denn, daß er wie ein Sklave gelebt hätte.

Wenn allerdings nach dieser Bildersprache des Paulus Jesus sich zum Sklaven gemacht haben soll, wird aus dieser Logik heraus verständlich, daß für Paulus alle Menschen »Sklaven Gottes« sind (vgl. Röm 6,22).

Welche Bedeutung und Wirkung solche Worte und Reden von einem *Evangelium* (= Frohbotschaft! – vgl. 1 Kor 9,12 u.v.a.) für die Menschen gehabt haben, zeigt die fast zweitausend Jahre alte Geschichte der Kirchen. Die positiven Formulierungen über die Sklaverei haben mit Sicherheit nicht nur die Einstellungen herrschsüchtiger Könige, Kaiser und Päpste beeinflußt. Diese Lehren des Paulus haben großes Leid für unzählige Menschen gebracht, da ihre »Herren« sich von so einem Pseudochristentum in ihrem Handeln gestützt wußten (vgl. bäuerliche Leibeigenschaft, Negersklaverei, Kolonialismus und dergleichen mehr). Aber viele ergaben sich auf der Basis solcher Aussagen auch selbst in ihr qualvolles

Schicksal. Paulus (bzw. seine Schüler) traf mit dieser Meinung eindeutig *nicht* den Willen Gottes und er stimmte nicht mit der Frohen Botschaft von Jesus überein, der die Traurigen trösten wollte (vgl. Mt 5,4) und die Menschen zum Lieben aufrief (vgl. Joh 13,34). Im *Johannes-Evangelium* spricht Jesus über die Liebe und sagt dabei zu seinen Jüngern: »Ihr seid meine Freunde, wenn ihr die (Dinge) tut, (die) ich euch lehre. Ich nenne euch auch nicht Sklaven (Knechte), weil der Sklave nicht erfährt, was sein Herr tut. Doch ich nenne euch Freunde, weil ich euch all die Dinge verkünde, die ich von meinem Vater gehört habe« (Joh 15,14f./Ü. d. A.).

Fast gewinnt man den Eindruck, daß sich jemand über die Sklaven im geheimen lustig gemacht hat, wenn man die auf sie bezogenen Worte in den Paulusbriefen liest. Diese Lieb- und Respektlosigkeiten konnten und können die zwischenmenschlichen Beziehungen niemals fördern. Im Gegenteil: Sie sind Ungerechtigkeiten und Verstöße gegen die menschliche Würde, die aber als Wille und Plan Gottes dargestellt wurden. So eine hartherzige Haltung gegenüber den Sklaven wird auch nicht dadurch korrigiert oder gemindert, daß er sich selbst zu einem Sklaven für alle erklärt. Die Verfolgungen und das Leid, die er bei seiner Verkündigungsarbeit erlebt hat, sind sicher nicht vergleichbar mit einer lebenslänglichen Sklaverei. Er selbst war ja nicht nur ein in Freiheit lebender Jude, sondern besaß auch das römische Bürgerrecht.

Autoritäre und hierarchische Tendenzen

Die Briefe des PAULUS (und seiner Schüler) zeigen bei näherer Betrachtung etwas sehr deutlich: Paulus redete seine Gemeinden mit Ausdrücken an wie »Geliebte von Gott« (Röm 1,7), »Geheiligte in Christus Jesus« (1 Kor 1,2) oder »die mit mir alle zusammen Brüder (Geschwister) sind« (Gal 1,2); doch hinter dieser Freundlichkeit verbirgt sich ein autoritäres und machthungriges Denken.

Die Persönlichkeit des Paulus muß, wie schon gesagt, sehr differenziert gesehen werden. Einerseits trat er sehr überlegen, hochmütig und oft auch diktatorisch auf; andererseits war er von vielen Ängsten geplagt. So erfüllte ihn nicht nur die Angst vor einem nahenden Weltende (1 Kor 7,28f.; 1 Thess 5,1-11 u.a.), seine Briefe erwecken auch den Eindruck, daß er Angst davor hatte, seine neugegründeten Gemeinden könnten sich wieder auflösen. In fast jedem Brief ermahnt er die Menschen zu Einheit (Phil 2,1-5; 1 Kor 1,10) und Frieden (1 Kor 1, 3 u.v.a.). Er gibt Anweisungen und entwickelt Konzepte, wie Probleme gelöst werden sollten (zum Beispiel in der Frage der Ehelosigkeit: 1 Kor 7,25), die er mit dem Geist Gottes begründet (»doch glücklicher ist sie (Witwe), wenn sie also meinem Rat gemäß (ehelos) bleibt; denn auch ich meine, den Geist Gottes zu haben«; 1 Kor 7,40/Ü.d.A.). Das erinnert an die bis heute geltende Theorie (Kirchenrecht) und Praxis des päpstlichen Amtes in der römisch-katholischen Kirche. Das größte Übel dabei ist das Unfehlbarkeitsdogma des Papstes.

Paulus betrachtete den Geist Gottes als etwas Verfügbares, das ihn zu fast irrtumslosen Aussagen befähigte.

Wenn er jedoch den Geist Gottes bei seinen Aussagen über die Ehelosigkeit (1 Kor 7,25-40) auf solche Weise beansprucht, dann ist zu fragen, ob seiner Meinung nach diejenigen den Geist Gottes nicht oder vielleicht weniger besitzen, die von seinem Standpunkt abweichen.

Seine Überheblichkeit gegenüber den Gemeindemitgliedern benötigt er, um autoritär auftreten zu können. Dies soll folgender Satz demonstrieren: »Wenn ihr nämlich unzählige Erzieher in bezug auf Christus hättet, so (hättet ihr) doch nicht viele Väter (Eltern); denn in bezug auf Christus Jesus habe ich euch durch das Evangelium gezeugt. Daher fordere ich euch auf, daß man mich nachahme, weil ihr von mir abstammt« (1 Kor 4,15f./Ü.d.A.).

Wieder einmal zeigt sich der Unterschied zwischen der Botschaft von Paulus und der der Evangelien, wo die Menschen aufgerufen werden, einem zu folgen, nämlich Jesus Christus mit seiner unvoreingenommenen Liebe zu allen Menschen (»Jesus: ›Kommt alle zu mir, die müde und belastet sind, denn ich werde euch befreien. Betet um mein Gespann zu euch und lernt von mir, daß ich freundlich und gemeinschaftlich im Herzen gesinnt bin, und so werdet ihr innere Ruhe (Befreiung, Erlösung) in euren Herzen finden. Denn mein Gespann ist heilsam (glückverkündend) und meine Ladung unbeschwerlich‹«; Mt 11,28ff./Ü.d.A.; vgl. auch Joh 6,43-47 u.a.).

Paulus ließ sich gern als »Star« feiern und hielt die Zügel der Gemeindeleitung fest in den Händen, auch wenn er in der betreffenden Gemeinde nicht anwesend war. Während seiner Abwesenheit halfen ihm seine Mitarbeiter, die er dorthin gesandt oder eingesetzt hatte (Röm 16, 1-16; 1 Kor 16,15-18).

Paulus besaß viel Hochmut (1 Kor 4,15), obwohl er sich auch freiwillig erniedrigte (2 Kor 11,1-12, 13 u.a.). Sind diese Erniedrigungen aber echt? Aussagen wie: er spräche in »Torheit« (2 Kor 11,17.21) erwecken nicht den Eindruck von Bescheidenheit, sondern mehr der diplomatischen Berechnung, um von den Menschen höher eingestuft zu werden beziehungsweise um mit seinen Belehrungen und Ermahnungen mehr Wirkung zu erzielen.

In diesen Worten klingt eine Taktik durch, bei der er Worte von Jesus (»Da werden viele Höchstgestellte Niedrigste, und Niedrigste Höchstgestellte sein«; Mt 19,30/Ü.d.A.) zu seiner Methodik macht. Mit diesem rhetorischen Trick stellt er sich an die letzte Stelle, um an die erste gesetzt zu werden. Das konnte er in seiner Gemeindearbeit gut gebrauchen.

Die Erklärung für ein solches Handeln findet man in den

Ängsten vor der starken Konkurrenz der wirklichen Apostel, die Jesus so viele Jahre begleitet, gehört und miterlebt hatten. Sie waren für Paulus eine Gefahr, bei den Menschen weniger Gehör zu finden, als er es sich wünschte.

In vielen Briefen spürt man dieses Ringen um die Überzeugung und das Vertrauen der Menschen in den Gemeinden. Er war in seinem Inneren nicht so selbstsicher, wie er nach außen zu wirken versuchte (vgl. Gal 2,7-10).

Auch beschreibt ihn die *Apostelgeschichte* anders und nicht als einen solchen mächtigen »Führer« der christlichen Gemeinden, wie er sich in seinen Briefen gerne sieht. In ihnen posiert er, als würde die gesamte Kirche ohne ihn nicht bestehen können. So ermahnte und belehrte er nicht nur die Gemeinden, sondern er gab ihnen seine spezielle Ordnung durch Richtlinien, in die seine Mitarbeiter eingewiesen waren (Röm 16,1-23; 1 Kor 1,10-17; 1 Kor 3, 5-4,16 u.v.a.).

Zweifellos muß ein Gemeindegründer oder Gemeindeleiter sich um Organisation kümmern. Dennoch wirkt sein Leitungsstil allgemein autoritär und überheblich. Zuwenig zeigen seine Briefe (beziehungsweise die seiner Schüler), daß diese Tätigkeit sich um Freundlichkeit, Liebe und Zusammenarbeit bemühen muß.

Er ließ den Gemeinden zu wenig Raum für Eigeninitiativen. Andererseits enthalten fast alle Briefe Warnungen vor Irrlehrern, die sie zerstören würden. Statt Angebote für einen friedlichen Dialog mit ihnen betreibt er Hetzkampagnen mit der Drohung von Gericht, Tod und Verdammnis (Röm 16,17-20; Gal 5,7-12; Kol 2,8-23; 1 Tim 6,2-10).

So forcierte er in seinen Gemeinden mehr das »Lager- und Feindbilddenken«, statt Gespräche zu fördern, in denen Vorurteile hätten abgebaut werden können. Seine Briefe wirken eher wie Tagesbefehle eines Kommandanten an seine Soldaten. Sie entsprechen nicht den liebevollen Worten von Jesus in den *Evangelien*. Dort wird man militärische Fachausdrücke, wie Paulus (und seine Schüler) sie in seinen Briefen verwendet, vergebens suchen (Eph 6,11; 14-17 u.a.).

Hier mag das essenische Denken seinen Einfluß gehabt haben. Der Denkweise der Urkirche in Jerusalem jedoch, die sich um PETRUS, JOHANNES und JAKOBUS sowie andere Apostel scharte, war so etwas fremd. Zu klar war für sie die Lehre von einer frohmachenden Botschaft Gottes, in deren Zentrum das Friedenstiften, die Liebe auch zu den Feinden und die Versöhnung stehen (vgl. Mt 5,9, 25, 43f.; Mt 10,12f.; Mk 9,50; Lk 17,3f.; Joh 16,33; 20,19. u.a.).

Paulus aber verwendet die militärischen Ausdrücke, um einerseits seine Autorität zu stärken und andererseits seine Unsicherheit zu verdecken. Er will, daß alle in den Gemeinden zu ihm aufblicken.

Vorwiegend sollen Männer das Sagen in der Gemeinde haben, und Frauen sollen sich, wie erwähnt, unterordnen.

So entspricht sein Denken schon in bedauerlicher Weise dem in den heutigen kirchlichen Strukturen.

Es ist als Tatsache festzuhalten, daß Paulus mit seinem Denken die geistigen Strömungen im Christentum stärkstens beeinflußt und ihnen ganz massiv seinen Stempel aufgedrückt hat.

So redet er im *Galaterbrief* nur zu den Männern (Gal 3,26; 4,6f., 12, 28, 31; 5,11, 13;6,1 u.a.). Und in vielen anderen Briefen entdeckt man die gleiche Haltung. Wie den Frauen, so gestand er auch den Sklaven keine Gleichberechtigung und Gleichstellung innerhalb der Gemeinde zu, sonst hätten seine Worte anders geklungen.

Seine Haltung bezüglich der Einheit und des Friedens in der Gemeinde war sehr widersprüchlich und unklar: Einerseits spricht er sich an vielen Stellen für diese Einheit aus (Phil 2,2; Eph 2,12-17; 4,2-6) und hält »Spaltung« und »Parteiung« sogar für böses »Werk des Fleisches« (Gal 5,19f.).

Auch im ersten *Korintherbrief* spricht er davon, daß er in

der Gemeinde »keine Spaltung« und keine Meinungsvielfalt wünscht (1 Kor 1,10 u.a.). Andererseits schreibt er im selben Brief: »Zuerst nun höre ich, daß, wenn ihr in einer Versammlung zusammenkommt, es Spaltungen zwischen euch gibt, und doch glaube ich an eine Bedeutung von dem. Denn es muß auch Parteiungen zwischen euch geben, damit die Tadellosen unter euch sichtbar werden« (1 Kor 11,18f./Ü.d.A.).

So überheblich und verhängnisvoll äußerte er sich auch über den ihm bekanntgewordenen Fall von Unzucht in Korinth: »Denn sicherlich habe ich körperlich abwesend, jedoch im Geist anwesend, jetzt schon, so als ob ich anwesend wäre, über den, der das (Unzucht mit der Frau seines Vaters) auf diese Weise getan hat, ein Urteil gefällt; nämlich, wenn ihr im Namen unseres Herrn Jesus und mit meinem Geist zugleich mit der Kraft unseres Herrn Jesus euch versammelt, einen solchen dem Satan zum Verderben (Unheil, Untergang, Niederlage, Vernichtung, Tod) des Leibes zu übergeben, damit der Geist am Tag des Herrn gerettet wird« (1 Kor 5,3ff./Ü.d.A.).

Woher nahm Paulus solche Überheblichkeit und Grausamkeit? Hatte er die Hauptgebote von Jesus, die Gottesliebe, die Selbstliebe und die Liebe zu den Mitmenschen, vergessen? Meinte er, daß Jesus auf eine solche Weise die Menschen geliebt hat? Wo ist da etwas von der Frohen Botschaft Gottes (= *Evangelium*) zu finden?

Da wird man erinnert an die Hexen- und Ketzerfeuer, in denen später arme und gequälte Menschen brannten …

Denn mit solchen und ähnlichen Texten in der Bibel begründeten die päpstlichen Inquisitionstribunale der römisch-katholischen Kirche ihre furchtbaren Entscheidungen. Mit solchen Texten im Hintergrund unterschrieb vermutlich Papst INNOZENZ VIII. im Jahre 1484 seine Hexenbulle. Nur aus einem solchen Denken heraus konnten Päpste im Mittelalter Könige und Menschenmassen in grausame Schlachten schicken, die sie als »Kreuzzüge« bezeichneten.

Die Geschichte hat noch unzählige weitere Beispiele.

Auf dieser Linie bewegen sich auch die Anweisungen an TIMOTHEUS bezüglich der »Ältesten«, die den Gemeinden vorstanden: »Weise die, die Fehler begehen, in Gegenwart aller zurecht, damit auch die übrigen Angst (Furcht, Schrecken) bekommen« (1 Tim 5,20/Ü.d.A.).

Solche Formulierungen zeigen mehr die Nähe zu den Essenern, zu der ehelos lebenden Bruderschaft in Qumran, als zu der christlichen Botschaft der Evangelien. Denn in ihrem Buch *Regel der Einung* heißt es für die Überprüfung der Bewerber, die in die Gemeinschaft aufgenommen werden wollen: »Es soll keiner gegen seinen Nächsten vor der Vollversammlung eine Sache vorbringen, ohne vorherigen Verweis vor Zeugen« (aus: Erich Weidinger, *Die Apokryphen*, Augsburg 1990, S. 387).

In dieser essenischen Schrift soll zwar, im Gegensatz zum ersten *Timotheusbrief*, niemand vor allen getadelt und zurechtgewiesen werden, aber auch die Zeugen waren ja für den betroffenen »Schuldigen« eine kleine Öffentlichkeit.

Ganz anders lautet da die Weisung von Jesus in den *Evangelien:* »Doch wenn sich dein Mitmensch gegen dich vergeht, mache dich auf den Weg und frage ihn (in einem Gespräch) zwischen dir und ihm alleine aus; wenn er dir zuhört, hast du deinen Mitmenschen gewonnen« (Mt 18,15/Ü.d.A.). Hier wird ausdrücklich gesagt, daß bei einer Verfehlung die Aussprache nur ein Vieraugengespräch sein soll.

Der Schreiber des *Timotheusbriefes* sieht das jedoch ganz anders. Seine Denkweise kannte anscheinend keinen Widerspruch zwischen der Frohen Botschaft von Jesus und angstmachenden oder taktlosen Methoden. Daß so etwas große Konflikte und Schwierigkeiten provoziert, überlegte sich der Schreiber offenbar nicht.

Die Inquisitionstribunale des Mittelalters konnten, wie gesagt, ihre Methoden mit so einer Bibelstelle rechtfertigen.

Paulus hatte bei seiner autoritären Leitung der Gemeinden eine Menge an Anweisungen und Ermahnungen für seine festen Mitarbeiter (zum Beispiel Timotheus) und für die ganze Gemeinde. Er lieferte genaueste Rezepte für die verschiedensten Gruppen, wie sich wer gegenüber wem zu verhalten hätte. Die Frauen, Männer und Kinder bekamen Vorschriften für ihre Umgangsformen und Handlungsweisen (1 Kor 7; 11, 2-16; 14, 33-36; 1 Tim 2,8-15; Kol 3,18-21; Tit 2,1-5 u.a.), ebenso die Sklaven und Sklavenbesitzer (Kol 3,22ff.; 4,1; Tit 2,9f.; 1 Tim 6,1f.). Auch Bischöfe, Diakone, Älteste oder Gemeindevorsteher und Witwen wurden nicht von paulinischen Sittenkatalogen verschont (1 Tim 3,1-7, 8-13; 5,5-15, 17f.; Tit 1,5-9; 1 Kor 7,39f. u.a.).

Dabei wird Unterordnung groß geschrieben. Dies paßt auch dazu, wie Jesus im *Hebräerbrief* gesehen wird. Dort ist vom »Gehorsam« von Jesus gegenüber seinem Vater die Rede (Heb 5, 8f., auch Phil 2,5-8).

Und wenn sich Jesus seinem Vater unterwirft, so ist es logisch, daß sich die Gemeindemitglieder nicht nur Gott, sondern auch ihren Vorstehern unterordnen müssen. Diese wissen ja anscheinend mehr von der Botschaft Gottes. So jedenfalls stellen es Paulus und seine Mitarbeiter dar. Die Aussagen von Jesus in den *Evangelien* unterscheiden sich jedoch wieder grundlegend von dieser geistigen Ausrichtung. Die Intention seiner Rede nach einem Streit seiner Jünger, wer denn der »Bedeutendere« (griech.: *meidson*, auch: größer, ehrenvoller, hochstehender, mächtiger, wichtiger ...) im Reich Gottes sei, läuft darauf hinaus, daß Über- und Unterordnung nicht das Entscheidende für seine Jüngerschaft ist (Mt 18,1-5).

Ähnlich lautet ein Satz im *Markus-Evangelium:* »Wenn wer der Angesehenste sein will, wird er von allen der sein, der an die äußerste Grenze geht und ein Helfer für alle ist« (Mk 9,35b/Ü. d. A.).

Demzufolge haben eine Selbsterhöhung und die Forderung an andere, sich einem unterzuordnen, den gegenteiligen Effekt. Vielmehr gehört zur Liebe zu den Mitmenschen der Einsatz für den anderen (Joh 15,13), der aber nicht Selbstversklavung, sondern ein freies Handeln bedeutet. Kadavergehorsam hat mit der Botschaft von Jesus nichts zu tun.

In das autoritäre Denkschema von Paulus passen auch seine Aussagen über den Staat und seine Herrscher im *Römerbrief:* »Jede Person ordne sich den mächtigen Herrschern unter, da es keine staatliche Macht außer von Gott her gibt; und sie sind eben die, die von Gott her eingesetzt worden sind«. Daher hat der, der sich dem Herrscher widersetzt, sich der Anordnung Gottes entgegengestellt; und so werden die, die Widerstand geleistet haben, selbst eine gerichtliche Verurteilung erleiden, weil sie Anführer waren. Angst verbreitet sich nicht bei der guten, sondern bei der schlechten Tat. Du willst dich doch nicht vor dem Herrscher fürchten? Deshalb tut man Gutes! Und so erhältst du Anerkennung (Ruhm, Lob, Danksagung) von ihm. Er ist nämlich Diener (Bote, Gehilfe) Gottes dir zum Heil (Wohl). Doch wenn du das Böse tust, fürchte (dich), denn er trägt das Schwert nicht von ungefähr. Er ist nämlich Diener Gottes und im Zorn (Erbitterung, Wut) rächt er sich an dem, der das Schlechte tut« (Röm 13,1-4/Ü.d.A.).

Solche Worte klingen erschütternd! Hat Jesus denn nicht mit vielen anderen genug Leid durch ungerechte Machthaber erfahren, die sich als Götter sahen (zum Beispiel Römische Kaiser)? Gibt Paulus damit nicht jedem Staat eine »christlich-moralische« Rechtfertigung für die Todesstrafe? Hier weicht er entschieden von der Botschaft des Christentums ab (Mt 5,21f.,43-48); auch das fünfte Gebot des Alten Testaments (Dtn/5. Mose 4,17) richtet sich gegen das Töten und Morden.

Hier kann nicht vom Willen Gottes gesprochen werden; und ein Herrscher ist nicht »Diener Gottes«, wenn er »rächend« das »Schwert« führt.

Paulus ist hier grausam und kalt, und seine Worte verlieren jeden menschlichen Zug. Die Auswirkungen seiner Äußerungen prägen aber noch immer das offizielle Christentum. Noch heute gibt es kirchliche Amtsträger bis hinauf in die obersten Ränge, die die Todesstrafe mit der christlichen Moral in Einklang bringen können. So liest man beispielsweise in dem römisch-katholischen *Lexikon der christlichen Moral* aus dem Jahre 1976 unter dem Stichwort »Todesstrafe«:

»Der Behauptung, dem Verbrecher werde mit dem Vollzug der T. (Todesstrafe) die Gelegenheit zur Besserung genommen, kann entgegengehalten werden, daß er sich im Anblick des bevorstehenden Todes bekehren kann und daß das Interesse der Gesellschaft an der Beseitigung des Verbrechers vor dem Interesse an seiner Besserung den Vorrang haben kann (vgl. Thomas v. Aq., S. c. G. III 146,5)« (aus: Karl Hörmann, Lexikon der christlichen Moral, Wien 1975, S. 1589).

Ein weiteres Zitat klingt nicht weniger menschenverachtend:

»Wer die T. (Todesstrafe) als Verstoß gegen die Menschenwürde ansieht, sollte darauf achten, daß der Übeltäter diese Würde zuerst schon von sich wirft (vgl. Thomas v. Aq., S. Th. 2,2q. 64 a 2 ad 3)« (ebenda).

Bezeichnend für solche ungeheuerliche Argumentationsweisen ist, daß keine neutestamentlichen Bibelstellen aus den Evangelien für die Begründung der Todesstrafe herangezogen werden konnten, weil es keine gibt.

Daß THOMAS VON AQUIN (1225 – 1274) als Befürworter der Todesstrafe zitiert wurde, spricht weder für die Todesstrafe noch dafür, daß dieser ein guter christlicher Theologe, ja Kirchenlehrer gewesen sei. Es bleibt zu fragen, wo bei einer solchen Theologie die Liebe zu den Mitmenschen (und zu Gott) zu finden ist. Gehört der »Verbrecher« nicht auch zu den »Geringsten«, für die sich ein Christ gemäß den Worten von Jesus (Mt 25,31-46) einsetzen sollte?

Eine Kirche und ihre Amtsträger, die so etwas oder etwas ähnliches vertreten, argumentieren nicht mehr auf dem Boden der Frohen Botschaft von Jesus Christus. Grausamkeiten haben mit Jesus und mit Gott nichts zu tun. Päpste oder Herrscher, die ihre Handlungen auf solche Sätze stützen, verstoßen selbst gegen ihre eigene Menschenwürde (vgl. Mk 10, 42-45).

Bei dieser teilweise so anfechtbaren Haltung Jesus gegenüber ist es nicht verwunderlich, daß Paulus nicht wirklich fähig ist, Menschen in Bedrängnis und Verfolgung mit guten Worten Kraft zu geben. Im ersten *Thessalonikerbrief* »tröstet« er beispielsweise die Gemeindemitglieder folgendermaßen: »Wir müssen Gott immer für euch danken ..., daß sie uns (d.h. PAULUS, TIMOTHEUS, SILUANUS) euretwegen in den Versammlungen Gottes auf Grund eurer Standhaftigkeit (Geduld, Ausdauer, Erduldung) und eueres Glaubens (Treue, Vertrauen, Zuverlässigkeit) bei allen Verfolgungen (gerichtlichen Anklagen) uns rühmen. Und so haltet auch in diesen Bedrängnissen durch. Es ist ein Anzeichen des gerechten Gerichtes Gottes, daß ihr wegen dem (Geduld, Glaube) für das Reich Gottes würdig gehalten werdet, für das ihr auch leidet« (2 Thess 1, 3a, 4f./Ü.d.A.).

Welcher Zynismus klingt da heraus! Solche Worte konnten den Menschen wohl schwerlich Hoffnung und Mut gemacht haben. Zum Trost vom »Gericht Gottes« zu sprechen, bedeutete für sie nicht Hilfe, sondern brachte ihnen eher Ängste und förderte ihre Resignation.

Ängste vor dem »Gericht Gottes« beziehungsweise dem Weltende zu schüren, ist grausam und unmenschlich. Und Paulus tat dies nicht nur an dieser Stelle im zweiten *Thessalonikerbrief* (vgl. 2 Tim 3,1-9 u.a.). Ob auch er selbst Angst vor dem Weltende hatte oder nicht, kann nicht genau festgestellt werden. Entscheidend bleibt aber, daß er mit solchen Mitteln seine Autorität und seinen Einfluß auf die Menschen in den Gemeinden ausgebaut und gestärkt hat.

Reichtumsverachtende Tendenzen

Die *Evangelien* zeigen den Reichtum betreffend eine klare Linie.

Erstens wird den Jüngern von JESUS versprochen, daß sie in dieser Zeit ein Vielfaches von dem erhalten werden, was sie zurückgelassen haben (vgl. Mk 10,28-30). Das bedeutet, daß Gott sich den Reichtum für alle Menschen wünscht.

Zweitens erzählt Jesus ein Gleichnis von »Minen« (= festgelegte Recheneinheiten im Wert von 100 Drachmen), in dem Diener mit dem Geld ihres Herrn Geschäfte treiben sollen, um ihre Fähigkeiten weiterzuentwickeln und dafür ihren Lohn zu erhalten (vgl. Lk 19,11-26). Gemeint ist, daß der Mensch von Gott seine Fähigkeiten und Talente, aber auch seinen Reichtum geschenkt bekommt, über den er sich freuen und den er auch vergrößern kann. Gottes Segen begleitet den Gerechten.

Drittens rügt Jesus eine Frau nicht, weil sie über sein Haar ein teures Öl gegossen hat (Mt 26,6-13). Im Gegenteil: Er ermahnt die Jünger, die in dieser Handlungsweise eine Verschwendung sahen, und lobt das gute Werk der Frau.

Viertens nimmt er an Festen von reichen Leuten teil und hält ihnen ihren Reichtum nicht vor (Lk 19,1-9).

Jesus ist allgemein dem Reichtum gegenüber positiv eingestellt. Er vermittelt den Menschen aber noch etwas Wichtiges: Die Freude über den eigenen Reichtum kann sich nur dort entwickeln, wo man bereit ist, Menschen zu helfen und seinen Reichtum, soweit es möglich ist, zu teilen.

So sagt Jesus zu einem reichen jungen Mann: »Geh, verkaufe, was du kannst und gib dies den Armen; und du wirst einen Schatz im Himmel haben« (Mk 10,21b/Ü.d.A.).

Das Maß, wieviel jeder geben soll, ist durch das zweite Hauptgebot von Jesus bestimmt: »Liebe deinen Mitmenschen, wie dich selbst« (Mk 12,31/Ü.d.A.).

Die Selbstliebe und die Liebe zu den Mitmenschen soll ausgewogen sein. Daher wird der Gebende nicht alles verschenken, sondern seine Gabe mit der Selbstliebe in Einklang bringen.

Wie sieht nun die Einstellung zum Reichtum in den Paulusbriefen aus?

PAULUS verurteilt in allem die »Habgier« (Röm 1, 29ff.; 1 Kor 5,10; 6,10 u.a.). Er ordnet sie negativen Haltungen von Menschen zu, die Gott nicht anerkennen wollen (Röm 1, 28f.).

»Welche auch immer das Gottesrecht angreifen, weil sie derartige (Dinge) (= Unzucht, Ungerechtigkeit, Habgier, Bosheit, Neid, Streit u.a.) tun, verdienen den Tod (Todesstrafe, Hinrichtung, Todesqualen...); sie treiben diese (Dinge) nicht nur, sondern sie haben auch Gefallen an denen, die so handeln« (Röm 1,32/Ü.d.A.).

So harte Worte für den Geizigen finden sich nicht in den Evangelien.

Im *Korintherbrief* ist Paulus' Urteil über einen Geizigen auch nicht besonders freundlich. Es soll nämlich niemand mit ihm zusammen essen (vgl. 1 Kor 5,10f.). Er soll auch aus der Gemeinschaft ausgeschlossen werden (vgl. 1 Kor 5,13b). Dabei zitiert Paulus einen alttestamentlichen Text nicht ganz wörtlich: »Stoßt den Übeltäter aus eurer Gemeinschaft hinaus«. (1 Kor 5,13b; s.a. Dtn/5 Mose 17,7; 19,19;22,21f.; 24,7; 28,15-68).

Der Habgierige wird auch das »Reich Gottes nicht erlangen« (1 Kor 6,9f.) und gehört nicht zu denen, die »geheiligt« sind (1 Kor 6,11).

Vergleicht man nun diese Äußerungen und Gedanken von Paulus mit den oben erwähnten Worten Jesu zu dem reichen Mann, so zeigt sich, wie weit die beiden voreinander entfernt sind (vgl. Mk 10,17-31).

Jesus klagt den Reichen nicht an, weil dieser nicht bereit

ist, seinen Reichtum mit den Armen zu teilen, sondern es ist die Rede davon, daß er »Mißbehagen empfindend weggeht« (vgl. Mk 10,22/Ü.d.A.).

Statt dessen spricht er zu seinen Jüngern von den Schwierigkeiten, in denen sich der Vermögende befindet, wenn er gierig an seinem Reichtum hängt. Seine Ängste vor dem Verlust an Ansehen, Ehre, Macht, Einfluß und anderem sowie die Furcht davor, selbst arm zu werden, verhindern, daß er Glück, inneren Frieden und Freiheit in seinem Leben erfährt. Das sind die Erfahrungen, die Jesus mit den Worten »Reich Gottes« ausdrückt (vgl. Mk 10,24f.). Er macht den Menschen nicht Angst, sondern schenkt ihnen Hoffnung, daß das »Reich Gottes« für jeden erfahrbar ist (vgl. Mk 10,24-27).

Paulus verherrlicht die Armut, die er angeblich selbst lebt als etwas, das »viele reich macht« (vgl. 2 Kor 6,10).

Für Paulus gehört die Armut, das heißt »hungern und dürsten«, »in Lumpen gehen« und »heimatlos zu sein«, zu seinem Dienst als Apostel (vgl. 1 Kor 4,9-11).

»Ich glaube nämlich, daß Gott uns Apostel zu den Geringsten gemacht hat, wie zum Tod Verurteilte, damit wir zu einem Schauspiel für die Welt, für Engel und Menschen werden« (1 Kor 4,9/Ü.d.A.).

Seine Worte klingen tragisch und zugleich abstoßend. Er klagt hier und auch im nächsten Vers zu Gott, wenn er sich als »Narr um Christi willen« bezeichnet (vgl. 1 Kor 4,10).

Schließlich ermahnt er auch noch die Menschen, seine Lebensweise nachzuahmen (vgl. 1 Kor 4,16).

Was mutet er da allen zu, die er mit seinem »Evangelium« (= Frohbotschaft) überzeugen will (vgl. 1 Kor 1,17)? Wie könnte das auch nur im entferntesten jemanden froh bzw. glücklich machen? Wie kann eine Lebensweise, bei der man sich schlecht behandeln läßt oder sich selbst quält, als gottgewollt dargestellt werden? Und kann man so etwas, das mit der Liebe Gottes absolut nichts zu tun hat, sich zum Vorbild nehmen beziehungsweise für vorbildlich halten?

Paulus überzeugt auch dann nicht, wenn er Jesus so beschreibt, als ob dieser als Bettler herumgezogen wäre.

»Denn ihr kennt die Freundlichkeit (Wohlwollen, Gnade, Liebesdienst) unseres Herrn Jesus Christus, daß er, der reich ist, euretwegen ein Bettler geworden ist, damit ihr durch seine Armut reich seid« (2. Kor 8,9/Ü.d.A.).

Warum soll Jesus arm oder ein Bettler gewesen sein? Es gibt dafür keine Begründung. Er war angesehen sowohl bei den Armen wie auch bei den Reichen.

Einen Bettler hätte niemand zu einer Hochzeit eingeladen (vgl. Joh 2,1-11). Und Pharisäer, die damals sicherlich zu den begüteteren Menschen gehört haben, hätten nicht mit Jesus zusammen an einem Tisch gespeist (vgl. Lk 7,36-50), wenn er als Notleidender von einem Ort zum anderen gezogen wäre.

Ein Bettler hätte auch den Armen nichts geben können. Jesus und seine Jünger verteilten aber sehr wohl Geld unter den Armen (vgl. Mt 26,6-11).

So ist die Argumentation von Paulus, daß Jesus ein Bettler gewesen sei, nicht überzeugend.

Liest man nun in diesem Text die davorliegenden und die darauffolgenden Verse (2 Kor 8,1-8, 10-24), so versteht man, warum für Paulus Jesus ein Armer gewesen sein sollte:

Er wollte die Gemeindemitglieder von Korinth dazu bringen, für andere, ärmere Gemeinden Geld zu spenden (vgl. Gal 2,10; 2 Kor 8,1-24; 9,1-15; 1 Kor 16,1-24).

Ein Bild von einem Jesus als »Bettler« paßte da besser in ein Konzept, mit dem man Gemeindemitglieder zum Spenden bewegen konnte.

Paulus spricht zwar davon, er wolle nicht, daß jemand durch Spenden selbst in Not gerät (vgl. 2 Kor 8,13). Und doch bringt er zum Ausdruck, daß er die Menschen ganz besonders bewundert, die »über (ihre) Kräfte hinaus« Geldspenden gaben (2 Kor 8,1-8).

Überdenkt man seine Argumentationsweise genauer, so zeigt sich deutlich, daß hier mit falschen Schuldgefühlen der Menschen gearbeitet wurde. Paulus suggeriert auf unredliche Weise ein mangelhaftes Verhalten, wenn jemand nicht mehr geben wollte, als er konnte. Bewußt oder unbewußt übt er einen Druck auf die Spendenden aus, der jede Freiwilligkeit des Gebens schwinden läßt (2 Kor 8,1-2).

Unklar bleibt bei seiner Rede, was er mit »Gleichstellung (Gleichheit)« wirklich meint (vgl. 2 Kor 8,13f.). Sollen Reiche dafür »bestraft« werden, weil sie vielleicht mehr gearbeitet haben als andere? Stellt nicht so eine Einstellung eine neue Ungerechtigkeit dar? Heißt »Gleichheit« bei Paulus vielleicht, daß alle gleich arm sein sollen?

Diese Rede entspricht völlig seinem Denken und paßt auch in die Aussagen seiner Briefe. Wieder einmal wird ein großer Unterschied und Widerspruch zu der Frohen Botschaft der Evangelien sichtbar. Wie kann ein Armer durch seine Besitzlosigkeit glücklich sein oder anderen Freude schenken? Solche Reden nehmen armen Menschen möglicherweise auch die Motivation und die Hoffnung, ihre Lage verbessern zu können. Gott will niemanden in Armut oder als Bettler sehen, sondern alle als glückliche und fröhliche Menschen.

Paulus spricht noch an anderen Stellen von Geldspenden für ärmere Gemeinden (Röm 15,26ff.; 1 Kor 16,1f.; 2 Kor 9,5ff.). Sein an sich positives Anliegen wird dabei zweifelhaft, weil er immer wieder versucht, Menschen zum Spenden zu zwingen. So spricht er davon, daß die Spende großzügig und nicht von »Geiz« bestimmt sein soll (2 Kor 9,5). Das wird nicht dadurch freundlicher, daß er allen zugesteht, nicht mit Unlust oder unter Zwang handeln zu müssen (2 Kor 9,6f.).

Dies ist mehr ein rhetorischer Eiertanz, als eine klare und ehrliche Rede. Es ist unerhört, von allen zu verlangen, am

Monatsanfang Geld für eine Spende wegzulegen, ohne die Armen ausdrücklich davon auszuschließen (vgl. 1 Kor 16,1f.). Diese Anordnung klingt wie die Forderung einer Kirchensteuer.

Es berührt auch seltsam, wenn sich die Menschen angesichts eines angeblichen Weltunterganges so verhalten sollen, als ob sie kein Eigentum hätten (vgl. Kor 7,29ff.). Dieses Reden von Besitzlosigkeit und Weltende erinnert stark an das Denken der Essener oder der Bruderschaft in Qumran.

Bei Jesus findet man wie gesagt nicht eine so negative Haltung dem Reichtum gegenüber. Die Evangelisten sprechen eine andere Sprache: »Rafft nicht Besitztümer (Vorräte, Schätze) auf der Erde zusammen, wo Motte oder Nagetier sie vernichten, oder wo Diebe einbrechen und sie wegschaffen. Sammelt auch Besitztümer in Bezug auf den Himmel, wo weder Motte noch Nagetier sie vernichten, oder wo Diebe weder einbrechen noch sie wegschaffen« (Mt 6,19f./Ü.d.A.).

So stellt Jesus nicht die Armut als Ziel des Lebens oder als Wille Gottes dar, sondern er ruft jeden dazu auf, die eigentlichen Dinge in seinem Leben zu suchen (Mt 6,33).

Auch der Reichtum gehört zum Segen Gottes (vgl. Mt 6,25-34) und kann daher in Dankbarkeit genossen werden. Der Reiche findet in seinem Leben Glück, Harmonie und Zufriedenheit, wenn er seine Mitmenschen liebt wie sich selbst (vgl. Mk 12,29ff.).

Solche eindeutigen Worte sucht man in den paulinischen Briefen vergebens.

Gott fürchtende Tendenzen

Die *Evangelien* machen grundsätzlich andere Aussagen über Gott, als es in den *paulinischen Briefen* dargestellt wird. Die Beschreibung Gottes und JESU CHRISTI als seines Sohnes: daß er die »Liebe ist« (vgl. 1 Joh 4,7-12, 16), zieht sich wie ein roter Faden durch das gesamte Schrifttum der vier *Evangelien.*

Gott zeigt den Menschen seine Liebe, indem er ihnen in Jesus Christus ganz nahe gekommen ist (vgl. Mt 1,20-25: Traum des Josef und Namensgebung Jesu – Prophetenwort: Immanuel = »Gott ist mit uns«).

Und diese große Liebe haben ungezählte Menschen durch die Worte und Taten von Jesus erfahren.

Von Friede und Versöhnung sprach er aber nicht nur, sondern sein ganzes Handeln »in dieser Welt« war davon geprägt. Jesus zeigte dies vor allem beim Erleiden der Kreuzigung, als er zum Vater betet: »Vater, verzeihe ihnen, denn sie wissen nicht, was sie tun« (Lk 23,34/Ü.d.A.).

Jesus sandte dann nicht nur seinen Jüngern, sondern ausnahmslos allen Menschen einen ständigen Beistand: seinen Geist (vgl. Joh 16,7, 13ff.; 20,22).

Ihn können wir im Gebet stets um seinen Rat und seine Hilfe bitten. So ist Gott für immer nahe bei uns, und wir können uns seiner Hilfe gewiß sein.

Daher ist Gott wirklich die Liebe. Und: »In der Liebe gibt es keine Furcht, sondern die erfüllte Liebe treibt die Furcht hinaus, weil die Furcht mit Qual verbunden ist und der Furchtsame sich nicht in der Liebe verwirklicht hat« (1 Joh. 4,18/Ü.d.A.).

Was steht nun aber über Gott in den paulinischen Briefen?

Der Gott, so wie ihn diese Schriften »zeichnen«, hat nur sehr wenig mit Liebe zu tun. Der Glaube von Paulus ist von Gottesfurcht geprägt. Sein Gott demütigt, ist ein zürnender und rächender Gott, und er züchtigt und straft. Er ist ein strenger Richter und macht die Menschen zu seinen »Sklaven«.

So hat Paulus Vorstellungen, daß Gott ihn vor anderen »demütigt«, weil jene Menschen nicht auf das Wort von ihm, Paulus, hören, sondern statt dessen in Streit und Unfrieden leben (vgl. 2 Kor 12,20f.).

Ebenfalls befremdet, daß Gott gegen irgendeinen Menschen von Zorn erfüllt sein soll (vgl. Röm 1,18;2,5;9,20). Die Vorstellungen vom »Zorn Gottes« (Röm 1,18) und vom »Tag des Zorns«, an dem Gott sich in einem »gerechten Gericht« offenbart (Röm 2,5), paßt eher in das alttestamentliche Denken und in die Denkweise der Essener und der Qumran-Gemeinschaft, aber nicht zur Frohen Botschaft von Jesus.

Ein Gott, der auch mit Zorn erfüllt sein kann, erweckt im Menschen Urängste, aber nicht das Vertrauen in seine Liebe, Güte und sein Erbarmen.

Zorn ist ein Zeichen von Schwäche und eine rein menschliche Gefühlsregung, die mit dem Gutsein Gottes nichts zu tun hat.

Dem Menschen gelingt es nicht immer, gut zu sein. Für Gott aber ist es unvorstellbar, daß er nicht Liebe, sondern Zorn sein soll.

So gibt es auch keinen »Tag des Zorns«, der vom Handeln Gottes ausgeht und über den Menschen wie eine Katastrophe hereinbricht.

Der Mensch selbst verursacht sich seinen eigenen »Tag des Zorns« durch sein irregeleitetes Handeln. Daher ist Gott auch kein Rächer (vgl. Röm 12,19), wie es Paulus behauptet, und keiner, der wie ein »verzehrendes Feuer« die Menschen in große Furcht versetzt: »Deshalb erhalten wir ein unerschütterliches Reich und haben Grund zur Freude (Dank), durch die wir wohlgefällig Sklaven für Gott mit Angst und Scheu sind, denn Gott ist für uns ein verzehrendes Feuer« (Heb 12,28f./Ü.d.A.).

Gott will niemanden mit Vorstellungen, wie denen vom Feuer, ängstigen, weil er die Liebe ist.

Diese Worte vom Feuer mögen in eine Theologie von Fegefeuer und Hölle passen. Dennoch sind sie kein Beweis für die Existenz solcher Orte nach dem Tod.

Fest steht aber, daß in der Geschichte Päpste und kirchliche Amtsträger immer wieder versucht haben, mit solchen Gottesvorstellungen das »unwissende Volk Gottes« in Angst und Schrecken zu versetzen, um ihrer eigenen Macht willen. Mit solch einer Theologie wurde auch finanzieller Nutzen erzielt. Der Ablaßhandel in der Reformationszeit ist hierfür ein bekanntes Beispiel.

Ebenso wie die Vorstellung von einem »Feuergott« nicht mit der Frohen Botschaft vereinbar ist, so ist es auch unverständlich, wenn bei Paulus von Engeln als »Dienern« gesprochen wird, die zu »Feuerflammen« gemacht werden (Heb 1,7).

Es entspricht ebenfalls nicht der Vorstellung vom liebenden Gott, den Jesus verkündet, daß jener irgendwen der »Unreinheit« ausliefert (vgl. Röm 1,24.26).

Und es ist auch nicht jener widersprüchliche Satz des Paulus wahr, daß »der Gott des Friedens den Satan zertreten wird« (Röm 16,20).

Denn Gott hat überhaupt nichts mit gewalttätigen Handlungen zu tun und muß niemanden, nicht einmal den »Satan«, zertreten.

Gott ist ebenso nicht derjenige, der für jemanden eine Bestrafung bereithält, so wie es an einer Stelle im ersten *Korintherbrief* anklingt (1 Kor 6,8ff.).

Der Mensch selbst ist es, der sich durch seine Handlungsweisen in leidvolle und bedrückende Lebenssituationen manövriert.

Es ist nicht möglich, ein glückliches Leben zu führen und sein Vertrauen auf einen barmherzigen und gütigen Gott zu setzen, wenn einem gleichzeitig Ängste vor einem angeblichen »Gericht Gottes« und vor »Verdammnis« durch ihn suggeriert werden, so wie Paulus es tut (1 Kor 11,29, 31f., 34; 2 Kor 4,17;5,1-10).

Noch einmal: Gott und seine Worte haben nichts mit Gewalt und schon gar nichts mit militärischen Begriffen zu tun. Daher ist es auch unpassend, das »Wort Gottes« mit einem »Schwert« zu vergleichen (Heb 4,12).

Hier tritt wahrscheinlich der geistige Einfluß der Essener und der Qumran-Gemeinschaft zutage.

Auch schürt Paulus große Ängste im Menschen, wenn er düstere Weltuntergangsstimmungen predigt und sich dabei auf den Geist Gottes beruft (1 Kor 7,31, 40; Heb 1,2). Entscheidend ist jedoch, daß Jesus uns eine gute Zeit ankündigt, die immer eine glückliche Zukunft mit einschließt (vgl. Mk 1,14f.).

So muß sich auch niemand durch sehr zweifelhafte Vorstellungen von der »Vorherbestimmung Gottes« verunsichern lassen (Röm 9,11). Gott läßt uns stets die Freiheit und kettet niemanden an ein Denken, bei dem schon alles wie in der griechischen Tragödie vorprogrammiert ist. Dadurch würde der Mensch nicht nur seine Einmaligkeit und Würde, sondern auch seinen Lebensmut und seine Freude verlieren.

Die korrekte und den Worten von Jesus gemäße Beschreibung der Beziehung zwischen Gott und Mensch lautet nicht »Sklaverei« des Menschen, wie es im *Kolosserbrief* formuliert wird (Kol 3,22), sondern ist liebevolle Freundschaft. So nennt Jesus seine Jünger »Freunde« und nicht »Sklaven (Knechte)« (Joh 15,14f.).

Der Mensch braucht Gott gegenüber keine Ängste zu haben wie ein Sklave seinem Herrn gegenüber. Paulus allerdings sah es so (1 Kor 8,16)!

Außerdem wird niemand von Gott »unter einen Zwang« gestellt, seine Botschaft zu verkünden (1 Kor 9,16). So ist die

Furcht vor Gott nicht die rechte Haltung, ihm Hochachtung und Verehrung entgegenzubringen; er hat den Menschen dazu geschaffen, sich über sein Leben und das anderer zu erfreuen und glücklich zu sein. Furcht zerstört alle kreativen Kräfte in ihm, die Gott ihm für die positive Gestaltung seiner Welt gegeben hat.

Gott ist nicht sozusagen eine »schwache Persönlichkeit«, die sich dadurch Achtung und Respekt verschaffen muß, daß er Menschen in Furcht und Schrecken versetzt.

Eine solche Beziehung wäre fruchtlos. Daher ist es auch sinnlos, wenn ein Glaubender, der sich auf Jesus und sein befreiendes Wort beruft, in »Gottesfurcht« dahinlebt.

Kein Mensch muß sich vor einer »Strafe Gottes« fürchten. Entscheidend ist, daß er sich nicht selbst durch negatives Denken und Handeln bestraft.

An dem Leitbild von Jesus, wie es uns die Evangelien darstellen, können wir erkennen, daß niemand in seinem Leben vor etwas Angst haben muß, auch dann nicht, wenn ihm der Tod droht.

Das *Markus-Evangelium* berichtet über Jesus auf dem Ölberg: »Da kamen sie zu einem Ort, dessen Name Getsemani heißt; und er (Jesus) sagte zu seinen Jüngern: ›Laßt (euch) hier nieder, so lange ich bete‹. Nun nahm er Petrus, Jakobus und Johannes mit sich und begann bedrückt und betrübt zu werden. Da sagte er zu ihnen: ›Mein Herz ist sehr traurig, solange (es) Mord (Tod, Hinrichtung, Mordanschlag) (gibt). Bleibt hier und seid auf der Hut!‹ Als er eine kurze Strecke weitergegangen war, warf er sich auf die Erde nieder und betete, daß er (genug) Kraft (Stärke) habe, wenn seine Stunde herankomme. Und er sprach: ›Abba, Vater, alle Kräfte (stammen) von dir. Bring diesen Becher (der Stärkung) durch mich heran! Nicht allein was ich, vielmehr was du wünscht, (geschehe)‹« (Mk 14,32-36/Ü.d.A.).

Dieses Gebet von Jesus an seinen göttlichen Vater gibt den

Menschen Hoffnung und Stärkung, weil er von Gottes Liebe in so wunderbarer Weise spricht.

Das Bild vom »Becher« im Zusammenhang mit Stärkung erinnert an ein alttestamentliches Gebet, den Psalm 116: »Ich will den Kelch des Heils erheben und anrufen den Namen des Herrn« (Ps 116,13).

Auch vielen anderen Psalmen ist nicht fremd, daß Gott allen Stärke, Segen, Halt, innere Nahrung und Befreiung von Ängsten schenkt (Ps 46,2; Ps 91,16; Ps 102,18; Ps 103,5; Ps 104,14f.; Ps 107,8f. 26-28; Ps 143,6).

Das sind völlig andere Worte über Gott, als man sie in den paulinischen Briefen vorfindet.

Wie nun ausführlich gezeigt wurde, finden sich diese sieben Tendenzen *allein* im Schrifttum von PAULUS und dem seiner Schüler.

Weshalb sie bis jetzt von den bibelexegetischen Wissenschaften noch nie festgestellt und herausgearbeitet wurden, ist leicht zu erklären: Die paulinische Theologie hat im Verlauf der Jahrhunderte nicht nur in die Lehre (theologisches Schrifttum, Dogmen, Lehrbücher, Predigten, Glaubensunterweisungen) und in die Praxis (Liturgie, Kirchenrecht, Ordensleben) ganz massiv eingegriffen; sie hat auch auf das Denken und die Arbeit der Übersetzer an dem griechischen Urtext der neutestamentlichen Schriften in die verschiedensten Sprachen bis in unsere Zeit in höchstem Maß Einfluß genommen.

Man kann sagen: Die *Evangelien* wurden in ihren Übersetzungen, angefangen bei den lateinischen (HIERONYMUS, um 383–390) bis hin zu den heutigen in die verschiedenen Landessprachen, in diesem paulinischen Geist erarbeitet und so in ihren eigentlichen Aussagen verfälscht.

Es fällt den Menschen früher wie heute schwer, in den *paulinischen Briefen* frohe und aufbauende Worte zu finden, weil der Pessimismus, wie er in den sieben hier aufgezeigten Tendenzen zum Ausdruck kommt, das Gesamtbild prägt.

Wie dargestellt, sprechen die vier *Evangelien* im griechischen Originaltext eine klar und eindeutig andere Sprache:

Sie bauen den Menschen auf und bieten ihm in ihrer Weisheit und Tiefe starke Lebensorientierungen, die einzigartig in der Menschheitsgeschichte sind.

Das Übel an der gegenwärtigen Situation ist jedoch, daß die heute verbreiteten Übersetzungen nach wie vor große Widersprüchlichkeiten und Unklarheiten enthalten, die sich bei genauester Übersetzung als völlig unnötig herausstellen. Sie lassen das Gesamtwerk als falsch und unkorrekt erscheinen.

Wie es dazu kam und welche schweren Übersetzungsfehler sich in den vielen Jahrhunderten immer erhalten haben, wird gezeigt werden.

Zunächst aber sollen die möglichen geistigen Quellen aufgezeigt werden, aus denen Paulus seine Haltung und sein pessimistisches Denken gespeist hat, wie es in den sieben Tendenzen deutlich wurde.

Das enge Verhältnis von Paulus zu der Essener-Gemeinschaft in Qumran

Bevor wir uns das Verhältnis von PAULUS zu den Essenern beziehungsweise der Bruderschaft in Qumran genauer ansehen, soll einiges über diese spezielle jüdische Religionsgemeinschaft gesagt werden.

Geschichte und Lebensweise der Essener

Diese judaistische religiöse Gruppe wird vom römischen Historiker FLAVIUS JOSEPHUS »Essener« genannt. Die griechische Bezeichnung »Essenoi« taucht auch bei PHILO VON ALEXANDRIEN und bei PLINIUS DEM ÄLTEREN auf, die ebenso wie Josephus über deren Lebensweise berichten.

Josephus spricht von zwei Gruppen. Die eine lebte abgeschieden und ehelos als Bruderschaft in wüstenartigen Gegenden, wie beispielsweise in Qumran am Toten Meer oder auch in Ägypten am Mareotis-See.

In der anderen Gruppe jedoch war man verheiratet und bewohnte Dörfer und Städte, vor allem in Palästina und Syrien.

Auch in dichtbesiedelten Orten sonderten sich diese verheirateten Essener mit ihren Wohnstätten von der übrigen Bevölkerung ab. So schrieb Josephus: »Außerdem gibt es nun noch einen zweiten Zweig der Essener, der in Lebensart, Sitten und Gebräuchen mit dem anderen ganz übereinstimmt, in der Ansicht der Ehe dagegen von ihm abweicht« (Flavius Josephus, Geschichte des jüdischen Krieges, 2. Buch, 8. Kapitel).

Die Essener verachteten Annehmlichkeiten und Reichtum und besaßen alles gemeinsam. Daher mußte derjenige, welcher sich ihnen anschließen wollte, auf sein Privateigentum verzichten.

Diese jüdische Gruppe sah sich selbst als den »heiligen Rest« (vgl. Jes 4,2-6) des jüdischen Volkes und als einzige »Erwählte«, die wirklich am »Bund« (vgl. Dtn/5. Mose 26,16-19;29,9-14) mit Gott festhielten. Sie lebten in der Vorstellung, daß nur sie wahrhaft das »Gesetz Gottes« erfüllten. So war das alljährliche Gedenkfest des Bundesschlusses zwischen dem Volk Israel und Jahwe (vgl. Dtn/5. Mose 26-29) das wichtigste Ereignis ihres kultischen Lebens.

In ihren Schriften heißt es: »Aber mit denen, die an Gottes Geboten festhielten, die von ihnen übrig geblieben, richtete Gott Seinen Bund auf für Israel auf ewig, um ihnen zu offenbaren ›Verborgenes‹, worin ganz Israel irregegangen: Seine heiligen Sabbath und die Festzeiten Seiner Herrlichkeit, die Zeugnisse Seiner Gerechtigkeit und die Wege Seiner Wahrheit; das Begehren Seines Willens, das der Mensch tun soll und dadurch lebe, eröffnete Er vor ihnen« (Damaskusschrift CD III 12–16 in: Walter Kirchschläger, Schriftverständnis leichtgemacht, Klosterneuburg 1980, S. 141).

Dieses Fest galt der Erinnerung daran, daß sie allein im Bund mit Gott stünden. Auch hielten sie sich an andere kultische Feste des jüdischen Glaubens.

Zu ihren kultischen Handlungen gehörten ein regelmäßiges Mahl mit Brot und unvergorenem Wein sowie kultische Bäder und Schriftstudien alttestamentlicher Texte, aber auch von Werken aus der eigenen Gemeinschaft (Sektenregel, Loblieder, Kriegsrolle, Damaskusschrift u.a.).

Die Gemeinschaft in Qumran wurde um 135 v. Chr. von einem »Lehrer der Gerechtigkeit« gegründet. Etwa in dieser Zeit war es zu großen Spannungen in Priesterkreisen von Jerusalem gekommen. Priester und ihre Anhänger warfen der Gruppe der Pharisäer vor, nicht mehr an ein unmittelbar bevorstehendes Weltende zu glauben. Sie sahen sich als Nachfolger der Äsidaer zur Zeit der Makkabäerkämpfe. So militant und radikal wie diese vertraten auch sie ihre Vorstellungen von der Einhaltung der Gesetze und Rechtssatzungen. Beispielsweise steht in der »Damaskusschrift« über die Einhaltung des Sabbats:

»Irgendein Mensch, der (am Sabbat) in einen Ort voll mit Wasser oder sonstwohin fällt, den darf man nicht heraufholen mit einer Leiter, einem Seil oder sonst einem Instrument« (CD III 16 f. in: Kurt Schubert, Die Kultur der Juden im Altertum, Wiesbaden 1980, S. 173). Ebenso wichtig wie ein solcher Radikalismus war für sie die Ablehnung der Herrschaft der hasmonäischen Hohenpriester-Könige.

Aus diesen Gründen zogen sie sich in die Wüste Juda nach Qumran zurück, weg vom Zentrum Jerusalem und errichteten dort ein Gemeinschaftshaus.

Sie verstanden die Wüste als einen »endzeitlichen Heilsort« (vgl. Jes 40,3) und ihr dortiges Leben als eine kultische Handlung.

Die ehelos lebenden Priester in diesem Zentrum distanzierten sich vom Tempelkult in Jerusalem, da nach ihrer Meinung jene Priesterschaft illegal und unwürdig sei. Das Leben in Qumran war ihnen Kultersatz.

Nur zu den großen Festen entsandten sie Vertreter in den Tempel, die sich jedoch weit abseits, vermutlich in den kleinen Höfen, aufhielten, die nur für die »reinen« Nasiräer vorbehalten waren.

Als zwischen dem »offiziellen« Judentum in Jerusalem und den Essener-Mönchen ein heftiger Konflikt ausbrach, wurde ein »Lehrer der Gerechtigkeit«, das Oberhaupt der Gemeinschaft hingerichtet, vermutlich unter dem hasmonäischen König JOHANNES HYRKAN I. Daraufhin flohen die Mitglieder von Qumran nach Damaskus und kehrten erst wieder zurück, als im Jahre 63 v. Chr. Pompejus mit seinen römischen Truppen Palästina besetzte.

Um 31 v. Chr. wurde das Zentrum durch ein Erdbeben zerstört und um die Zeitenwende wieder aufgebaut. Endgültig wurde diese Anlage in Qumran durch die zehnte Legion von VESPASIAN im Juni 68 n. Chr. dem Erdboden gleichgemacht. Bei dieser Eroberung wurden die inzwischen berühmten Schriftrollen in den angrenzenden Höhlen versteckt.

Im Jüdischen Krieg (66 – 70 n. Chr.) – vom Aufstand der fanatischen Zeloten in Jerusalem bis zur Zerstörung der Stadt und des Tempels – arbeiteten die Qumran-Essener trotz der friedvollen Worte in ihren Schriften (vgl. »Friedensevangelium« der Essener, hrsg. v. Edmond Bordeaux-Szekely, Fulda 1988) im ideologischen Hintergrund dieses furchtbaren Ereignisses. Vor allem die ebenfalls in Qumran gefundene sogenannte »Kriegsrolle« ist ein Zeugnis dafür, daß die Essener höchstwahrscheinlich vom Untergrund aus das Kriegsfeuer geschürt hatten.

Zwei Textbeispiele sollen dies deutlich machen:

»Von heute an lebt in Frieden mit eurem Himmelsvater und mit eurer Erdenmutter und mit euren Brüdern, den Menschensöhnen. Und kämpft nur gegen Satan, damit er euch nicht den Frieden raubt« (aus: Friedensevangelium der Essener, S. 50).

»Und an den (oder: durch die) Heiligen seines Volkes wird er (Gott) seine Macht erweisen« (aus: Kriegsrolle, in: Kurt Schubert, Die Kultur der Juden im Altertum, S. 169).

Ein anderer Text aus dem »Sektenkanon« lautet: »Alle Söhne des Lichtes zu lieben, jeden nach seinem Los, in Gottes Gemeinde und alle Finsternissöhne zu hassen, jeden nach seiner Verschuldung in Gottes Rache« (1Q S I 9ff., in: Walter Kirchschläger, Schriftverständnis leichtgemacht, S. 142).

Diese gegensätzlichen Aussagen der essenischen Schriften zeigen nicht nur die Widersprüchlichkeiten in ihrer Haltung und ihren Zielen, auch ihre Lebensweise weist das gleiche Bild auf.

So lebten sie nach außen hin friedlich von Ackerbau, Frucht- und Gemüsekulturen, beschäftigten sich mit dem Studium alter Schriften und schrieben sie ab. Andererseits war ihr klösterliches Gebäude durch seine Lage und seinen Turm in einer militärisch guten Verteidigungsposition; und die Gebäudeanlage besaß vermutlich auch eine Schmiede, die für die Herstellung von Waffen bestens geeignet war. Die zehnte römische Legion hätte keinen Grund gehabt, dies alles völlig zu zerstören, wenn die Essener dort nur friedlich gelebt hätten.

Die Interessen der Essener an diesem Krieg lagen vermutlich darin, daß sie, nach der Zerstörung von Jerusalem und seinem Tempel, als die einzigen »Gerechten« in die Stadt und in das »Haus Gottes« einziehen wollten, um eine neue Herrschaft nach ihren Plänen zu errichten. Sie nahmen wohl an, daß der künftige Hohepriester aus ihren Reihen kommen würde, wenn dieser »apokalyptische Krieg« einmal zu Ende sein würde. Doch es kam anders.

Zu allen Zeiten spielte sich der Alltag der Essenermönche in ihrer Klosteranlage sehr gleichförmig ab.

Vor Sonnenaufgang meditierten alle im Freien und »kommunizierten mit den Kräften der Natur« (»Engel der Sonne«, »Engel des Wassers«, »Engel der Luft«, »Engel der Erde«). Mehrmals am Tag nahmen sie Bäder in kaltem »Reinigungswasser«, die als Ritual galten (vgl. Sektenregel, 1Q S III 4-7; auch: Walter Kirchschläger, Schriftverständnis leichtgemacht, S. 140).

Nach der täglichen Arbeit auf den Feldern und in den Weinbergen nahmen sie wieder ein Bad, zogen ihre weißen Gewänder an und versammelten sich zu einem gemeinsamen Mahl, wobei am Anfang das Brot und der Wein durch einen Priester gesegnet wurden. Das Mahl schloß wieder ein Gebet.

Am Abend fand Schriftstudium statt und die »Kommunion mit den himmlischen Kräften« (»Engel der Kraft«, »Engel der Weisheit«, »Engel der Liebe« ...).

Der Sabbat war angefüllt mit Studium, Diskussion und dem Spiel bestimmter Musikinstrumente.

Die Essener beschäftigten sich auch mit Erziehung, Heilungen durch Kräuter, Astronomie und Prophetie.

Die Lehre und das Schrifttum der Essener

Wie bereits angedeutet, war der Gedanke, der »heilige Rest Israels« zu sein und wirklich am »Bund« mit Israel festzuhalten, der Hauptinhalt ihrer Lehre.

Die »Lehrer der Gerechtigkeit« offenbarten ihren Mitgliedern die »Wege« göttlicher Wahrheit und Gerechtigkeit, die nur innerhalb dieser Gemeinschaft gefunden werden könnten.

Nicht nur durch das Bad im »Reinigungswasser«, sondern

vor allem durch die Einhaltung des »Gesetzes Gottes« und durch die völlige Einordnung in die Gemeinschaft könne der Mensch entsühnt und von seinen Sünden frei werden. Nach einer Probezeit von zwei Jahren fand die Aufnahme in die Gemeinschaft durch einen Reinigungsritus statt, wobei der Betreffende seinen gesamten Besitz der Bruderschaft zur Verfügung stellte.

Es gab harte Strafen für denjenigen, der in Vermögensangelegenheiten die Unwahrheit sagte.

Das Gebot der Liebe zu den Mitmenschen (vgl. Lev/3. Mose 19,18) bezogen sie allein auf ihre Gesinnungsbrüder: »Aufgabe der Mitglieder ist es ..., alle Söhne des Lichtes zu lieben ..., alle Finsternissöhne zu hassen ...« (1Q S1 9f; in: Walter Kirchschläger, Schriftverständnis leichtgemacht, S. 141 f.).

Innerhalb der Gemeinschaft gab es eine strenge Rangordnung:

»Man soll sie (die neuen Mitglieder) in die Rangordnung eintragen, einen nach dem anderen, entsprechend seinem Verständnis und seinen Werken, so daß jeder seinem Nächsten gehorche, der Geringere dem Höheren. Sie sollen ihren Geist und ihre Werke Jahr für Jahr überprüfen, um einen jeden entsprechend seinem Verständnis und der Vollkommenheit seines Wandels aufrücken zu lassen oder ihn gemäß seiner Verkehrtheit zurückzuversetzen. So weise einer den anderen zurecht in Wahrheit und Demut und liebevoller Verbundenheit untereinander ... Darin sollen sie wandeln an all ihren Aufenthaltsorten in allem, was sich ergibt untereinander und sollen gehorchen, der Geringere dem Höheren, was Arbeit und Besitzangelegenheiten betrifft« (aus: Buch der Regel der Einung (Sektenregel), in: Erich Weidinger, Die Apokryphen, S. 387).

Auf die Mitglieder warteten auch sehr harte Strafen bei Verstößen gegen die Gemeinschaft oder Einzelne daraus:

»Wer mit seinem Mund ein törichtes Wort spricht, büßt drei Monate, und dem, der seinem Nächsten ins Wort fällt, gebühren zehn Tage. Wer sich hinlegt und schläft bei der Sitzung der Vollversammlung, büßt dreißig Tage. Wer in Torheit laut schallend lacht, büßt dreißig Tage. Wer seine linke Hand herauszieht, um damit zu gestikulieren, büßt zehn Tage. Jemanden, der gegen die Grundlage der Einung murrt, schicke man fort, und er kehre nicht mehr zurück« (aus: Buch der Regel der Einung (Sektenregel) in: Erich Weidinger, Die Apokryphen, S. 389).

Ihre Sexualfeindlichkeit und Frauenfeindlichkeit zeigte sich deutlich an den Schriften, die sie studierten. Als Beispiel sei hier das »Testament der XII Patriarchen« genannt: »Sieben Geister wurden dem Menschen von Beliar (Satan) gegeben, und sie sind das Haupt der Werke der Umwälzung ... Der siebente ist der Geist des Samens und der Beiwohnung, mit der die Sünde eingeht durch die Vergnügungssucht. Deshalb ist dieser der letzte der Erschaffung und der erste der Jugend nach, denn er ist mit Torheit erfüllt, und diese führt den Jüngling wie einen Blinden zur Grube und wie ein Vieh zum Abgrund ... Achtet nicht auf den Blick eines Weibes und seid nicht allein mit einer verheirateten Frau und gebt euch nicht ab mit der Beschäftigung der Weiber« (aus: Das Testament Rubens, in: Erich Weidinger, Die Apokryphen, S. 101f.).

Die Gemeinschaft diskriminierte Kranke und Behinderte jeder Art, indem sie ihnen von vornherein den Zutritt zu ihrer Gemeinschaft versperrte. Die Essener verstanden sich als Reine und Makellose, die Kranke und Leidende deshalb nicht aufnehmen konnten, weil sie von Jahwe »Geschlagene« und Gestrafte wären (vgl. Sektenregel, 1Q Sa II 3-11; in: Walter Kirchschläger, Schriftverständnis, S. 141). Das Gesetz des Mose war die Basis ihres Lebens; es wurde von ihren »Lehrern der Gerechtigkeit« ausgelegt und speziell für die Gemeinschaft gedeutet.

Ihre Haltung und Gesinnungstreue der Gemeinschaft gegenüber beschreibt Flavius Josephus im Zusammenhang mit den Ereignissen im Jüdischen Krieg:

»Dabei läßt das schrecklichste Ungemach sie kalt, denn Schmerzen überwinden sie durch Seelenstärke, und einen ruhmvollen Tod ziehen sie dem längsten Leben vor ... Mit allen erdenklichen Marterwerkzeugen quälte man (die Römer) sie, um sie zu Lästerung des Gesetzgebers oder zum Genuß einer ihnen verbotenen Speise zu zwingen ...« (Flavius Josephus, Geschichte des Jüdischen Krieges, 2. Buch, 8. Kapitel).

Daher waren ihre Lehren nicht nur von der Vorstellung eines rächenden und strafenden Gottes geprägt, sondern dieser Gott verlangte von seinen Erwählten auch einen grausamen Märtyrertod.

Laien mußten sich den Priestern unterordnen und außerhalb der ehelos lebenden Bruderschaft Frauen den Männern.

Paulus und die Essener

Immer wieder zeigt sich in den Schriften der Essener, daß es bei ihnen Anknüpfungspunkte und Parallelen für die Denkweisen des PAULUS gibt.

Daß er starke Kontakte zu den Essenern hatte, wird im Vergleich seiner Werke und Lehren mit deren Schrifttum sehr deutlich.

Ein abschließendes Beispiel soll dies belegen:

»Denn auch über sie (Frauen) redete der Engel Gottes zu mir und belehrte mich, daß die Weiber dem Geiste der Hurerei mehr unterliegen als der Mann, und im Herzen hegen sie tückische Anschläge gegen die Männer, und durch den Schmuck verwirren sie zuerst ihre Gedanken und durch den Blick streuen sie das Gift ein und dann nehmen sie sie durch die Tat gefangen ... Und befehlt euren Weibern und den

Töchtern, daß sie nicht ihre Häupter und ihre Angesichter schmücken; denn jedes Weib, welches hierin listig handelt, ist zur Strafe der Ewigkeit aufbewahrt« (aus: Testament des Rubens, in: Erich Weidinger, Die Apokryphen, S. 103).

Vergleicht man dieses Beispiel mit dem Text aus dem ersten *Timotheusbrief* (1 Tim 2,9-11), wo den Frauen verboten wird, sich auf welche Weise auch immer zu schmücken, erkennt man ohne Schwierigkeiten die gleiche Geisteshaltung.

Dies trifft ebenso auf die anderen beschriebenen sieben Tendenzen in den paulinischen Briefen zu.

So wie sich die katholische Kirche (möglicherweise auch andere christliche Kirchen) nach der Prägung durch die Lehren des Paulus entwickelt hat, könnte sie als ein Abkömmling dieser essenischen Sekte bezeichnet werden.

2
Der Kanonisierungsprozeß und sein Einfluß auf die falschen Übersetzungen der neutestamentlichen Schriften

Das Wort »Kanon« meint von seiner ursprünglichen Bedeutung her Rohr, Meßstab, Richtschnur, aber auch Norm und Regel. So ist der Kanon der Heiligen Schrift die Anzahl aller Schriften im Alten und Neuen Testament, die, vom offiziellen kirchlichen Lehramt als Norm und Orientierung ausgegeben, für den Glauben jedes Christen Geltung haben muß.

Vor allem ist der Kanon des Neuen Testamentes für viele christliche Kirchen die sicherste Quelle bei der Verkündigung der Lehre von JESUS.

Wie kam es nun dazu, daß man gerade diese Schriften des Alten und Neuen Testamentes als kanonisch auswählte?

Die Kanonbildung des neutestamentlichen Schrifttums

Bevor es zur Entstehung der *Evangelien* kam, wurde die Botschaft von Jesus durch die Apostel und ihre Schüler mündlich weitergegeben. So gab es vor dem Tod der Apostel keine schriftlichen Zeugnisse ihrer »Lehre« (vgl. Apg 2,42). Das erste Evangelium nach MARKUS entstand um 70 n. Chr. durch einen Schüler des PETRUS. Noch ältere Zeugnisse vom Christentum sind die paulinischen Briefe (ältester: 1 Thess, um 51/52 n. Chr.).

In den ersten christlichen Gemeinden entstanden auf diese Weise Schriftsammlungen, die gegenseitig ausgetauscht und in den Gottesdiensten vorgelesen wurden (vgl. JUSTINUS, 2. Jh. n. Chr.: Erinnerungen der Apostel).

Neben jenen Schriften entstanden andere, die ihnen in der Form und im Inhalt ähnlich waren (vgl. z.B. *Petrus-Evangelium, Thomas-Evangelium,* apokryphe *Apokalypse des Johannes* u.v.a.). Sie sind allgemein als die Apokryphen, die »Verborgenen« (Geheimen) bekannt, weil sie von religiösen Gruppen verfaßt wurden, die nicht direkt zu den christlichen Gemeinden gezählt wurden, sondern im Gegenteil als Konkurrenz zu ihnen auftraten.

Ihre Lehren hatten sie in »geheimen« Büchern, die aber für die Gemeinden Irrlehren und Verfälschungen der »Lehre« der Apostel darstellten (vgl. warnende Worte vor Irrlehren in den paulinischen Briefen, aber auch in den anderen Apostelbriefen). Zu diesen Gruppen gehörten die Ebioniten, Gnostiker und andere.

Durch den Einfluß dieser Gruppen auf die Gemeinden entstand die Gefahr, daß die christliche Botschaft allmählich nicht klar genug erkennbar und daher in ihrer Bedeutung reduziert würde.

So war die Großkirche herausgefordert, die apostolische Lehre zu sichern, um die christliche Frohbotschaft eindeutig und für alle verständlich zu erhalten.

Den direkten Anlaß, in dieser Richtung eine entscheidende Handlung zu setzen, bot MARCION. Er geriet in große häretische Konflikte mit der offiziellen Kirche, da er die alttestamentlichen Schriften mit ihren Aussagen verwarf und nur die Vorstellungen vom Neuen Testament gelten ließ. Er deutete in seiner Lehre die materielle Welt negativ (Dualismus) und lehnte den alttestamentlichen Schöpfergott (Demiurg) ab, der das Joch des Gesetzes den Menschen auferlegte. Demgegenüber verkündete er einen liebenden Gott, den er nur im

Lukas-Evangelium sowie im paulinischen Schrifttum zu erkennen meinte. Zu seiner Liebesethik gehören Ehelosigkeit, Verzicht auf Fleisch und Wein und allgemeiner Rigorismus.

Um 139 n. Chr. verfaßte er einen »Minimalkanon«, zu dem nur das *Lukas-Evangelium* und zehn *Paulusbriefe* zählten. Die übrigen Texte sah er als jüdische Fälschung.

Nach dieser eingeschränkten Aufstellung schritt die Großkirche zur Tat. Da seit den Anfängen der schriftlichen Überlieferungen die Evangelien und Gemeindebriefe in den Gottesdiensten der Christen von großer Bedeutung waren, wie es zwei wichtige Texte (PAPIAS VON HIERAPOLIS, 1.H.d. 2.Jh.n.Chr., und IRENÄUS VON LYON, um 180/190 n. Chr.) bezeugen, legte die Kirche gegen Ende des 2. Jahrhunderts den neutestamentlichen Kanon in seinen Grundzügen fest.

Das Fragment *Muratori* (um 200 n. Chr.) ist das wichtigste Zeugnis für diesen Kanon. In ihm werden die vier Evangelien, die Apostelgeschichte, dreizehn Paulusbriefe, Philemon- und Titusbrief, 1. und 2. Timotheusbrief, der Judasbrief, zwei Johannesbriefe sowie eine Apokalypse des Johannes und Petrus genannt.

Die letzte Entscheidung über die Grenze zwischen kanonischen und nichtkanonischen Schriften wurde durch die Bischöfe der Kirche gezogen. Bischof ATHANASIUS VON ALEXANDRIA zählte bereits im Jahre 367 n. Chr. in seinem Osterbrief die siebenundzwanzig Schriften zum neutestamentlichen Kanon, die bis heute in den christlichen Kirchen gültig sind.

Während des Mittelalters wurde an dieser Zahl der Bücher (27) festgehalten, wobei dann jedoch MARTIN LUTHER einige an den Schluß setzte, um zu zeigen, daß sie »niedriger« im Verhältnis zu den anderen seien (Jak, Heb, Jud, 2. Petr, Apk).

Das Konzil von Trient (1546) stellte gegenüber den Reformatoren fest, daß alle 27 neutestamentlichen Schriften in gleicher Weise kanonisch sind. Es beschloß folgendes:

»... Wer aber eben diese ganzen Bücher (Altes Testament, Neues Testament) mit allen ihren Teilen, wie sie in der katholischen Kirche gelesen werden und in der alten lateinischen Vulgata-Ausgabe enthalten sind, nicht als heilig und kanonisch anerkennt und wer bewußt und mit Bedacht die Überlieferungen, von denen die Rede war, verachtet, der sei ausgeschlossen« (aus: Josef Neuner, Heinrich Roos, Der Glaube der Kirche in den Wirkungen der Lehrverkündigung, Regensburg 1986, S. 79, Nr. 91).

Diese kirchlichen Beschlüsse, die die betreffenden Bücher als kanonisch erklärten, wurden auch von den beiden großen Konzilien, I. Vatikanisches Konzil (1869/70) und II. Vatikanisches Konzil (1962-65), bestätigt (vgl. Konstitution »Über die göttliche Offenbarung« – »Dei Verbum«, 4.u. 5. Kap.).

Die negative Folgen der Kanonbildung

Die Kirche machte mit der Zusammenlegung dieser neutestamentlichen Schriften als Kanon und als Ausrichtung für den Glauben an Jesus einen zuwenig überlegten Schritt.

Durch die »kanonische« Verbindung der *Evangelien* mit den *paulinischen Schriften* (ungefähr ab 200 n. Chr.) hat die Kirche sich selbst die Widersprüche ins eigene Haus geliefert. Durch die Kombination der optimistischen Verkündigung in den Evangelien mit dem »paulinischen Pessimismus« wurde die christliche Lehre irreparabel getrübt.

So wie im Alltag der Pessimist stets mit dem Optimisten in Streit gerät, so spielen sich auch hier die Texte durch ihre widersprüchlichen Aussagen gegenseitig aus. Die Kirche hat vom 1. Jahrhundert an immer wieder gegen Irrlehren, Häresien und Sektierertum Stellung genommen. Wie die Geschichte zeigt, floß dabei auch mehr als genug Blut.

Die leitenden Vertreter der Kirche sahen aber nicht die hausgemachten Häresien, wofür die paulinische Theologie das beste Beispiel bietet.

Die im vorigen Kapitel beschriebenen Positionen des PAULUS wollte man schon deshalb nicht kritisch betrachten, weil er ein so erfolgreicher Gemeindegründer in der Urkirche gewesen war.

Die Angst, diese Gemeinden wieder zu verlieren oder Spaltungen hervorzurufen, war größer als die Erkenntnis, daß durch die Toleranz solchen Lehren gegenüber auf Jahrhunderte hinaus der gesamten Kirche massivster Schaden zugefügt werden würde.

Paulus hat der Kirche beziehungsweise den späteren christlichen Kirchen einen Pessimismus beschert, von dem sie sich bis heute nicht befreit haben.

Maßnahmen wie die Kanonbildung haben die Lage nur noch verschlimmert.

Der biblische Kanon konnte weder die schwierige Frage der Einheit in der Kirche lösen, noch jene Taktiken rechtfertigen, die versuchten und bis heute versuchen, die großen Unterschiede innerhalb der neutestamentlichen Texte sowie die Konfrontation zwischen PETRUS und PAULUS herunterzuspielen oder gar zu ignorieren.

Die unüberbrückbaren Widersprüche der Aussagen im neutestamentlichen Schrifttum können nur sehr schwer – wenn überhaupt – »übersehen« werden, weil die Menschen in allen Jahrhunderten immer wieder auf sie aufmerksam wurden.

Diese neutestamentliche Kanonbildung hat durch ihre Zwangsharmonisierung von paulinischer Lehre und der »Lehre der Apostel« in Jerusalem die Vorarbeit für den nächsten kirchenpolitischen Schritt, eine lateinische, für alle verpflichtend gültige Bibelübersetzung (die *Vulgata*), geleistet.

Für die Vulgata wurde der griechische Text der Evangelien

so ins Lateinische übersetzt, daß er völlig ins paulinische Denken paßte, wobei aber diese Schriften wesentlich verfälscht wurden.

Man ging darüber hinweg, daß der griechische Urtext der Evangelien in Wirklichkeit völlig andere Aussagen machte. Dies wird noch genau gezeigt werden. Hand in Hand mit solchen Entwicklungen wurde die Kirche immer mehr von Denkweisen und Strömungen geprägt, die die Ehelosigkeit und das Mönchstum als das eigentliche Ziel christlichen Lebens sahen, weil es angeblich dem Willen Gottes und der rechten Nachfolge von Jesus entspricht.

Der ehelos Lebende brauchte einen derart gestalteten neutestamentlichen Kanon, in dem die Evangelien so »paulinisch« übersetzt sind.

3
Hieronymus und seine Übersetzungsfehler in der Vulgata

Stets ist das literarische Schaffen eines Schriftstellers von seiner Person, seiner Denk- und Lebensweise sowie von der Umwelt und den Menschen, die in seiner Zeit leben, geprägt.

In seiner Zustimmung oder Ablehnung von Denkweisen, Philosophien und Lehren entwickelt er seine Werke.

Dies trifft auch für denjenigen zu, der in theologischer Arbeit seinen Geist wirken läßt und im besonderen für jenen, der sich der schweren Aufgabe stellt, biblische Texte aus ihren Ursprüngen heraus in eine andere Sprache zu übersetzen.

HIERONYMUS hat alle diese Herausforderungen angenommen. Er war Schriftsteller, Theologe und Exeget des Alten und Neuen Testamentes.

Gegen Ende des 4. Jh. n. Chr. wurde ihm der Auftrag von Papst DAMASUS I. erteilt, die bisherigen lateinischen Übersetzungen (*Itala* oder *Vetus Latina*) zu überprüfen und eine neue lateinische Übersetzung zu erstellen, die für die gesamte Kirche, ihre Gottesdienste sowie für jede Art von Verkündigung verwendet werden mußte.

Diese lateinische Übersetzung, die im 12. Jahrhundert *Vulgata* genannt wurde, hat bis heute ihre Bedeutung nicht verloren.

Im Gegenteil, die Intention von Hieronymus, die in diesem Werk zum Ausdruck kommt, ist in allen Bibeln der Gegenwart erhalten geblieben. Noch immer prägt sein Anliegen alle christlichen Kirchen: bei der einen mehr, bei der anderen weniger ihre Theologie, Lehre und Praxis.

Um nun die Gründe ausfindig zu machen, warum Hieronymus mit seinen Mitarbeitern die Übersetzungen wie geschehen erarbeitet hat, ist es, wie schon angedeutet, notwendig, auf sein Leben, seine Umwelt und seine literarischen Werke näher einzugehen.

Das Leben, die Umwelt und das literarisch-theologische Werk des Eusebius Hieronymus

Eusebius Hieronymus wurde 347 n. Chr. in Stridon (Dalmatien) als Sohn wohlhabender Eltern geboren, erhielt ab 354 n. Chr. in Rom eine Ausbildung beim Grammatiker Donatus und studierte die lateinische Literatur. In seiner Freizeit interessierte er sich für Katakomben. Mit zwanzig Jahren erhielt er in Rom die Taufe.

Auf einer Reise nach Gallien lernte er in Trier eine Gemeinschaft von Mönchen kennen. Das asketische Leben hat ihn auch auf weiteren Reisen angezogen und prägte schließlich immer mehr seine gesamte Persönlichkeit.

In Aquileja fand er einen Kreis von asketischen Freunden. Weitere Ziele seiner Reise waren Jerusalem und Antiochia, wo er seine exegetischen Studien begann. Er lernte auch die griechische, hebräische und aramäische Sprache von jüdischen Einsiedlern und Rabbinern, die in verstreuten Wüstenstädten lebten.

Bei ihnen fand er alte Textfragmente in hebräischer Handschrift, die von einer alten Bruderschaft in der Wüste stammten, welche ihr Leben nach dem »Gesetz der Gesetze« ausgerichtet hatte. Mit großer Wahrscheinlichkeit hatte er da Schriften der Essener in die Hände bekommen.

Von 375 bis 378 zog sich Hieronymus als »gottergebener« Einsiedler in die syrische Wüste von Chaliks zurück. In einem versteckten Tal entdeckte er eine Gruppe von Einsiedlern, die von jener Bruderschaft abstammte. Diese Einsiedler lebten in Hütten mit bewässerten Gärten. An den Fenstern hatten sie Büchergestelle für das Schriftstudium. Ihre Nahrung waren die Früchte der Dattelpalmen und Kräuter sowie Gemüse aus den Gärten.

Bei ihnen fand er auch alte Manuskripte, nach denen sie ihr Leben gestalteten. In der Früh und am Abend »sprachen« sie mit den »Engeln« und beteten zur »Erdenmutter« und zum »Himmelsvater« (vgl. Edmond Bordeaux-Szekely, Das geheime Evangelium der Essener, Fulda 1988, S. 64).

Nach einem religiösen Zwist verließ er die Wüste und besuchte eine Gruppe von Nazarenern von Beroea in Antiochia. 379 erhielt er dort die Priesterweihe. 380 bis 381 studierte er bei Gregor von Nazianz in Konstantinopel, wo er auch die Bekanntschaft mit Gregor von Nyssa machte. Dort erweiterte er seine Studien in Schriftauslegung. Im Jahre 382 erreichte ihn der Ruf von Papst Damasus I. aus Rom, der ihn zu sich als Privatsekretär an den päpstlichen Hof bestellte.

Wie bereits erwähnt, erhielt er nun wegen seiner guten Fachkenntnisse den Auftrag, eine neue lateinische Übersetzung der Bibel zu erarbeiten (vorerst nur Neues Testament und Psalmen), die für die gesamte Kirche bindend sein sollte.

Neben dieser Revisionsarbeit der *Itala*- beziehungsweise *Vetus-Latina*-Übersetzung engagierte er sich stark in einem asketischen Kreis von Damen aus der römischen Adelsgesellschaft. Hier lernte er eine Witwe mit fünf Kindern kennen, in deren Familie er nicht nur wohnte, sondern als deren Vermögensverwalter er auch tätig war.

Hieronymus lehrte eine ihrer Töchter, Eustochia, Griechisch und Hebräisch, um mit ihr exegetische Studien betreiben zu können. Diese Tochter der Witwe PAULA wurde die erste »gottgeweihte« Jungfrau aus dem römischen Adel.

384 n. Chr. starb Papst DAMASUS, der für Hieronymus nicht nur ein großer Gönner und Freund wegen ihrer gemeinsamen Interessen (Literatur, Archäologie) gewesen war, sondern der ihn auch zu seinem Nachfolger bestimmt hatte.

In der darauffolgenden Papstwahl wurde diese Entscheidung jedoch völlig ignoriert. Durch seine harte Kritik an den Mißständen des römischen Klerus und durch seine asketische Anschauung hatte Hieronymus sich sehr unbeliebt gemacht.

Der Tod von BLAESILLA, einer weiteren Tochter von Paula, die bei einem asketischen Fasten verhungert war, lieferte bei dieser Wahl ein entscheidendes Argument, da man Hieronymus für diesen Vorfall mitverantwortlich machte.

Beim Begräbnis von Blaesilla kam es zu einem Aufruhr in Rom; es wurden Rufe wie »abscheuliches Mönchsgesindel« laut.

386 übersiedelte Hieronymus mit der gesamten Familie von Paula nach Bethlehem. Mit Hilfe ihres großen Vermögens errichteten sie eine Mönchssiedlung, drei Frauen- und ein Männerkloster.

Die Leitung der Frauen übernahm Paula, während Hieronymus den Männern vorstand.

In dieser Zeit verfaßte Hieronymus Schriften gegen HELVIDIUS, JOVINIAN und VIGILARIUS, die sowohl die immerwährende Jungfräulichkeit MARIENS anzweifelten, als auch die jungfräuliche Lebensweise nicht höher einschätzen wollten, wie Paulus sie der Gemeinde von Korinth in nachdrücklicher Weise anempfohlen hatte (vgl. 1 Kor 7,25f., 32, 34f., 37f., 40).

Hieronymus schrieb aber nicht nur gegen diese Gegner, sondern auch gegen die *Pelagianer,* gegen RUFINUS und gegen den *Arianismus.* Er führte die »Chronik des Eusebius« weiter und übersetzte Schriften des ORIGINES ins Lateinische.

Im Jahr 420 starb Hieronymus in Bethlehem.

Um seine Person besser verstehen zu können, ist es notwendig, seine Zeit ein wenig zu durchleuchten.

Welche Geistesströmungen herrschten damals? Mit welchen von ihnen symphatisierte er und welche bekämpfte er?

Die Lehren von ORIGINES (gest. 254 n. Chr.), AUGUSTINUS (gest. 430 n. Chr.) und ATHANASIUS (gest. 373 n. Chr.) beherrschten das Denken der Kirche jener Zeit.

Andere Lehren, die diesen entgegenstanden, wurden von der offiziellen Kirche (Konzilien) verurteilt und abgelehnt. Dazu gehörte die Lehre von PELAGIUS, der stärker den freien Willen des Menschen für die Glaubensverwirklichung betonte, im Gegensatz zu Augustinus, der dabei die »Gnade« hervorhob. Jesus war für Pelagius der Ansporn und das gute Beispiel im menschlichen Leben.

Von den kirchlich verworfenen Lehren des HELVIDIUS und seiner Anhänger (Jovinian, Vigilarius) war bereits die Rede.

Den größten Widerspruch rief jedoch ARIUS (gest. 336 n. Chr.) mit seiner Lehre hervor, in der er JESUS nicht wesensgleich mit Gottvater, sondern nur als dessen Geschöpf ansah. Er betonte die menschliche Natur von Jesus und schränkte seine Göttlichkeit sehr ein.

Dieser Kirchenstreit entbrannte vollends auf dem Konzil von Nicäa (325 n. Chr.), das vom oströmischen Kaiser KONSTANTIN DEM GROSSEN einberufen worden war. Dort wurde die Lehre von Arius verurteilt und abgelehnt. Als ihr größter Gegner trat Athanasius auf, der die göttliche und menschliche Natur von Jesus Christus in gleicher Weise hervorhob.

Als Ergebnis des Konzils entstand das noch heute im Gottesdienst gebetete »Große Glaubensbekenntnis«.

Von nicht weniger großer Bedeutung für die Kirche und ihr Verhältnis zum Römischen Reich war die Lehre von AUGUSTINUS, die sich vor allem in dem Werk *De civitate Dei* niederschlug.

Darin rechtfertigte er ein hartes Vorgehen des Staates gegen Häretiker (so etwa den Aufstand punischer Christen gegen die römische Herrschaft). Auch entwickelte er die Idee, daß die kirchlichen Sakramente unabhängig vom moralischen Lebenswandel des Priesters »verwaltet« werden müssen. Er beschrieb die Kirche als eine »heilige Gemeinschaft« nicht wegen des sittlichen Wandels ihrer Mitglieder, sondern wegen ihres Ziels.

Die Gemeinsamkeit der Christen besteht seiner Ansicht nach auch nicht in ihrer Bindung an das Vorbild der »Urgemeinde von Jerusalem«, sondern in der Bindung an ihre Hauptzentren (Rom, Konstantinopel).

So entwickelte er eine »politische Philosophie«, die sowohl den Bedürfnissen und Interessen der offiziellen Kirchen (zum Beispiel des Papstes), als auch denen des Reiches (zum Beispiel des Oströmischen Kaisers) entsprach.

Jahrhunderte hindurch wirkte die Argumentation von Augustinus nach, wenn es in Kirche oder Staat darum ging, die »christliche« Verfolgung von »Abweichlern« zu rechtfertigen. Es kamen Zeiten, da in christlichen Staaten nur Getauften der Offiziersrang zuerkannt wurde. Solche theologischen Strömungen bereiteten das geistige Fundament für jene Entwicklung, die das Christentum zur Staatsreligion erhob.

Das Toleranzedikt (313 n. Chr.) von Mailand, das durch den Oströmischen Kaiser Konstantin (274 – 337 n. Chr.) erlassen wurde, bedeutete für die Christen das Ende von Leid und Verfolgung durch die römischen Kaiser. Sie konnten sich nun in aller Öffentlichkeit zu ihrem Glauben bekennen.

Dennoch griff Konstantin (und auch seine Nachfolger) immer wieder in kirchliche Belange ein.

Der Kaiser hoffte, daß das Christentum die alten Götter ablösen und mithelfen würde, die Reichsordnung zu stützen. Die theologischen Auseinandersetzungen, vor allem die Streitigkeiten um die Lehre von Arius, verursachten jedoch das Gegenteil, nämlich Spaltung innerhalb des Christentums und Unruhe im Reich.

Angesichts des steten Zerfalls des Weströmischen Reiches durch die Bewegungen der Völkerwanderungszeit blieb die kirchliche Ordnung mit ihren lokalen Strukturen (Diözesen) jedoch die einzige stabile Kraft in den Wirrnissen und Umbrüchen.

So ist es nicht verwunderlich, daß Papst Damasus mit allen Mitteln versuchte, dieses kirchliche Ordnungsgefüge aufrechtzuerhalten. Dabei sollte ihm jedes Instrument, sei es eine Lehre (vgl. Augustinus, De civitate Dei) oder eine Bibelübersetzung, behilflich sein, um die Einheit der Kirche zu garantieren.

In einer solchen Welt von Zusammenbrüchen, Ängsten und vielen gegensätzlichen theologischen Lehren, in denen sich deren Vertreter gegenseitig der Irrlehre bezichtigten, lebte HIERONYMUS und suchte seinen eigenen Standpunkt.

Er sah die einzige Lösung im »paulinischen Weg«, genauer noch: in der asketischen und mönchischen Denkrichtung und Lebensweise.

Eusebius Hieronymus suchte ständig einen Weg in die Askese und meinte, wie Paulus und die Essener, daß das Ende der Welt nahe sei. Die kriegerischen Stürme der Völkerwanderung und das Auftreten von verschiedenen »Irrlehrern« boten einen guten Hintergrund für solche pessimistischen Lebenseinstellungen und schienen »eindeutige Vorzeichen« für das »Endgericht« zu sein.

Jesus als der strenge Richter bei diesem letzten Gericht – diese Vorstellung rundete das Horrorbild ab.

Diese geistigen Früchte kommen in seinen Schriften zum Ausdruck und in der Art und Weise, wie er die biblischen *griechischen Texte* (des *Neuen Testaments)* übersetzte. Er stand eindeutig loyal dem Papsttum und seinen Machtansprüchen gegenüber, so wie er sich auch voll für die Verbreitung der Idee des Mönchstums einsetzte (vgl. seine Mönchsgeschichten). Sein gesamtes literarisch-theologisches Werk legt dafür Zeugnis ab.

Welches sind nun seine wichtigsten Schriften?

Abgesehen von der lateinischen Bibelübersetzung verfaßte er Kommentare zur Heiligen Schrift, Streitschriften gegen Häretiker (HELVIDIUS, JOVINIAN, VIGILARIUS, die *Pelagianer*, RUFINIUS und die *Luziferianer*), die Weiterführung der »Chronik des EUSEBIUS« (VON CÄSAREA, gest. 339 n. Chr.), Übersetzungen der Werke von ORIGINES und DIDYMUS, Mönchsgeschichten (»Vita Pauli«, »Vita Malchi«, »Vita Hilarionis«), Homilien (Predigten) und viele Briefe.

Bei der Fülle seines theologischen Schaffens bleibt seine lateinische Übersetzung für die Kirche auch in den folgenden Jahrhunderten von höchster Bedeutung.

In diese Übersetzung haben sich jedoch schwere Fehler eingeschlichen oder der Text wurde vielleicht sogar bewußt verfälscht, wodurch das Christentum ein ganz anderes Gesicht bekam. Die Urkirche ohne die »paulinischen Verfälschungen« hat jedenfalls anders ausgesehen.

Die Vulgata – die kirchlich maßgebendste lateinische Bibelübersetzung –, ihre groben Fehlerhaftigkeiten und die Folgen für das Christentum

Wie diese Übersetzung von HIERONYMUS entstand, wurde bereits berichtet.

Dennoch bleiben einige Fragen offen: Welche von den dargestellten geistigen Strömungen seiner Zeit sind in jene lateinische Übersetzung eingeflossen? Welche spezifischen Denkweisen des Hieronymus kommen in ihr zum Ausdruck?

Einiges wurde schon angedeutet. Hieronymus hat sich

manches geistige Gut von Denkern und Theologen zu eigen gemacht; seine eigene asketisch-mönchische Grundüberzeugung hat jedoch seinem Leben und Werk die spezielle Richtung gegeben.

Aus der Art und Weise, wie er beispielsweise die vier *Evangelien* ins Lateinische übersetzte (hier entstanden die für das Christentum schwerwiegendsten Fehler), zeigt sich, wie sehr er unter dem Einfluß der Lehren von PAULUS stand, die in den sieben Tendenzen beschrieben wurden.

Hieronymus hat die Evangelien nicht gemäß den Aussagen und Intentionen ihrer Verfasser übersetzt, sondern sie an das pessimistische Denken von Paulus angepaßt.

Abgesehen davon, daß dadurch viele Widersprüchlichkeiten und Unklarheiten in den Grundaussagen der Evangelien entstanden sind, kann man im Vergleich mit dem griechischen Originaltext nur noch von vier »paulinisierten« und in diesem Sinne *»kastrierten« Evangelien* sprechen, da die »Frohe Botschaft« dabei verlorengegangen ist.

Der ehrliche und unvoreingenommene Leser wird auch bei den heute verbreiteten Übersetzungen, die letztlich als Frucht der *Vulgata* angesehen werden müssen, feststellen, daß ihm viele Dinge unverständlich sind und so auch dann bleiben, wenn er jene Texte öfters hört oder liest.

Es wird sich bei ihm höchstwahrscheinlich jene anfängliche Freude, die ihn bei einigen hoffnungmachenden Bibelstellen erfüllt, verflüchtigen; und er wird sich in einem geistigen Labyrinth wiederfinden, aus dem ihm auch Bibelfachleute und Wissenschaftler keinen Ausweg zeigen können, weil sie ebenfalls keinen wissen.

»Da steh ich nun, ich armer Tor, und bin so klug als wie zuvor«. Diese »Erkenntnis« aus GOETHES *Faust* ist das einzige, was so manchem in einer derartigen Situation bleibt.

Und dennoch gibt es eine Lösung: die korrekte und genaue Übersetzung aus dem griechischen Text.

Hieronymus stand aber nicht nur unter dem denkerischen Einfluß von Paulus. Auch die Lehre der Essener hinterließ in der Vulgata ihre Spuren (so etwa hinsichtlich des vollständigen Verzichts auf Besitz).

Die Vulgata-Übersetzung enthält auch Texte, die von Leibfeindlichkeit geprägt sind, wie sie sich ebenso in den Lehren von Origenes und Augustinus finden lassen.

Mönchisches Denken kann man ebenfalls entdecken, wie in den Schriften des Athanasius, der in jener Zeit als großer Verteidiger und Verbreiter der Idee des christlichen Mönchstums galt.

Hieronymus trat als Anwalt eines autoritären und machterfüllten Papsttums auf, auch dies durch die Art und Weise, wie er die neutestamentlichen Schriften übersetzte. Ein Beispiel wird das später noch klarer zeigen.

Es darf nicht außer acht gelassen werden, daß Hieronymus darüber informiert war, von Papst Damasus als sein Nachfolger auf dem päpstlichen Stuhl vorgeschlagen worden zu sein. So arbeitete er bei seinen Übersetzungen indirekt schon sein »Regierungsprogramm« als zukünftiger Papst aus.

Worin besteht nun die Fehlerhaftigkeit dieser lateinischen Übersetzung? Und warum muß von »Fehlern« gesprochen werden?

Jede Übersetzungsarbeit hat einen Freiraum, der in der Entscheidung besteht, aus der Fülle der in Betracht zu ziehenden Wortbedeutungen und möglichen Wendungen jene auszuwählen, die nach der Erkenntnis und dem Wissensstand des Übersetzers am besten zu den Aussagen des ursprünglichen Textes passen.

Bei dieser Arbeit fließen natürlich die persönlichen Lebensumstände (die Denk- und Lebensweisen sowie Einflußquellen) des Übersetzers mit ein.

Selbstverständlich macht es dieser Freiraum auch möglich,

»falsch«, also nicht der Fassung des Originals gemäß, zu übersetzen.

Liegt die Entstehung des Urtextes sehr weit zurück, ist die Überprüfung auf die Richtigkeit der Aussage hin oft sehr schwer, manchmal sogar unmöglich (beispielsweise bei Textfragmenten).

Bei Hieronymus lag zwischen der Entstehung der neutestamentlichen Schriften und seiner Übersetzungsarbeit ein Zeitraum von etwa 300 Jahren, bei den alttestamentlichen Texten war die Zeitspanne noch größer.

Warum hat Hieronymus die Aussagen der *Evangelien* , die von JESUS, seinen Worten und seinen Taten berichten, »verfälscht«?

Es muß davon ausgegangen werden, daß der ursprüngliche Schreiber einen Text verfaßt hatte, der frei von Widersprüchlichkeiten, unlogischen Aussagen oder widersinnigen Handlungen der beschriebenen Personen ist.

Setzt man voraus, daß dies auch bei dem griechischen Text der vier Evangelien der Fall war, so hätte eine lateinische Übersetzung diesen Kriterien gerecht werden müssen. Das tut sie, wie gesagt, jedoch nicht.

Als Beispiel soll hier die Art und Weise angeführt werden, wie Jesus in den vier Evangelien über den Frieden spricht:

An einer Unzahl von Stellen findet man Worte von ihm über die Notwendigkeit des Friedens unter den Menschen sowie darüber, daß er den Menschen Frieden bringe (vgl. Mt 4,6;10,12f.; Mk 9,50; Lk 19,38; Joh 20,21 u.a.).

In der Vulgata gibt es jedoch zwei Textstellen aus dem *Matthäus-* und *Lukas-Evangelium*, die davon berichten, daß Jesus eben nicht gekommen sei, um den Frieden zu bringen, sondern das »Schwert« (lat. *gladius*; vgl. Mt 30,34) und die »Trennung« oder »Spaltung« (lat. *seperatio*; vgl. Lk 12,51).

Wie diese zwei Texte richtig lauten, wird später gezeigt werden.

Es sind alle Textstellen der Vulgata (und der anderen Übersetzungen) falsch, die die Berichte von Jesus, seine Worte und Taten nicht so übersetzen, daß er wirklich liebevoll, freundlich, freundschaftlich, gemeinschaftlich gesinnt und als in höchster Weise hilfreich zu erkennen ist. Doch erst nach der richtigen Übersetzung kann jeder an eine »Frohe Botschaft Gottes« (vgl. Mk 1,15) glauben.

Welche Folgen hat nun die fehlerhaft übersetzte Vulgata für die Kirche, ihre Machtstrukturen und ihre geschichtliche Entwicklung gehabt?

Sie hat ihren Zweck bestens erfüllt, nicht nur die alte Götterwelt zu stürzen und das »Christentum« in den Rang als Staatsreligion zu erheben, sondern auch der gesamten Kirche, all ihren Lehren und Strukturen eine mächtige Stütze zu geben.

Die Vulgata »untermauerte« ein machtüberladenes Papsttum, das im Mittelalter im direkten Kampf mit dem Kaisertum lag. Päpste »diktierten« deutschen Kaisern Kreuzzüge, erließen päpstliche Bullen, mit denen sie nicht nur in religiöse Bereiche (Hexenbulle; Hexen- und Ketzerverfolgungen), sondern auch in politisch-weltliche eingriffen.

Die Vulgata förderte es, das Mönchstum und asketische Lebensweisen als etwas anzusehen, das Jesus von den Menschen gefordert habe. Auch ist sie in höchster Weise für immer wieder sich ereignende Spaltungen und oft blutige Auseinandersetzungen unter »christlichen Brüdern« mitverantwortlich zu machen, weil sie eine »paulinische Linie« vertritt, die sogar an Spaltungen noch etwas Positives fand (1 Kor 11,19).

Radikalen und extremen Gruppen wurde damit ein geistiger Nährboden für ihre Lehren, Handlungsweisen, aber auch politische Konzepte bereitet (z.B. der »christliche« Kaiser Karl der Grosse und seine sächsische »Schwertmission«; Bettel- und Kartäusermönchstum u.v.a.).

Am meisten Schaden fügte das Christentum den Ehen und Familien zu. Die päpstlichen Zwangsmaßnahmen, um den Zölibat einzuführen, sind aber nur ein kleines Beispiel in der langen Kette der Verfehlungen der Kirche.

Die Vulgata lieferte die Basis für Intoleranz, Meinungsunfreiheit, Lagerdenken, Hochmut von Klerus und Papsttum (z.B. Unfehlbarkeitsdogma der katholischen Kirche). Und immer wurde sie auf Konzilien als die wichtigste Übersetzung hervorgehoben und geehrt (Konzil von Trient 1546; I. Vatikanisches Konzil 1870; II. Vatikanisches Konzil 1965). Die schlimmsten Folgen für die Menschheit, die sich aus dieser Übersetzung herleiten lassen, waren jedoch all die gewaltsamen und grausamen Ausgrenzungen und Verfolgungen derjenigen, die diese als »christlich« geltende Lehre nicht annehmen wollten oder konnten.

Jeder konnte (oder kann) ja Gewalt einsetzen, weil Jesus nach dieser Übersetzung nicht gekommen ist, um »Frieden auf die Erde, sondern das Schwert zu bringen« (Mt 10,34).

4
Konstantin-Kyrill und Method und ihre Bibelübersetzung in die slawische Kirchensprache

Zwei Brüder, die für die griechisch-orthodoxe Kirche etwas genau so Wichtiges hervorgebracht haben, wie vergleichsweise Hieronymus mit seiner Vulgata-Übersetzung, hießen KONSTANTIN (später: Mönch KYRILL) und METHOD. Sie schrieben für die slawischen Völker eine eigene Schrift (sogenannte Glagolica oder kyrillische Schrift), da es für diese Sprache noch keine gab, sowie eine slawische Liturgie und schließlich eine slawische Übersetzung der gesamten Heiligen Schrift.

Leben, Werk und Umwelt der Brüder Konstantin-Kyrill und Method

KONSTANTIN (geb. 826 n. Chr.) und METHOD (geb. 815 n. Chr.) wurden als Kinder wohlhabender Eltern in Thessalonich (= alter Name für Saloniki, Mazedonien/Griechenland) geboren.

Method hatte als Jurist einen hohen Verwaltungsposten, während Konstantin in Konstantinopel Philosophie studierte und später dieses Fach selbst an der Universität lehrte.

Um 851 mit 24 Jahren leitete er religiöse Gespräche einer kaiserlichen Gesandtschaft mit islamischen Gelehrten.

Nach der Rückkehr gab er seine Professur auf und zog sich in die Stille eines Klosters auf dem Olymp in Bithynien (Kleinasien) zurück, wo seit Jahren sein Bruder Method lebte.

Konstantin hielt sich in dieser Mönchsgemeinschaft jedoch nur als Gast (Oblate) auf und beschäftigte sich dort viel mit der slawischen Sprache und Kultur.

860 wurde Konstantin von Kaiser Michael beauftragt, dem Wunsch der Chasaren zu entsprechen und ihr Land, in der Gegend zwischen dem Schwarzen und Kaspischen Meer, im »rechten Glauben« zu unterweisen.

Method begleitete ihn auf dieser Missionsreise, und sie fanden 861 auf der Halbinsel Krim die Reliquien des Papstes Clemens I., der dort um 101 n. Chr. den Martertod erlitten hatte.

Nach ihrer Rückkehr mit dieser Reliquie nach Konstantinopel zog sich Konstantin in eine Einsiedlerzelle in der Nähe der Stadt zurück, während Method Abt des Klosters Polychron am Marmarameer wurde.

862 kam eine Gesandtschaft des mährischen Fürsten Ratislav an den kaiserlichen Hof, um von Kaiser Michael Unterstützung gegen die »deutsche Ostkolonisation« der Nachfolger Kaiser Karls des Grossen zu erhalten. König Ludwig der Deutsche, ein Enkel Karl des Großen, verfolgte nämlich mit großer Zielstrebigkeit die slawischen Völker, unter ihnen auch Mähren, um sie in seine Herrschaft zu bringen.

Schon Karl der Große hatte ja die Politik betrieben, mit Hilfe der christlichen Religion die Länder östlich seines Reiches in dieses zu »integrieren« und dabei seinen Herrschaftsbereich auszudehnen.

So sah der mährische Fürst in seiner Kontaktaufnahme mit dem Oströmischen Kaiser eine Chance, durch die Zugehörigkeit seines Landes zur Ostkirche (Patriarchat von Konstantinopel) die politische Unabhängigkeit seines Fürstentums zu bewahren. Er bat Michael, ihm einen Bischof und Lehrer zu schicken, der das Volk in seiner Muttersprache im christlichen Glauben unterrichten würde.

Konstantin war dazu bereit. Er stellte jedoch die Bedingung, daß das Volk für die Glaubensverkündigung eine Schrift in ihrer slawischen Sprache haben müßte. Die mährische Bevölkerung, als Teil der slawischen Völkerfamilie, hatte nämlich damals noch keine. Konstantin machte sich also mit seinen Mitarbeitern daran, eine slawische Schrift zu entwickeln. Diese Schrift, die Glagolica, enthält zwar viele Zeichen des griechischen Alphabets, aber auch neue Symbole, um die slawischen Zisch- und Zwischenlaute ausdrücken zu können.

Es wurden dann sowohl die Heilige Schrift als auch liturgische Texte übersetzt und in der neuen Schrift niedergeschrieben. Nach einer Zeit der Vorbereitung brachen die Brüder 863 nach Mähren auf. Sie wurden vom mährischen Fürsten Ratislav mit großen Ehren empfangen.

Konstantin übersetzte nun die gesamte Kirchenordnung und begann Schüler in den Gebetszeiten und in der Meßliturgie zu unterrichten.

Ein Jahr danach wollte König Ludwig der Deutsche den Fürsten zwingen, die deutsche Oberherrschaft anzuerkennen. Dabei sandte er deutsche Priester ins Land, die aber wegen ihrer lateinischen Kirchensprache mit ihrer Missionsarbeit im Vergleich zu Konstantin und Method nur wenig Erfolg hatten.

Nach drei Jahren wollten Konstantin und Method einen slawischen Bischof einsetzen. Da dem jedoch die deutschen Bischöfe nicht zugestimmt hätten, reisten die beiden Brüder 866 nach Rom.

Auf dieser Reise schloß Fürst Kocel von Pannonien mit ihnen Freundschaft. Sein Land war seit langem christlich missioniert und gehörte zur Kirchenprovinz Salzburg. Dem Fürsten und seinem slawisch sprechenden Volk gefielen die slawische Kirchensprache und Liturgie. Und obwohl er Ärger mit der Salzburger Kirchenleitung bekam, ließ er 50 angehende Priester in dieser Sprache ausbilden.

Um die Jahreswende 867/868 kamen Konstantin und Method in Rom an.

Der Papst weihte Method zum Priester, der bis dahin nur Mönch und Diakon gewesen war. Auch billigte er offiziell und ausdrücklich die slawische Liturgie.

Am 14. Februar 869 starb Konstantin im griechischen Kloster bei der Kirche der heiligen Praxedis, wobei er vorher noch feierlich ein Mönchsgelübde abgelegt hatte (sein Mönchsname: Kyrill).

Die Einheit der Kirche ist Konstantin bis zu seinem Tod ein großes Anliegen gewesen. Er wurde in der Kirche des heiligen Clemens in Rom bestattet, dessen Reliquie er und Method beim Empfang in Rom dem neuen Papst HADRIAN II. übergeben hatten.

Method führte nun allein die große Missionsaufgabe fort, die er so erfolgreich mit seinem Bruder begonnen hatte.

In Mähren hatte sich jedoch seit der Abreise der Brüder nach Rom die politische Lage sehr verändert. Fürst SWATOPLUK hatte seinen Onkel RATISLAV gefangengenommen, den Deutschen ausgeliefert und selbst die Herrschaft übernommen.

Auch Swatopluk gefiel zwar die Pflege der slawischen Kirchensprache, jedoch stieß er sich an der moralischen Strenge der »Slawenapostel«.

Papst Hadrian weihte Method zum Bischof und sandte ihn als päpstlichen Legat nach Pannonien und Mähren. Auf Initiative des pannonischen Fürsten Kocel wurde Method auch zum Bischof von Sirmium ernannt, der dadurch gleichzeitig Oberhaupt einer neuen slawischen Kirchenprovinz wurde, zu der Pannonien und Großmähren gehörten.

Dies wiederum löste den Widerstand der bayerischen Bischöfe aus, die den »Erzbischof von Pannonien« (so wurde Method im päpstlichen Schreiben genannt) gefangennahmen und nach Bayern verschleppten.

Method wurde auf der Synode von Regensburg (870) abgesetzt, aus seiner Diözese verbannt und in Klosterhaft bei Ellwangen genommen.

Daraufhin enthob Papst Hadrian den Passauer und den Freisinger Bischof ihres Amtes, die Method im Kerker auch noch quälen und mißhandeln ließen.

Nach zweieinhalb Jahren wurde Method schließlich auf Fürsprache des Fürsten Kocel bei dem neuen Papst JOHANNES VIII. freigelassen, der einen neuen Legaten nach Deutschland geschickt hatte.

Diese Ereignisse sind die Folgen stärkster Vermengung von kirchlichen und weltlichen Ämtern, da es in Deutschland viele Bischöfe gab, die gleichzeitig Reichs- und Kirchenfürsten waren.

Method kehrte zum pannonischen Fürsten Kocel zurück, der jedoch ein Jahr später abgesetzt wurde.

Mit dem Frieden von Forchheim (874), auf dem sich Fürst Swatopulk der deutschen Herrschaft unterwarf, ging die letzte weltliche Stütze der Slawenmission verloren.

Das mährische Volk selbst jedoch rief Method ins Land, da mit der deutschen Herrschaft auch deutsche Priester kamen, die die slawische Liturgie bekämpften.

Method wurde von deutschen Bischöfen bei Papst Johannes VIII. verleumdet, daß er in der Trinitätslehre eine Häresie vertreten würde.

Method reiste nach Rom, um sich vor dem Papst zu rechtfertigen. Er hatte Erfolg, und der Papst billigte in seiner eigenen päpstlichen Bulle seine Handlungsweisen, sowie die slawische Liturgie. Gleichzeitig wurde Method apostolischer Legat für die Christianisierung der Slawen. Diese Maßnahmen beendigten jedoch nicht die Intrigen der deutschen Bischöfe und des Fürsten Swatopulk. Es wurde sogar das päpstliche Schreiben gefälscht und sein Inhalt ins Gegenteil verkehrt. Papst Johannes VIII. hielt jedoch treu zu Method.

Gegen Ende seines Lebens reiste Method noch einmal nach Konstantinopel und wurde vom oströmischen Kaiser Basileios I. und dem Patriarchen Photios freundlich aufgenommen. Möglicherweise hatte er einen päpstlichen Auftrag, ein Zeichen der Freundschaft zwischen der römischen und der byzantinischen Kirche zu setzen und auch den eben geschlossenen Frieden zwischen Papst und Patriarch zu stärken.

Dennoch hatten der oströmische Kaiser und der Patriarch die Absicht, die slawischen Völker an ihr Reich und an die Ostkirche zu binden. Die slawische Liturgie spielte dabei eine große Rolle; Kaiser und Patriarch hatten Gefallen an ihr gefunden.

Und doch sah sich Method in einer Vermittlerrolle zwischen der West- und Ostkirche, da er die Anerkennung seiner slawischen Missionsarbeit von beiden Kirchen wünschte.

Aus Konstantinopel nahm er viele griechisch-theologische Werke (Bücher der Kirchenväter, kirchliche Gesetzbücher u.a.) nach Mähren mit. In den nächsten Jahren übersetzte er die ganze Heilige Schrift, das kirchliche Gesetzbuch und viele Werke der Kirchenväter in die slawische Sprache, um in seiner Kirchenprovinz die liturgische und theologische Basis zu verbreitern und zu vertiefen.

Damit setzte Method, der sich als gelernter Jurist im Gegensatz zu seinem Bruder früher mehr um die kirchliche Verwaltung und Organisation gekümmert hatte, auch im theologisch-exegetischen Bereich die Arbeit seines Bruders Konstantin-Kyrill fort.

Am 6. April 885 starb Method in Welehrad (Mähren).

Durch den Einfall der Ungarn um 906 wurde die Missionsarbeit der beiden Brüder völlig zerstört. Die slawische Liturgie verbreitete sich aber im Laufe der Zeit über die Grenzen ihres Missionsgebietes hinaus (nach Böhmen, Bulgarien, Serbien, Rußland u.a.) und blieb so erhalten.

Die Hauptaufgabe der Missionare war die Christianisierung der slawischen Völker gewesen. Für sie hatten sie sich bestens vorbereitet und ihnen für ihre Sprache sogar eine eigene Schrift geschaffen.

Durch diese großartige Leistung stärkten sie deren Selbstbewußtsein.

Diese Tat von Kyrill und Method brachte ihnen aber auch große Schwierigkeiten, da sie eher gegen die fränkisch-kaiserliche Expansionspolitik arbeiteten.

Die fränkischen Herrscher, Nachfolger Karls des Großen, strebten die Unterwerfung aller Fürstentümer der slawischen Völker an ihren Reichsgrenzen an. Da gefiel es ihnen nicht, wenn eine christliche Mission betrieben wurde, die die politische Unabhängigkeit durch eine eigene Schrift und eigene Kirchenliturgie stärkte. Sie selbst wollten mit Hilfe des Christentums, jedoch mit der römisch-lateinischen Kirchensprache und Liturgie, diese Völker bekehren und beherrschen. Kyrill und Method störten also ihre machtpolitischen Pläne.

Andererseits darf nicht außer acht gelassen werden, daß auch die slawischen Fürsten von Mähren und Pannonien Kyrill und Method für die Durchführung ihrer politischen Pläne brauchten.

So wurde das Christentum, wie unter den Oströmischen Kaisern, zum Instrument von regional-politischen Machtausübungen und Strategien zweckentfremdet.

Kyrill und Method waren jedoch nicht Spielbälle zwischen dem fränkisch-kaiserlichen Herrscherhaus einerseits und den slawischen Fürsterntümern andererseits und auch nicht zwischen der Ost- und Westkirche.

Von ihrer Ausbildung und ihren persönlichen Interessen her strebten beide zwar keine weltliche Karriere an, doch suchten beide Brüder hohes Ansehen in der kirchlichen Hierarchie zu gewinnen.

Es ging ihnen um die Anerkennung ihrer Tätigkeit durch beide Kirchen. Ihre Ausbildungen und ihr Interesse an der slawischen Sprache und Kultur waren ihnen da eine große Hilfe.

Neben allen anderen blieb ihre Schaffung der slawischen Schrift bis heute von größter Bedeutung.

Für beide war jedoch nicht nur die slawische Missionsarbeit wichtig. Ohne den geistig-theologischen Hintergrund ihres mönchischen Denkens hätten sie vieles nicht erreicht. Schon damals konnte nur der ehelos lebende Mönch in der Ostkirche mit höheren Aufgaben betraut werden.

Auch hier setzt sich also die »paulinische Linie« fort, und wir treffen auf die sieben Tendenzen in seiner Lehre. Ihr Studium und ihr Interesse für die Werke der Kirchenväter (Athanasius, Augustinus, Hieronymus u.a.) sind ein weiteres Zeichen dafür, daß sie genau diesen geistigen Weg von Ehelosigkeit, Askese und Vorliebe für kirchlich-hierarchische Machtstrukturen gegangen sind.

Die Übersetzung der Bibel in die neue slawische Schrift muß als ihr kirchlich bedeutendstes Werk gewertet werden, da sie für all ihre Arbeit das eigentliche Fundament lieferte. Ohne diese Grundlage hätten sie weder in der Ost- noch in der Westkirche Erfolg gehabt.

Die Bibelübersetzungen in der slawisch-kyrillischen Kirchensprache und ihre Folgen für das Christentum

Die slawische Übersetzung der Bibel entstand in zwei Phasen.

Die erste um das Jahr 862 begann vor dem Anfang der Missionstätigkeit der Brüder in Mähren. Sie war, wie berichtet, für Konstantin und Method eine Zeit der Vorbereitung, in der sie viele Schriften in die neue slawische Schriftsprache übersetzten. Konstantin war die treibende Kraft bei dieser Arbeit.

Da die lateinische Übersetzung von Hieronymus schon einige Jahrhunderte im gesamten kirchlichen Bereich bekannt und verbreitet war, ist es sehr wahrscheinlich, daß Konstantin und seine Mitarbeiter sie für ihre Arbeit als Vorlage herangezogen haben.

Auch bei der slawischen Liturgie ist ihnen der römisch-lateinische Ritus Vorbild gewesen.

Große inhaltliche Unterschiede in ihrer slawischen Übersetzung und der Vulgata gab es schon deshalb für die beiden Brüder nicht, weil sie eine gemeinsame theologische Linie mit der Westkirche und dem Papst vertraten.

So wie für ihre gesamte Missionsarbeit suchten sie auch hier Anerkennung von höchster Stelle. Daher wurde die Intention der lateinischen Hieronymus-Übersetzung ohne Veränderungen übernommen und prägte auch die Liturgie und Theologie der Ostkirche.

In der zweiten Übersetzungsphase um das Jahr 885 übersetzte Method kurz vor Ende seines Lebens die gesamte Bibel in Mähren.

Daß es keine gravierenden Unterschiede zur Vulgata gegeben hat, ist natürlich auch darin begründet, daß die beiden wie Hieronymus als Priester und Mönche gelebt haben, so daß ihre Werke von diesem Denken geprägt waren.

Auch ihre Beschäftigungen mit den Schriften der Kirchenväter (Augustinus, Origines u.a.) war Ausdruck ihres asketischen Lebens und Denkens. Selbstverständlich wurden solche schweren Übersetzungsfehler, wie beispielsweise Mt 10,34ff., in die slawische Bibelübersetzung übernommen: »Ne munite jako pridu vuvrešti mira na zemljoN. Ne pridu vuvrešti mira nu meči. Pridu bo razloNčitu človeka. Na otica svoego i duštere na materi svonjoN, i nevestoN na svekrovi svojoN. Vrazi človeku domasinii ego« (Mt 10,34ff.; Zitat aus altbulgarischer Bibelübersetzung, *Codex Marianus* aus dem 10. Jh.).

Wenn Jesus »mit dem Schwert in die Welt gekommen ist« (Mt 10,34), dann konnten Gewalt und Krieg auch von Konstantin und Method als ein gottgewolltes und gerechtfertigtes Mittel nicht ausgeschlossen werden. Und friedfertig spielte sich die Geschichte der slawischen Völker nach ihrer Mission nicht ab.

Ein gutes hatte diese Übersetzung aber doch: Mit ihr zeigten Konstantin und Method den slawischen Völkern, daß es zum Wesen der christlichen Religion gehören sollte, auf Menschen, ihre Lebenssituationen und Kulturen einzugehen und ihr Selbstbewußtsein zu stärken.

Auch die slawische Übersetzung, die in der »paulinisch-theologischen Linie« erarbeitet wurde, hat folgenschwere Spuren in der Geschichte bis heute hinterlassen.

Die Vergangenheit ist auch im Osten voll von »christlichen« Herrschern, die sich einerseits von Kirchenoberhäuptern (Patriarchen) krönen ließen, andererseits ihre Länder grausamst regierten (siehe z.B. Peter den Grossen). Auch Patriarchen scheuten sich nicht vor Intrigen und Mordanschlägen.

Wenn man sich die Frage stellt, warum das Christentum bis heute der Menschheit nicht wirklich Frieden und Glück gebracht hat, dann liegt in der falschen Übersetzung der Grund für alles Übel und die Basis für halbherzige Friedensinitiativen der christlichen Kirchen bis hin zur Rechtfertigung von Kriegen.

Das Beschämendste in der Geschichte der christlichen römisch-katholischen Kirche war jedoch die kriegerische Beteiligung von Päpsten beziehungsweise ihre Aufrufe zu Waffengängen (Kreuzzüge).

5
Die bedeutendsten Bibelübersetzungen in der Zeit der Reformation

Drei bedeutende Persönlichkeiten waren in jener Zeit vom Anliegen erfüllt, daß die Bibel nicht nur in die lateinische Kirchensprache, sondern auch in die jeweilige Landessprache für alle verständlich übersetzt werden müsse. Von diesen soll nun die Rede sein.

Erasmus von Rotterdam und sein Werk »Instrumentum Novi Testamenti«

Erasmus von Rotterdam muß als »geistiger Ziehvater Martin Luthers« (Hans Küng) gesehen werden. Er selbst zählte als Humanist jedoch nicht direkt zu den Reformatoren, obwohl auch er Kritik an der römisch-katholischen Kirche übte (Hierarchie, Mönchstum u.a.), sowie der Bibel im Glaubensleben den Vorrang gab. Hierin zeigt sich die geistige Verwandschaft zwischen ihm und Martin Luther.

Desiderius Erasmus (eigentlich: Gerhard Gerhards) wurde am 28.10.1466 (Geburtsjahr ungewiß) als uneheliches Kind aus der Verbindung des Priesters Rotger Gerhards mit einer Arzttochter in Rotterdam geboren. Mit etwa 14 Jahren wurde er als Vollwaise von den Vormunden in das Kloster der Augustiner-Chorherrn gegeben. 1492 wurde er zum Priester geweiht, aber vom Mönchsgelübde befreit.

Als Universitätslehrer und Privatgelehrter bereicherte er sowohl die Philosophie als auch die Theologie. Als Anhänger und wichtiger Verteidiger der humanistischen Idee mißfiel es ihm, daß Luther in seinen Lehren am freien Willen des Menschen zweifelte und ihn einschränkte.

So kam es zu schriftlichen, harten Disputen zwischen den beiden. Auf eine Schrift von Erasmus (»Diatribe de libero arbitrio«/Studie über die Entscheidung) folgte die Antwort von Luther (»De servo arbitrio«/Über die sklavische – unfreie – Entscheidung). Beide fanden auch keinen Konsens in der Hauptfrage von Luther nach der Gerechtigkeit Gottes.

Erasmus konnte von seinem humanistischen Denken her dieser Theologie Luthers nicht folgen, obwohl, wie bereits erwähnt, ihre Anliegen sich in vielen Punkten trafen (z. B. Mönchstum, Zölibat, Papsttum).

Erasmus ging jedoch nicht so kämpferisch gegen die römische Kirche vor wie Luther. Er erhielt sogar von Papst HADRIAN V., dem Nachfolger von Papst LEO X. und Hauptgegner Luthers, eine Einladung nach Rom, um an dessen Reformprogramm mitzuarbeiten. Erasmus lehnte diese Einladung ab, sandte dem Papst aber einige seiner Ratschläge.

Als Verteidiger der Freiheit, die von Christus her kommt, war dieser Humanist in vielen Städten Europas bekannt. Er bereiste als »Europäer, streitbarer Friedensfreund und Anwalt des humanistischen Ideals« (STEFAN ZWEIG) Paris, Basel, Italien und England, wo ihn eine Freundschaft mit THOMAS MORUS verband.

Er starb am 12.7.1536 in Basel.

Philosophie und Theologie hatten in gleicher Weise sein Leben geprägt. Es war sein Ziel gewesen, die Kirche, die Theologie und die »Volksfrömmigkeit« zu erneuern. Er ging seinen Weg, indem er die Bibel als Fundament dieser Erneuerung ansah. Sein Grundsatz lautete: »Zurück zu den Quellen«.

Dabei bedurfte es einer Überarbeitung der bis dahin in der Kirche einzig verbindlichen lateinischen Bibelübersetzung, der Vulgata. So erarbeitete er ein Werk, das bereits in sehr ähnlicher Form der spanische Franziskaner Ximenes im Jahre 1514 (Veröffentlichung 1520) geschaffen hatte (»Complutenser Polyglotto« – biblischer Urtext und daneben verschiedene Übersetzungen), das *Instrumentum Novi Testamenti* im Jahre 1516.

Das war die erste griechische Druckausgabe zusammen mit einer lateinischen Neuausgabe des Alten Testamentes.

In dieser lateinischen Übersetzung verbesserte und überarbeitete Erasmus den Vulgatatext. Dieses Werk diente später Luther zusammen mit der Vulgata als Grundlage für seine deutsche Bibelübersetzung.

Erasmus studierte bei seiner Bibelarbeit Origines und mühte sich, den »Literalsinn der Heiligen Schrift« zu erarbeiten. So forschte er nicht nur nach den eigentlichen Aussagen, sondern er wollte auch eine neue genaue lateinische Übersetzung schaffen.

Er war ein vom Evangelium zutiefst bewegter Christ; davon zeugen alle seine Werke.

Zu den bedeutendsten seiner Schriften zählt das »Enchiridion« (1503), in dem er eine deutliche Wende zur biblischen Frömmigkeit vollzog.

In der »Adagia« (1515) zog er gegen die Tyrannei der Fürsten und die Übel der Kriege zu Felde und rief zur Veränderung in der Kirche und Gesellschaft auf. Zwei Jahre später schrieb er eine Antikriegsschrift »Querela pacis«. Sein prophetischer Ruf nach Frieden blieb jedoch in den bald folgenden Kriegen ungehört (Bauernkrieg 1524/25; Schmalkaldischer Krieg 1546/47; Dreißigjähriger Krieg 1618-48).

Einem Fürsten, dem späteren Kaiser Karl V., hatte er eine Schrift gewidmet (»Institutio principis Christiani«, 1516), in der er diesen aufforderte, nach dem Vorbild der ewigen Gottheit sein Volk zu regieren.

Es ging Erasmus um eine andere Theologie, in der man nicht versuchte, scheintheologische Probleme zu lösen (z.B.:

»Wie hätte Gott auch in die Gestalt eines Kürbisses oder anderes eingehen können?«). Die Bibel müsse die Basis jeder christlichen Theologie sein.

Er kritisierte das Mönchstum wegen seiner Mißstände (z.B. Hochmut, Aberglaube, Possen in der Predigt, »Bauch, Geld, Ehre« u.v.a.), wobei er aber dem Zölibat nicht total ablehnend gegenüberstand. Doch er lobte die Ehe über alles in seiner Schrift »Encomium Matrimonii« (1518).

Am Papsttum kritisierte Erasmus, daß es ihm mehr um Bannflüche und Interdikte, also um die Verkündigung des Evangeliums gehe. Am höheren Klerus bemängelte er, daß bei ihm das Geld im Zentrum stehe. Auch gegen die kriegerischen Unternehmungen Papst JULIUS II. nahm er in einer Satire kritisch Stellung.

Sein humanistisches Anliegen vom praktisch gelebten Christentum, das sich in Toleranz, Friedfertigkeit und Liebe äußert, wurde von vielen Menschen über seine Lebenszeit hinaus angenommen.

Dennoch war sein Verständnis der Nachfolge von Jesus durch einen unchristlichen Pessimismus geprägt, wenn er in diesem Zusammenhang in seinem Werk *Opera omnia* von einer »Todesbereitschaft« sprach.

Sein Anliegen war aber von humanistischem Denken bestimmt. Er wünschte sich eine Bibel für alle Menschen in ihrer Volkssprache: »Wenn doch der Bauer mit der Hand am Pflug etwas davon vor sich hinsänge, der Weber etwas davon mit seinem Schiffchen im Takt vor sich hinsummte und der Wanderer mit Erzählungen dieser Art seinen Weg verkürzte!« (Erasmus, Opera omnia, Leidener Ausgabe, Bd V, 140C.).

Zu seiner verbesserten lateinischen Übersetzung ist noch zu sagen, daß er zwar Korrekturen der Vulgata vorgenommen hat, jedoch in seinem theologischen Denken noch, wie auch Luther, mit seinem früheren Mönchsleben verbunden blieb, das ihn unfähig machte, die wirklich schweren Übersetzungsfehler zu entdecken.

Denn auch er führte die »paulinische Linie« bei seiner Übersetzung und im schriftstellerischen Schaffen weiter, wenn er die pessimistische Haltung zum Christentum dazuzählte.

Martin Luther und die deutsche Bibelübersetzung

Abgesehen von seinem großen reformatorischen Werk hat Martin Luther durch die Bibelübersetzung in die mitteldeutsche Kanzleisprache nicht nur eine großartige Leistung für das Christentum, sondern auch im Zeitalter des frühen Buchdruckes ein kulturell bedeutsames Werk vollbracht, das wohl vergleichbar mit der Erfindung der slawischen Schrift durch Konstantin-Kyrill und Method ist.

Luther hat durch seine Bibel den Menschen im deutschen Sprachraum etwas an die Hand gegeben, das durch sprachliche Schönheit und Ausdruckskraft Literatur und Kultur bereicherte und einen wichtigen Baustein für die Weiterentwicklung der deutschen Sprache lieferte.

Große Hilfe brachte er nicht nur den deutschsprachigen Christen. Seine Abkehr von der römisch-lateinischen Kirchensprache hat, wie noch gezeigt werden wird, ihre Auswirkung und Nachahmung in anderen Ländern (beispielsweise in England) gefunden.

Wie durch Konstantin-Kyrill und Method hat auch hier die Bibel in der Landessprache das Selbstbewußtsein des Volkes gehoben. In Deutschland kam durch die Luther-Bibel noch die Stärkung des protestantischen Bewußtseins dazu.

Doch damit werden auch schon die negativen Seiten der Reformation angesprochen: die zweite große Spaltung des

Christentums seit der Teilung in die Ost- und Westkirche (1054).

Durch die Verquickung von Religion und Politik war nicht nur eine betrübliche Spaltung in ein protestantisches und ein katholisches Lager entstanden, sondern auf beiden Seiten wurde das Christentum für eine kriegerische Politik zweckentfremdet. Kirchenfürsten, die zu jener Zeit oft auch weltliche Fürsten waren, haben sich an diesen Kriegen aktiv beteiligt. In solchen Zeiten entstand die – zwar nicht erste (seit dem 14. Jahrhundert gab es bereits mehrere hochdeutsche Bibelübersetzungen auf der Grundlage der Vulgata), aber maßgebende und bedeutendste – deutsche Bibel, der es jedoch leider auch nicht gelang, die Menschen vom Evangelium zu überzeugen. Warum die Menschen auch durch diese Bibelübersetzung nicht entdeckt haben, wie sie Frieden und Freude erfahren können, soll im folgenden gezeigt werden.

Leben, Umwelt und Werk des Martin Luther

Martin Luther wurde am 10. November 1483 in Eisleben bei Mansfeld als Sohn eines Bergarbeiters geboren. Von seinen Eltern in strengster Weise religiös erzogen, lernte er einen Gott kennen, der nicht viel mit Liebe und Barmherzigkeit, mehr jedoch mit Strafe und ewigem Gericht zu tun hatte: »Ich wurde von Kindheit auf so gewöhnt, daß ich erblassen und erschrecken mußte, wenn ich den Namen Christi auch nur nennen hörte, denn ich war nicht anders unterrichtet, als daß ich ihn für einen strengen und zornigen Richter hielt« (Martin Luther, Werke, Weimarer Ausgabe, 40/I, S. 298). So schrieb Luther später über seine Kindheit.

Er besuchte die Lateinschule in Mansfeld und fand die weitere Schulausbildung bei den »Brüdern des gemeinsamen Lebens« in Magdeburg und Eisenach.

An der Universität Erfurt studierte Luther die »Freien Künste« und promovierte als Magister Artium.

Im Mai 1505 begann er entsprechend dem Wunsch seines Vaters ein Studium der Rechtswissenschaft. Doch dann gelobte er bei einem schweren Gewitter im Juli 1505, Mönch zu werden. Trotz des Widerspruchs seines Vaters trat er noch im selben Monat ins Kloster der Augustiner-Eremiten in Erfurt ein und begann ein Studium der Theologie. Gemäß der Ordensregel ihres Gründers AUGUSTINUS las er täglich die Bibel.

1507 wurde Luther zum Priester geweiht. Bei seiner Primiz hatte er wiederum ein Erlebnis von der »furchterregenen Größe Gottes«.

Luther setzte das Theologiestudium fort und lernte die nominalistische Richtung »Via moderna« des großen englischen Theologen WILHELM VON OCKHAM (1290 – 1349) kennen.

Ockham zog mit seiner Lehre diejenige von THOMAS VON AQUIN stark in Zweifel. Er lehnte dessen »natürliche Gottesbeweise« ab und war davon überzeugt, daß Gott und Mensch durch einen für die menschliche Natur unüberspringbaren Abgrund voneinander getrennt seien. Er setzte sein Vertrauen auf die göttliche Offenbarung, von der der Mensch nur wissen kann, wenn Gott sich ihm kundtut.

Ockham war skeptisch gegenüber der menschlichen Vernunft und Natur und sah in der Heiligen Schrift die Grundlage und »Quelle unseres Glaubens«. In dieser theologischen Position trafen sich Ockham und Erasmus, aber auch später Luther mit seinem »Sola-Scriptura-Prinzip«. Sieht man sich die späteren Lehren Luthers genauer an, so tritt vieles von dieser ockhamschen Theologie hervor (Rechtfertigungslehre; Skepsis gegenüber der Scholastik, der Lehre des Thomas von Aquin, Luthers Anschauungen über den »freien Willen«).

Das Klosterleben brachte Luther nicht die Antworten auf

seine großen Fragen nach der Gerechtigkeit Gottes und schon gar nicht auf die nach einem erfüllten und glücklichen Leben. Im Gegenteil – er litt unter schweren Prädestinationsängsten. Dabei beschäftigte er sich mit seinem Ordensvater Augustinus und dessen Gnaden- und Prädestinationslehre. So bildete sich bei ihm ein starkes Sünden- und Schuldbewußtsein heraus, dem schwere seelische Depressionen folgten. Er hatte Angst, im Glauben verdammt zu sein. Sein Ordensoberer JOHANNES STAUPITZ »tröstete« ihn auf seine ständig wiederkehrende Frage, wie er denn einen gnädigen Gott bekommen könne, mit dem Hinweis, daß Christus am Kreuz für uns genug getan habe.

1508 wurde Luther Lektor für Ethik an der neuen Universität Wittenberg. Im März 1509 ernannte man ihn zum Baccalaureus Biblicus. Nun kehrte er an die Universität Erfurt zurück und hielt dort eine Vorlesung über PETRUS LOMBARDUS. Um die Jahrhundertwende 1510/11 reiste er nach Rom, um dort Ordensangelegenheiten zu regeln.

1512 promovierte Luther an der Universität Wittenberg zum Doktor der Theologie und mußte dabei den üblichen Treue- und Gehorsamseid auf die römische Kirche leisten. Im Zusammenhang mit dieser Promotion erhielt er auch eine Professur für die Heilige Schrift und begann mit Bibelvorlesungen, die er bis zu seinem Lebensende hielt (z.B. 1513-1515 Psalmen; 1515/16 Römerbrief; 1516/17 Galaterbrief; 1517/18 Hebräerbrief).

Zu diesen Vorlesungen entwickelte er bereits seine reformatorische Theologie.

So vertrat Luther schon in der Römerbrief-Vorlesung die grundlegende reformatorische Erkenntnis der »Iustitia Dei passiva« (Gerechtigkeit Gottes).

Eine einschneidende Begebenheit im Hinblick auf diese Erkenntnis war ein »Turmerlebnis«. Luther saß in seinem Arbeitszimmer im Turm des Klosters in Wittenberg und stieß im Römerbrief auf eine bestimmte Textstelle über die »Gerechtigkeit Gottes« (Röm 1,17: »Der Gerechte aber wird durch seinen Glauben leben«). Daraus entwickelte er später seine so bedeutende Theologie. Die Suche nach einem gnädigen Gott hatte hier für ihn ein Ende gefunden. Die Gerechtigkeit Gottes erschien ihm nicht mehr zürnend, richtend und strafend *(Iustitia dei activa)*, sondern eine Gerechtigkeit, durch die Gott uns gerecht macht und die er uns umsonst schenkt *(Iustitia dei passiva)*: nicht Leistung des Menschen, sondern Geschenk Gottes.

Es war für ihn persönlich ein befreiendes Erlebnis und, wie er sagte, der »Eintritt ins Paradies«.

Abgesehen von Luthers inneren Konflikten beschäftigte er sich, wie viele andere kritische Theologen der Zeit, mit Mißständen und Vorgängen in der römischen Kirche.

Diese waren für ihn aber nicht nur Anlaß zur Kritik, sondern er wollte eine echte Reform der Kirche herbeiführen. Ersten Anstoß nahm er am Ablaßhandel der Kirche.

Aktuell wurde seine Kritik beim »Jubiläumsablaß« des Papstes, der zugunsten des Neubaues der Peterskirche in Rom gewährt wurde. Mit Predigten und skandalösen Geldgeschäften wurden die Menschen aufgerufen, Ablässe für ihre Sünden und die ihrer Verstorbenen zu »kaufen«, wodurch ihnen ein öffentlicher Nachlaß der Schuld zugesagt wurde. Besonders schlimm trieb es der Leipziger Dominikanermönch Johannes Tetzel, der seine Predigten mit zweifelhaften Sprüchen füllte, wie diesen: »Sobald das Geld im Kasten klingt, die Seele aus dem Feuer springt« und »Wenn das Geld im Kasten klingt, die Seele in den Himmel springt«. Der Landsherr Luthers, Friedrich der Weise, verbot solche Ablaßpredigten in seinem Land.

Am 31. Oktober 1517 sandte Luther öffentlich ein Schreiben mit »95 Ablaßthesen« an den Diözesanbischof Hieronymus Schulz von Brandenburg und an den Erzbischof

Albrecht von Magdeburg, die päpstliche Ablaßkommissäre waren.

In diesem Schreiben legte er seine kritische Ansicht dar und forderte die Verantwortlichen auf, solche Zustände zu ändern.

Die Bischöfe reagierten jedoch nicht auf das Schreiben. Ohne sein Wissen ließen daraufhin Freunde Luthers sein Schreiben mit den 95 Thesen drucken und in ganz Deutschland veröffentlichen.

Damit geriet eine Lawine ins Rollen, die, wie sich später zeigte, auch von den Hauptverteidigern der reformatorischen Idee nicht mehr völlig beherrscht werden konnte.

Luther verfaßte eine Erläuterung seiner Ablaßlehre für das Volk (»Sermon von dem Ablaß und von der Gnade«), in denen er seine theologische Position darlegte. Den Anstoß für das Schreiben an den Papst gab ihm sein Mentor Staupitz. Noch war Luthers Haltung gegenüber dem Papst und der römischen Kirche von Loyalität geprägt. Er hoffte, Verständnis für sein gutes Anliegen zu finden, wenn er sagte: »Christus erwarte ich als Richter, der durch den Apostolischen Stuhl sprechen wird« (Luther, Werke, Weimarer Ausgabe, 1, S. 527).

In einem Ordenskapitel hielt Luther einen Disput über 28 Thesen einer »Theologica paradoxa«. Deutlich kam dabei sein nominalistisches Denken zum Vorschein. So lautete die 13. These: »Freier Wille ist nach dem Sündenfall nur ein bloßer Name, und wenn er tut, so viel an ihm ist, begeht er Todsünde« (Luther, Werke, Weimarer Ausgabe, 1, S. 353f.). Und die 25. These: »Nicht der ist gerecht, der beharrliche Werke tut, sondern der ohne Werke beharrlich an Christus glaubt«.

Im April 1518 fand die sogenannte »Heidelberger Disputation« mit Luther statt, an der auch spätere Anhänger, der Dominikaner Martin Butzer und die Württemberger Reformatoren JOHANNES BRENZ und ERHARD SCHNEPF teilnahmen. Luther erhielt in dieser Runde viel Zustimmung.

In Rom wurde mittlerweile der Prozeß gegen ihn wegen Häresieverdachtes auf eine Anzeige des Erzbischof Albrecht hin eröffnet. Luther erhielt eine Vorladung von dort.

Auf die Initiative seines Landsherrn Friedrich gestattete Papst LEO X. jedoch, daß die »Unterhandlung« nicht in Rom, sondern in Deutschland stattfinden dürfe.

Im Oktober 1518 wurde Luther auf dem Augsburger Reichstag durch den Kardinal THOMAS CAJETAN DE VIO verhört. Der Kardinal hatte jedoch schon ein »Breve« des Papstes bei sich, in dem Luther bereits als »notorischer Ketzer« apostrophiert und seine Verhaftung und Auslieferung nach Rom angeordnet worden war, falls er sich weigern sollte, seine Lehre zu widerrufen.

Es ist nicht völlig geklärt, wie sich dieses Verhör abspielte. Fest steht aber, daß Luther am 20. Oktober 1518 aus Augsburg nach Wittenberg floh und an ein rechtmäßiges, freies Konzil appellierte, bei dem sein Fall vorgetragen werden sollte.

Vom 27. Juni bis zum 16. Juli 1519 wurde in Leipzig eine Disputation zwischen ihm und dem Theologen JOHANN MAIER aus Eck (kurz: JOHANNES ECK) abgehalten. In diesem Streitgespräch ging es nicht mehr um die Ablaßfrage.

Im Zentrum der Auseinandersetzung standen die Fragen der Autorität und Verbindlichkeit von Papst- und Konzilsentscheidungen. Luther zweifelte an, daß sie irrtumslos seien, da sich Papst und Konzil in der Vergangenheit bereits geirrt hätten (z.B. beim Konzil von Konstanz 1414, wo JAN HUS verurteilt und dem weltlichen Gericht für den Feuertod übergeben worden war).

Luther legte demgegenüber sein reformatorisches Formalprinzip »Sola Scriptura« dar: Die Heilige Schrift ist die einzige Quelle und Richtschnur des Glaubens.

Ein weiteres Ergebnis dieser Disputation war die Entfaltung der lutherischen Lehre über die Kirche: daß sie keines irdischen Hauptes bedürfe, da ja CHRISTUS ihr eigentliches Haupt ist. Die Kirche ist auf dem »Felsen« (= Christusglaube) gebaut, aber nicht auf Petrus und seine Nachfolger.

Bereits vor der Leipziger Disputation hatte Luther im März 1518 den Papst einen »Antichristen oder dessen Apostel« genannt; aber mit dem Leipziger Streitgespräch war ein noch wichtigerer Schritt in Richtung Trennung gesetzt. Johannes Eck reiste nach Rom, wo der Luther-Prozeß fortgesetzt und mit der Bannandrohungsbulle »Exsurge Domine« abgeschlossen wurde.

41 Sätze Luthers wurden als häretisch verurteilt, weil sie im Widerspruch zur katholischen Lehre stünden und eine »Verführung der einfachen Gemüter« darstellten. Das päpstliche Schreiben enthielt die Aufforderung an Luther, innerhalb von 60 Tagen seine Lehre zu widerrufen, anderenfalls würde er dem Bann verfallen.

Am 30. Dezember 1520 veröffentlichte Luther die »Reformatorischen Programmschriften«, die deutlichst seine Lehre darlegten.

Vier von ihnen haben besonderen Stellenwert:

1. *»Von dem Papsttum zu Rom wider den hochberühmten Romanisten zu Leipzig«*
   In dieser Schrift zeigte Luther vier Standpunkte auf:
   a) Die Christenheit ist keine leibliche, sondern eine geistige »Versammlung der Herzen zu dem einen Glauben«.
   b) Die erkennbaren »Zeichen« dieser Versammlung sind Taufe und Evangelium.
   c) Ihr Haupt ist Christus, und es gibt »kein Haupt auf der Erde«.
   d) Christus hat die »Schlüsselgewalt« an die Gemeinde gegeben, und Petrus steht in der Bibel nur stellvertretend für die Gemeinde.

2. *»An den christlichen Adel deutscher Nation von des christlichen Standes Besserung«*
   Hier riß er die »Mauern der römischen Kurie« nieder und legte fest, daß es keine Überordnung der geistlichen Gewalt und keine Unterschiede der Stände gebe. Auch trat er deutlich für die Abschaffung des Zölibates, der Reservationen und unzähliger Festtage ein.

3. *»De captivitate babylonica ecclesiae praeludium«*
   (Präludium von der babylonischen Gefangenschaft der Kirche)
   Hier setzte er sich in drei Punkten mit der Sakramentenlehre auseinander und machte sie so zum Gegenstand einer theologischen Neubestimmung:
   a) Luther hielt an der »leiblichen Realpräsenz Christi« im Abendmahl fest, tat aber die »Transsubstantiationslehre« der katholischen Kirche entschieden als »bloße Schulmeinung« ab.
   b) Für ihn hatten nur zwei Sakramente, die Taufe und das Abendmahl, wirklich Bedeutung. Das Bußsakrament hatte für ihn nur sehr eingeschränkt Geltung und müsse von »Gefangenschaften« befreit werden.
   c) An der Messe lehnte er den »Opfercharakter« ab und trat für den »Laienkelch« ein.
   Durch diese Lehre war der totale Bruch mit der römischen Kirche vollzogen.
   Die Folgen waren große Proteste aus den Kreisen der Universität von Paris, sowie Reaktionen aus England. König HEINRICH VIII. (1509 – 1547) erhielt wegen seiner Gegenschrift (»Assertio septem sacramentorum«) von Papst Leo den Titel »Defensor fidei«.
   Auch Erasmus sah in dieser Schrift den Bruch Luthers mit der Kirche.

4. *»Von der Freiheit eines Christenmenschen«*
In dieser Schrift machte Luther einen letzten Versuch, den Papst von seiner Rechtgläubigkeit und seinem guten Willen zu überzeugen.
Nach der Vorschrift der Bulle »Exsurge Domine« gab es an vielen Orten Bücherverbrennungen der Schriften Luthers.
Am 10. Dezember 1520 verbrannten dagegen in Wittenberg Studenten römisch-kanonische Rechtsbücher, den »Chrysopassus« (ein Werk von Johannes Eck) und andere.
Bei diesem Ergebnis warf auch Luther einen kleinen Druck der Bulle »Exsurge Domine« ins Feuer und vollzog damit de facto den Bruch mit der römisch-katholischen Kirche.

Am 3. Januar 1521 wurde die Bannbulle »Decret Romanum pontificem« vom Papst erlassen. Das löste einen großen Aufruhr in Deutschland aus, bei dem Rufe nach einem neuen Konzil laut wurden.

Vor dem Reichstag in Worms verteidigte sich Luther im April 1521 und lehnte auch hier den Widerruf ab (»Hier stehe ich, … Gott helfe mir! Amen!«).

Am 26. Mai 1521 unterzeichnete der neugekrönte Kaiser Karl V. das Wormser Edikt, mit dem über Luther die Reichsacht wegen »notorischen Ketzertums« und »Häresie« verhängt wurde.

In der Verquickung von staatlichem und kirchlichem Recht (die deutschen Könige und Kaiser sahen sich stets auch als »Schutzherren der katholischen Kirche und Lehre«), zog der päpstliche Bann gleichzeitig eine staatlich-weltliche Sanktion, die Reichsacht, mit sich.

Durch sie wurde jedermann verpflichtet, Luther gefangenzunehmen und ihn dem Kaiser auszuliefern. Und auch die Verbrennung seiner Schriften war damals angeordnet worden.

Tage davor (am 4. Mai 1521) hatte sich Luther bereits – auf der Rückreise von Worms – nach einer »Scheingefangennahme« durch Ritter seines ihm befreundeten Landsherrn auf die Wartburg zurückgezogen.

Die Zeit auf der Wartburg wurde für ihn zu einer Periode bedeutenden theologischen Schaffens.

Er verfaßte hier Schriften wie das »Magnificat«, eine Kirchenpostille, ein Traktat »Von der Beichte, ob der Papst die Macht habe, zu gebieten« und kleinere Traktate.

Das größte und bedeutendste Werk auf der Wartburg war jedoch die Übersetzung des *Neuen Testaments* nach der Vorlage sowohl der Vulgata als auch der lateinischen Übersetzung des Erasmus.

Luther übersetzte das Neue Testament in die sächsische Kanzleisprache und wurde dadurch zugleich zum wichtigsten Förderer einer einheitlichen neuhochdeutschen Schriftsprache.

An seiner Übersetzung arbeiteten auch JUSTUS JONAS und NIKOLAUS AMSDORF mit. Jonas übersetzte ebenso andere lateinische Schriften von Luther und PHILIPP MELANCHTHON, dem wichtigsten Mitarbeiter Luthers.

1522 kehrte Luther nach Wittenberg zurück, nachdem es dort zu Unruhen von radikalen Vertretern der reformatorischen Bewegung gekommen war. Jene stellten Forderungen nach einer neuen Gesellschaft, bei der die »Pfaffen liquidieret« würden, betrieben »Bildersturm« und vieles andere.

Luther hielt dort die sogenannten »Invocavit-Predigten« gegen diese »Schwärmer«. Zu den Hauptvertretern dieser »Zwickauer Propheten« zählten ANDREAS KARLSTADT und GABRIEL ZWILLING. Karlstadt wurde sogar auf Verlangen Luthers mit seiner gesamten Familie aus Kursachsen vertrieben.

1523 entwickelte Luther in der Schrift »Von weltlicher Obrigkeit, wie weit man ihr Gehorsam schuldig sei« Anschauungen über das Verhältnis von Untertanen zu ihren Lehensherren und Landesfürsten.

Seine Haltung im »Bauernkrieg« 1524/25 war wichtig für die spätere Entwicklung der protestantischen Landeskirchen, die unter dem Schutz des jeweiligen Landesfürsten standen (z. B. »landesherrliche Visitationen« der Gemeinden und Pfarrer durch die Fürsten).

Im Bauernkrieg stellten die leibeigenen Bauern in ihren »Zwölf Artikeln« sowohl kirchlich-religiöse Forderungen (z.B. freie Pfarrerwahl durch die Gemeinde, Predigt des »reinen und lauteren Evangeliums«) als auch soziale (z.B. Aufhebung der Leibeigenschaft, freier Wildfang und freie Waldnutzung).

Vorerst rief Luther in dieser Auseinandersetzung zwischen Bauern und Gutsherren in einer Schrift (»Ermahnung zum Frieden«) zur Aussöhung und Mäßigung auf beiden Seiten auf.

Die Bauern sollten sich ihren Herren unterordnen und die Herren ihre Bauern nicht schinden.

Bald jedoch kam es bei Luther zu einer Wende. Er nahm einseitig Partei für die Fürsten und Gutsherren (Schrift: »Wider die räuberischen und mörderischen Rotten der Bauern«, 1525).

Durch diese Haltung stieß er viele seiner Anhänger vor den Kopf, denn es stand in jener Schrift: »Bleibst du darüber tot, wohl dir, einen seligeren Tod kannst du nimmer sterben. Denn du stirbst im Gehorsam gegenüber dem göttlichen Wort und Befehl (Röm 13) und im Dienst der Liebe, deinen Nächsten zu erretten aus der Hölle und aus Teufelsbanden« (Luther, Werke, Weimarer Ausgabe 18, S. 361).

Solche Worte zu den Bauern führten dazu, daß sich manche enttäuscht von ihm abwandten. Die Bauern erlitten im Bauernkrieg schwere Niederlagen, und die Fürsten rächten sich grausam an ihnen. Etwa 100 000 starben, und ihre Anführer wurden gefoltert und hingerichtet (z.B. der Priester Thomas Müntzer). Auf die spätere Entwicklung der protestantischen Fürstentümer und auf die bald folgenden Religionskriege hat diese seine Einstellung entscheidende Auswirkungen gehabt, da sich die protestantischen Fürsten auf diese Lehren stützten.

In den Wirren dieser Zeit heiratete Luther die ehemalige Zisterziensernonne Katharina von Bora.

Auch die Auseinandersetzung mit Erasmus fand in dieser Zeit statt. Wie bereits angedeutet, ging es bei diesem Streit um die Willensfreiheit des Menschen.

Wenn Erasmus im »Rest von menschlicher Wahlfreiheit« die Voraussetzung für Gerechtigkeit und Barmherzigkeit Gottes sah (sein Traktat: »De libero arbitrio«), so lagen die Dinge bei Luther völlig anders: »Glauben können, daß Gott gerecht ist, der absichtlich und ohne daß sie es ändern können, Menschen verdammenswert macht, das ist die höchste Stufe des Glaubens« (Luther, »De servo arbitrio«, Weimarer Ausgabe, 18, S. 633). »So ist der menschliche Wille in die Mitte gestellt wie ein Lasttier. Wenn Gott draufsitzt, will er und geht er, wohin Gott will ... Wenn der Satan draufsitzt, will er und geht er, wohin der Satan will« (ebenda, S. 635).

Mit solch einem Standpunkt lehnte Luther die humanistischen Wertvorstellungen von Erasmus völlig ab.

Wieder kommen bei Luther theologische Vorstellungen von einem bösartigen, rächenden und strafenden Gott zum Vorschein, vor dem man eher Furcht haben müsse, als daß man Freude durch seine göttliche Botschaft erfahren könne.

Diese gottfürchtenden Tendenzen mögen mit das Ergebnis seiner leidvollen Erfahrungen in Kindheit, Klosterleben und den Auseinandersetzungen mit der römischen Kirche gewesen sein; und dennoch entschied sich Luther ganz persönlich für diesen Weg.

1526 verfaßte er eine evangelische Gottesdienstordnung.

Der Landgraf Philipp von Hessen rief 1529 alle reformatorischen Theologen zu einem Religionsgespräch in Marburg zusammen, um eine »evangelische Koalition« zustande zu bringen.

Philipp war Luthers Aufruf, eine Kirchenreform durch die deutschen Fürsten durchzuführen, gefolgt, hatte die Bibel und andere christliche Literatur studiert, und er lehnte als einziger unter den Fürsten die Todesstrafe gegen Ketzer ab.

In Marburg versammelten sich zahlreiche Reformatoren (LUTHER, MELANCHTHON, BUGENHAGEN, BRENZ, ZWINGLI u.a.). Sie stimmten in 14 Artikeln überein. Jedoch in der wichtigen Abendmahlsfrage standen sich die Anhänger Luthers und jene von Zwingli uneinig gegenüber. Die Zwinglianer vertraten die Auffassung, daß Christus zwar wahrhaftig in der abendmahlfeiernden Gemeinde, aber nicht in den Elementen von Brot und Wein gegenwärtig sei.

Dem widersprachen Luther und seine Anhänger, indem sie an der Realpräsenz Christi in den Gestalten von Brot und Wein festhielten (wie auch die katholische Lehre).

Einig waren sich die Teilnehmer in dem Plan, die Kirchenordnung am Modell der Urkirche zu orientieren. Es wurde Nonnen und Mönchen nahegelegt, zu konvertieren oder die Klöster zu verlassen. So wurden diese aufgelöst.

Auch sollten Universitäten nach den Vorstellungen der Reformation gegründet werden (1527: Gründung der ältesten protestantischen Universität in Marburg).

1530 legte die Anhängerschaft der Reformation unter der Führung von Philipp Melanchthon auf dem Augsburger Reichstag öffentlich ihr Bekenntnis ab. Dabei wurde die Bekenntnisschrift, die *Confessio Augustana*, nach harten Kontroversen mit Kaiser KARL V. verlesen. Melanchthon war auch der Verfasser dieser Schrift.

Die oberdeutschen Städte (Konstanz, Lindau, Straßburg und Memmingen) reichten ihre eigene Bekenntnisschrift, die »Tetrapolitana«, ein, die sich vor allem in der Abendmahlsfrage von der Confessio Augustana unterschied.

1531 kam es zum Zusammenschluß reformatorisch und lutherisch gesinnter Fürsten und Städte in der Gründung des sogenannten »Schmalkaldischen Bundes«. Schon 1526 hatte Luther im Auftrag des sächsischen Kurfürsten eine Bekenntnisschrift verfaßt (»Schmalkaldische Artikel«), in der er den Papst als Antichristen bezeichnete und den Gegensatz zwischen der lutherischen und katholischen Kirche in der Meßfeier hervorhob.

Gegen die Schmalkaldener schlossen 1546 Kaiser Karl V. und *Papst* PAUL III. ein Bündnis, in dem der Papst dem Kaiser große finanzielle Mittel und päpstliche Hilfstruppen zusicherte.

Der dann beginnende Religionskrieg (1546/47) endete auf dem sogenannten »Geharnischten Reichstag von Augsburg« (1547/48), nachdem es zwischen Kaiser und Papst große Streitigkeiten gegeben hatte. Der Papst hatte nämlich seine Truppen vor einer entscheidenden Schlacht (Mühlberg) abgezogen und die finanziellen Mittel gestrichen.

Zur Lösung der Religionsfragen in den deutschen Reichsländern kam es jedoch erst mit dem »Augsburger Religionsfrieden« von 1555 auf dem dortigen Reichstag.

Dabei wurde die Confessio Augustana reichsrechtlich anerkannt. Römisch-katholische und evangelisch-lutherische Bekenntnisse wurden rechtlich gleichgestellt. Den Landesherren wurde beim Glaubensbekenntnis die Wahlfreiheit zugebilligt. Für deren Untertanen galt der bekannte Grundsatz: »Cuius regio, eius (et) religio«.

In der Zeit dieser kriegerischen Ereignisse starb Martin Luther während eines kurzen Aufenthaltes in seiner Geburtsstadt Eisleben am 18. Februar 1546.

Seine letzten Jahre waren von Enttäuschung und Ärger geprägt gewesen.

Es regten sich in ihm Zweifel und die Sorge, in der Nähe des »Jüngsten Tages« zu leben.

Seine letzte große Schrift, die er im Eröffnungsjahr des Konzils von Trient (1545) verfaßte, war nochmals als Kritik gegen das Papsttum in Rom gerichtet (»Wider das Papsttum zu Rom, vom Teufel gestiftet«).

Luthers Leben endete in ähnlichem religiösen Pessimismus, wie er ihn seit seiner Kindheit geprägt hatte – mit einigen wenigen Ausnahmen (z.B. religiöses Denken – frei vom Druck der römisch-katholischen Lehre und ihren Vorschriften u.a.; Verwerfung des Zölibats – positive Bewertung der Ehe). Die Angriffe seiner Theologie waren biblisch gut begründet. Seine Ablehnung des Zölibatgesetzes und die Bezeichnung des Papstes als »Antichristen« sind die Schlußfolgerungen aus jenen Versen im ersten *Timotheusbrief* (1 Tim 4,1-5), wo das Verbot der Heirat als eine Maßnahme gesehen wird, die dem Glauben an den liebenden Schöpfergott widerspricht.

Und doch machte ihn die scharfe Kritik an der Kirche persönlich nicht glücklicher. Er war hin- und hergerissen zwischen der Sehnsucht nach der Einheit der Kirche einerseits und der Kirchenkritik andererseits, die er mit bester Absicht formuliert hatte. Die römisch-katholische Kirche aber verstand ihn nicht wirklich.

Der Pessimismus Luthers trug seine Früchte im Disput mit Erasmus in der Frage der Willensfreiheit des Menschen und in seiner Rechtfertigungslehre, nach der der Mensch trotz seiner Versöhnung mit Gott stets ein Sünder bleibt.

Und dennoch befreite er die Menschen vom Druck der römischen Lehrmeinung, indem er dem Papsttum Widerstand leistete.

Durch seine Haltung, das eigene Leben allein auf der Grundlage der Bibel aufzubauen, zeigte er einen Weg zu Selbständigkeit, Mündigkeit und Freiheit des Menschen im und durch den Glauben.

Geistige Strömungen, die ihn besonders leiteten, waren,

wie gesagt, die Lehren von WILHELM VON OCKHAM und JOHN WYCLIFFE sowie die humanistische Lehre von ERASMUS VON ROTTERDAM.

Seine Ablehnung des zölibatären Mönchs- und Priestertums, wie er es beispielsweise in der Schrift über das Klostergelübde »De votis monasticis iudicium« darlegte, unterstrich diese theologische Linie (1524 hatte Luther vor der Heirat mit KATHARINA VON BORA sein Mönchsgewand abgelegt und war aus dem Orden ausgetreten).

Und dennoch hatte der theologische Einfluß der paulinischen Briefe diesen optimistischen Ansatz in höchster Weise gedämpft. Durch das intensive Studium der *Paulusbriefe* (siehe seine Vorlesungen), aber auch durch die Zeitumstände (Bauernkrieg, Schmalkaldischer Religionskrieg u.a.) bedingt, die in vieler Hinsicht der Lebenssituation und Haltung von Paulus entsprachen (z.B. die Erwartung des nahen Weltendes – siehe Römisch-Jüdischer Krieg), entwickelte er eine Theologie, die der von Paulus in vielen Dingen sehr ähnlich war.

So floß dieses theologische Denken in die Übersetzungsarbeit der Bibel ein. Es ist daher nicht verwunderlich, daß es ihm nicht möglich war, die absichtsvoll tendenziösen Übersetzungsfehler sowohl in der Vulgata als auch in der lateinischen Erasmus-Übersetzung zu entdecken und zu erkennen.

Die Luther-Bibel und ihre Folgen für das Christentum

In ähnlicher Weise wie die slawische Bibelübersetzung von KONSTANTIN-KYRILL und METHOD hat auch die deutsche Luther-Bibel viel Gutes gebracht.

So half sie nicht nur, die deutsche Sprachkultur weiterzuentwickeln, sondern, was noch bedeutender war, sie machte es möglich, daß die Frohbotschaft Gottes den Menschen in ihrer eigenen Sprache ganz nahegebracht werden konnte.

Nun konnten sie viele verstehen, ohne erst die lateinische Sprache zu erlernen.

Und doch wurde auch diese Bibel Mitauslöser einer weiteren Spaltung der Christenheit, nun in ein evangelisch-lutherisches und in ein römisch-katholisches Lager, die durch das Konzil von Trient (1545 – 1563) noch verstärkt wurde. Diese Kirchenversammlung hielt weiter an der lateinischen Kirchensprache im Gottesdienst und an der Verbindlichkeit ihrer mit Fehlern übersäten lateinischen Bibelübersetzung (Vulgata) fest.

Damit arbeiteten bedauerlicherweise beide Kirchen an Gräben zwischen christlichen Schwestern und Brüdern. Diese Differenzen haben dann ihre Fortsetzung im Dreißigjährigen Krieg (1618 – 48) bis hin zu gegenwärtigen Konflikten gefunden.

Auch eine gemeinsame Bibel, die auf die Initiative der römisch-katholischen Kirche nach dem II. Vatikanischen Konzil entstanden ist, konnte an der bestehenden Distanz nichts verändern.

Die heutigen revidierten Luther-Bibeln haben dieselben Fehler übernommen, die von Hieronymus bis Luther immer weitergetragen worden sind. Ein weiteres Mal hat sich die paulinische Linie fortgesetzt.

Die ersten Bibelübersetzungen in englischer Sprache

Die Reformbewegung in England ging andere Wege als die in Deutschland. Ja, es muß zur Kenntnis genommen werden, daß von hier aus wichtige Impulse für die reformatorischen Ideen kamen.

John Wycliffe, der in der Zeit vor der Reformation lebte, leistete nicht nur großartige Vorarbeit für sie, sondern er bereitete auch den Weg für die Ablösung der lateinischen Bibel im Gottesdienst durch eine Übersetzung in der englischen Landessprache.

Dieses Anliegen hatte ebenso der hochgebildete Reformator William Tyndale (gest. 1536), der es mit Intensität weiterführte.

Beide hatten das gleiche Ziel: Die englische Landeskirche in ihrer eigenen Ausdrucksform zu stärken und das Selbstbewußtsein der Menschen gegenüber einer päpstlich-autoritären und zentral gelenkten Kirchenführung zu schützen und zu heben.

John Wycliffe – sein Leben, sein Werk und seine »Vorbereitung der Reformation

John Wycliffe wurde um 1320 als Sohn einer Adelsfamilie geboren, lehrte später an der Universität Oxford Philosophie und Theologie und besaß dann auch eine einträgliche Kronpfarre in Lutterworth.

Theologisch stand er Thomas Bradwardine und der augustinischen Schule nahe.

In England, wo das Staats- und Nationalkirchentum stets eine starke Ausprägung erfahren hatte, erreichte es einen Höhepunkt, als das Parlament unter König Edward III. (1327 – 77) den päpstlichen Lehenszins bei Papst Urban V. kündigte (1366).

Wycliffe billigte diese Maßnahme gegenüber der römischen Kurie. Er sprach sich auch gegen den großen Besitz der Klöster aus und sah in den Ordensgemeinschaften ein »Sektierertum«.

Die Ideen von Wycliffe fanden im Volk großen Anklang. 1376 verfaßte er drei Schriften (»De divino dominio«, »De civili dominio«, »De decem praeceptis«), mit denen er sich in scharfen Widerspruch zur Kirche, ihren Einrichtungen und Dogmen stellte.

Für ihn waren ihre Anschauungen über die »weltliche Herrschaft« und den »reichen Besitz« verderblich und mit der Lehre Christi und der Apostel unvereinbar.

Er riet dem Staat, die Kirchengüter als Staatseigentum einzuziehen und für den Unterhalt der Geistlichen zu sorgen.

Er sah die Erhebung von Annaten, Jahresgeldern, die wegen eines vom Papst verliehenen Amtes an die römische Kurie gezahlt werden mußten, und das Einsammeln von Ablaßgeldern als Simonie an (unlauterer Handel mit geistlichen Ämtern).

Im Mai 1377 verurteilte Papst Gregor XI. achtzehn Thesen von Wycliffe über das Kirchenregiment und den Güterbesitz des Klerus als häretisch, irrig, kirchen- und staatsgefährdend. Wycliffe wurde im März 1378 vom Erzbischof von Canterbury verwarnt, aber weitere Maßnahmen wagte man aus Furcht vor dem königlichen Hof und dem Volk nicht. Das große päpstliche Schisma brach im September desselben Jahres aus. Nun griff Wycliffe nicht nur Papst Klemens VII. (1378 – 94) und Papst Urban VI. (1378 – 89) an, die damals gleichzeitig regierten, sondern das gesamte Papsttum.

In seinen Schriften »De ecclesia« und »De potestate papae« legte er seine Lehre dar, daß die Kirche nicht eine Hierarchie mit Gläubigen, sondern eine unsichtbare Gemeinschaft der »Prädestinierten« sei. Auch schade der Bann des Papstes oder der Bischöfe jemandem nicht, wenn er nicht zuvor von Gott »gebannt« worden sei. Der wahre Papst sei Christus, und jeder »Auserwählte« sei ein wirklicher Priester vor Gott.

In späteren Schriften bezeichnete Wycliffe das Papsttum als eine Einrichtung des »Antichristen«.

In bezug auf die Meßfeier und Eucharistie verwarf er die Lehre der Transsubstantiation in der Schrift »De eucharistia tractatus maior« und hielt darin fest, daß Brot und Wein auch nach der Konsekration ihre Wesensgestalt beibehalten würden (Remanenztheorie).

Die Ohrenbeichte nannte er eine spätere Erfindung und bekämpfte den Ablaß, die Verehrung der Heiligen, der Reliquien und der religiösen Bilder sowie die Wallfahrten und Totenmessen.

Gemäß der Bibelstelle von Mk 6,7 sandte er Kleriker als »arme Priester« *(poor priests)* und später Laien jeweils zu zweit als Wanderprediger aus, um dem Volk das »Gesetz Gottes« zu verkünden. Jene wurden von den Katholiken »Lollarden« (= Unkrautsäer) genannt.

Unter dem Eindruck des tragischen englischen Bauernaufstandes (1381), für den Wycliffe und seine Anhänger mitverantwortlich gemacht wurden, fand 1382 die sogenannte »Erdbebensynode« in London statt, auf der 24 Sätze von Wycliffe als häretisch und irrig verurteilt wurden. Seine Freunde an der Universität Oxford wurden gebannt und zum Widerruf aufgefordert.

Als Ketzer verurteilt, zog sich Wycliffe auf seinen Besitz, die Pfarre in Lutterworth, zurück, wo er bis zu seinem Tod 1384 kritische Schriften in lateinischer und englischer Sprache verfaßte.

Seine Schriften fanden eine breite Öffentlichkeit auch über die Grenzen Englands hinaus. Eine bedeutende Rolle spielten sie in den schweren Konflikten zwischen dem bömischen Universitätslehrer und Prediger JAN HUS, der Wycliffes Lehre verteidigte, und der römischen Kirche.

Das Hauptwerk von Wycliffe ist das *Trialogus*, in dem er sein gesamtes Lehrsystem zusammenfaßte.

Wycliffe verwarf die kirchliche Tradition (Sakramente) in ihrer bestehenden Form und erklärte die Bibel zur alleinigen Grundlage des Glaubens, maßgebenden Norm für das »weltliche Regiment« und zum »Gesetz Gottes«. Diese Auffassung legte er in der Schrift »De veritate sacrae scripturae« dar.

Die Bibel müsse allen Menschen zugänglich gemacht werden. Daher ließ er sie nach der Vulgata in die englische Sprache übersetzen.

Damit hatte er eine große Tat vollbracht, die später auf dem Höhepunkt der Reformation von Luther für den deutschsprachigen und von Tyndale für den englischsprachigen Raum fortgeführt worden ist.

William Tyndale – sein Leben, sein Werk und seine englische Bibel

William Tyndale wurde 1490 oder 1494 in Gloucestershire geboren. Er studierte in Oxford und gehörte später dem reformatorischen Gesprächskreis in Cambridge an, der sich nach der Exkommunikation von Luther (1520) gebildet hatte. Außer ihm zählten weitere große Persönlichkeiten wie Robert Barnes, Prior des Augustiner-Eremitenklosters in Cambridge, Miles Coverdale, Thomas Cranmer und Matthew Parker, die beide später das Amt des Erzbischofs von Canterbury innehatten, zu diesem Kreis.

Um die Jahreswende 1520/21 fanden in Oxford bereits Bücherverbrennungen der Werke Luthers statt. Nach der Veröffentlichung der erwähnten Gegenschrift von König Heinrich VIII. (1521) wurde im selben Jahr eine große Bücherverbrennung vor der St.-Pauls-Kathedrale in London veranstaltet.

Unter dem Eindruck der Verfolgung all derjenigen, die sich in England zu den Ideen der Reformation bekannten, floh Tyndale zu Luther nach Wittenberg. Schon in der Zeit davor waren viele Anhänger Wycliffes dem Feuertod übergeben worden, weil sie nicht von seiner Lehre lassen wollten. 1401 war durch einen Parlamentsbeschluß in London (»De haeretico comburendo«) die Inquisition für England eingeführt worden.

Fasziniert von der Bibelarbeit Luthers (Neues Testament 1521/22; Altes Testament 1523 – 34), begann Tyndale mit seiner Übersetzung in die englische Sprache.

1526 war die Übersetzung des Neuen Testamentes in Worms fertig und gedruckt. Heimlich wurden die Bücher nach England gebracht, wo sie großen Anklang fanden.

Der theologische Einfluß von Luther war nicht nur bei dieser Übersetzung ins Englische gegeben, sondern er findet sich auch in Tyndales späteren Schriften »The Obedience of a Christian Man« (1528) und »The Practice of Prelates« (1530) wieder. In diesen Büchern sind einige lange Passagen schlichtweg Übersetzungen aus Luthers Werken.

So hielt man wegen des übereinstimmenden Gedankengutes praktisch die reformatorische Lehre Luthers in Händen.

Der englische König und die Bischöfe sahen diese Werke selbstverständlich als eine Gefahr und Bedrohung, da sie die bestehende Ordnung in Frage stellten und zerstörten. So wurden sie am 24. Mai 1530 bei einer Versammlung der Bischöfe unter dem Vorsitz des Königs in der Westminster Hall als »corrupt doctrine« verurteilt. Auf Veranlassung König Heinrichs wurde Tyndale am 6. August 1536 in Vilvoord bei Brüssel erdrosselt und verbrannt.

Doch MILES COVERDALE vollendete die Bibelübersetzung von Tyndale. Diese englische Bibel hat nicht nur einen immens wichtigen Baustein für die Reformation geliefert, sie war einer der bedeutendsten Schritte einer neuen Entwicklung in England, bei der die englische Bibel die lateinische ablöste. Diese Entwicklung vollzog sich nicht nur beim Volk, bei dem diese Bibel große Beliebtheit genoß, sondern auch der englische Thron und seine Bischöfe fanden allmählich Gefallen an ihr.

Die ersten englischen Bibelübersetzungen und ihre Folgen für das Christentum

Wycliffe ist, wie berichtet, einer der ersten gewesen, der eine englische Bibel wollte, damit sie das ganze Volk verstehen könne. In seinem Auftrag wurde eine solche Übersetzung auf der Basis der lateinischen Vulgata erarbeitet. Tyndale und Coverdale stützten sich jedoch bei ihrer Übersetzungsarbeit vor allem auf die Vorlage Luthers (deren Quelle: *Vulgata* und lateinische *Erasmus-Bibel*).

So war die Quelle auch der neuen englischen Übersetzung nicht der griechische Urtext.

Die Tyndale- und Coverdale-Übersetzung wurde bald zur herausragendsten Bibel in England und zum »Eingangstor« für die reformatorischen Ideen unter den Augen des englischen Königs Heinrich und seiner Bishöfe.

Wegen Ehescheidungsproblemen des Königs kam es dann zu einem unüberbrückbaren Konflikt mit Papst KLEMENS VII., da Heinrich selbst ohne päpstliche Erlaubnis seinen Erzbischof von Canterbury, THOMAS CRANMER, eine Ungültigkeitserklärung für seine Ehe mit KATHARINA VON ARAGONIEN ausstellen ließ (1533). Daraufhin drohte der Papst mit Exkommunikation; und König Heinrich sagte sich 1534 mit fünf Gesetzen (»Act of Supremacy«, sog. Suprematsakte) von der römisch-katholischen Kirche los. Er erklärte sich selbst zum Oberhaupt der englischen Kirche (Church of England) und wurde 1535 exkommuniziert.

Der König hielt an großen Teilen der katholischen Lehre fest (7 Sakramente; Privatmesse; Zölibat des Klerus; Kommunion unter einer Gestalt).

Unter dem Einfluß des Erzbischofs von Canterbury, Thomas Cranmer, der der reformatorischen Lehre in der englischen Kirche immer mehr zum Durchbruch verhalf, wurde 1539, drei Jahre nach Tyndales Tod, von der Regierung THO-

MAS CROMWELLS (nicht zu verwechseln mit OLIVER CROMWELL) eine Vorschrift erlassen, daß in jeder Kirche eine Bibel in englischer Sprache aufgelegt werden müsse. Cromwell ist auch ein Befürworter der reformatorischen Lehre gewesen.

Diese erste »Authorized Version« war auf der Grundlage der Bibelübersetzung von Tyndale und Coverdale erarbeitet worden. Sie enthielt ein Vorwort und Anmerkungen von Tyndale.

Auf diese Weise wurde mit dem Wissen des Königs und dennoch unauffällig die reformatorische Glaubenslehre nach England »eingeschleust«.

Die Wende kam jedoch am 28. Juni 1539. In einer Anordnung auf Geheiß des Königs wurden die sogenannten »Six Articles« bei Androhung schwerster Strafen erlassen, die das Festhalten an der katholischen Lehre geboten. Natürlich blieb Heinrich weiterhin Oberhaupt der englischen Kirche. Im Zusammenhang mit diesen Ereignissen wurden Thomas Cromwell und ROBERT BARNES (als dessen Delegierter) ohne ein Gerichtsverfahren 1540 auf dem Scheiterhaufen verbrannt. Erzbischof Cranmer entging diesem Schicksal, mußte jedoch seine Frau nach Deutschland zurückschicken (wegen Zölibats).

1543 wurde das sogenannte »King's Book« zur Glaubensnorm erhoben und die Bibelübersetzung von Tyndale und Coverdale wieder verboten.

Nach dem Tod König Heinrichs 1547 setzte sich auf dem englischen Thron, mit Ausnahme der Königin MARIA DIE KATHOLISCHE (1553 – 1585), die eine katholische Restauration betrieb, die protestantische Lehre immer mehr durch.

Ein weiterer Schritt in der Entwicklung der englischen Bibel wurde unter König JAKOB I. (1603 – 1625) gemacht. Unter seinem Vorsitz wurde auf der Versammlung in Hampton Court (1604) eine Kommission von der bischöflichen und der puritanischen Partei (für die Rückkehr zur Einheit mit der römisch-katholischen Kirche) eingesetzt. Diese schuf eine neue Bibel, die sogenannte »King-James-Version«.

Auf dieser Versammlung wurde jedoch auch der Puritanismus wie der Katholizismus abgelehnt.

England blieb bis auf die Regierungszeit von König JAKOB II. (1685 – 1688), der katholisch war und versuchte, die katholische Lehre wieder einzuführen, ein Land, in dem der englische Protestantismus vorherrschte.

In der Entwicklung der englischen Bibel, vom Auftrag Wycliffes bis hin zur King-James-Version, muß gesehen werden, daß bei diesem Prozeß sich die Übersetzungsvorlagen (Vulgata, Luther-Bibel, Tyndale-Coverdale-Bibel) inhaltlich nicht wesentlich unterschieden. Im großen und ganzen blieb die alte Hieronymus-Übersetzung (Vulgata) stets bedeutend. Ihre schweren Übersetzungsfehler wurden von einer Übersetzung in die andere »weitergegeben«.

Auch die englischen Reformatoren, Tyndale und Coverdale, haben diesbezüglich kein kritisches Bewußtsein gegenüber der Luther- oder Vulgata-Übersetzung entwickelt. Es blieb bei der paulinischen Linie. Folglich brachten auch diese englischen Bibeln keine wirklich guten geistigen Früchte hervor, vor allem wenn man bedenkt, wieviele Könige und Königinnen, Fürsten, Staatsführer und kirchliche Würdenträger unter dem Anspruch der Verteidigung der christlichen Lehre auftraten, dabei aber grausamste und kriegerische Machtpolitik aus rein egoistischen Motiven betrieben.

So hat leider auch hier der Radikalismus des PAULUS (daß beispielsweise Herrscher von Gott her das »Schwert« und damit das Recht der Todesstrafe besitzen, vgl. Röm 13,4) einen Platz in der englischen Geschichte erhalten. Es würde den Rahmen dieses Buches sprengen, würde man alle negativen Folgen jener Bibelübesetzungen in der englischen und britischen Geschichte aufzählen (Kolonialismus, Sklavenhandel, religiös-politische Konflikte in Irland usw.).

6
Die Bibelübersetzungen im Auftrag des II. Vatikanischen Konzils

Das II. Vatikanische Konzil (1962 – 1965) war ein Ereignis, das nicht allein die römisch-katholische Kirche erfaßte. Auch die anderen christlichen Kirchen sahen in dieser großen Kirchenversammlung in Rom einen Hoffnungsschimmer für neue Beziehungen zur katholischen Kirche. Diese hatte ihnen nämlich signalisiert, daß es ihr um eine neue Standortbestimmung geht (vgl. Dekret über den Ökumenismus »unitatis reintegratio«).

Die katholische Kirche strebt seit diesem Konzil einen neuen Kurs an, der bessere Beziehungen zu den übrigen Religionen und Weltanschauungen einschließt. Papst Johannes XXIII. (1958 – 1963), der die treibende Kraft dieses Konzils war, beschreibt jenen Aufbruch der römischen Kirche mit dem Wort »Aggiornamento«, was soviel wie »Öffnung« zur Welt bedeutet. Dieses Wort meinte auch eine Hinwendung zu allen Menschen.

Das Konzil griff bestehende Erneuerungsbewegungen innerhalb der katholischen Kirche auf und führte sie weiter (z.B. Liturgische Erneuerungsbewegung – Klosterneuburger Chorherr Pius Parsch, gest. 1954, u.a.).

Zu jenen Bewegungen zählte auch die Bibelbewegung, die das Ziel hat, der Bibel und ihrem Studium mehr Bedeutung als bisher im christlichen Alltagsleben zu geben.

Auf dem Konzil kam es nun nicht nur zu einer neuen Standortbestimmung für die Bibel, man suchte auch nach Antworten auf viele Fragen, die sich im Zusammenhang mit ihr stellten (Inspiration, historisch-kritische Methode, Zusammenarbeit mit evangelischer Bibelexegese u.v.a.).

Es tauchte der Ruf nach neuen Bibelübersetzungen in den jeweiligen Landessprachen und ihre Verwendung im Gottesdienst sowie in den Schulen auf.

Dieses Anliegen, das schon viele Reformatoren bewegt hatte, wurde in einem der vielen Konzilsdokumente, der dogmatischen Konstitution »Dei Verbum« (Über die Göttliche Offenbarung) formuliert.

Dort heißt es: »Der Zugang zur Heiligen Schrift muß für die an Christus Glaubenden weit offenstehen ... Da aber das Wort Gottes zu allen Zeiten zur Verfügung stehen muß, bemüht sich die Kirche in mütterlicher Sorge, daß brauchbare und genaue Übersetzungen in die verschiedenen Sprachen erarbeitet werden, mit Vorrang aus dem Urtext der Heiligen Bücher« (Dei verbum, VI. Kap., Nr. 22).

In diesem Konzilstext wird die Bibel als »gesunde Nahrung und heilige Kraft« für alle Formen der christlichen Unterweisung (beispielsweise Gottesdienst, Schule) angesehen (vgl. Dei verbum, VI. Kap., Nr. 24).

Damit sprach sich die gesamte Kirchenversammlung für die Unterstützung und Weiterführung eines bereits im deutschen Sprachraum begonnenen Prozesses aus. So hatte die Deutsche Bischofskonferenz schon vor dem Beginn des Konzils eine Expertenkommission in Zusammenarbeit mit der evangelischen Kirche bestellt, die den Auftrag hatte, eine neue deutsche Bibelübersetzung aus den Urtexten (hebräisch, aramäisch, griechisch) für den kirchlichen Gebrauch zu erarbeiten und dadurch einen besseren »Zugang« zum Wort Gottes zu bekommen.

Das II. Vatikanische Konzil und die Bibelübersetzungen in den verschiedenen Landessprachen

Das II. Vatikanische Konzil hatte große Anliegen aufgegriffen (z.B. Liturgiereform, Kirchenrechtsreform, Neubestimmung der Kirchenstruktur, neues Verhältnis von Bibel und Tradition, Ökumene, Religionsfreiheit, Mission) und seine Ziele trotz der Spannungsfelder unter den Bischöfen (»konservative« und »progressive« Richtungen) mit Konsequenz verfolgt.

Das Konzil schien vorzeitig beendet, als am 3. Juni 1963 der große Reformpapst JOHANNES XXIII. starb. Sein Nachfolger Papst PAUL VI. führte jedoch die große Versammlung zielstrebig weiter, indem er ihr wichtige Aufgaben stellte:
1. Neue lehramtliche Fassung des Wesens der Kirche,
2. Erneuerung im Inneren der Kirche,
3. Förderung der Einheit der Christen und
4. Intensivierung des Dialoges mit der »modernen Welt«.

Es gab viele harte Diskussionen, vor allem in der dritten Tagungsperiode (14. September – 21. November 1964), als es um das »Kirchenschema« ging (Demokratisierung in der Kirche – Lehre vom Volk Gottes), das »Hirtenamt der Bischöfe«, die »Religionsfreiheit« und die »Judenfrage«.

Am 8. Dezember 1965 wurde das Konzil feierlich abgeschlossen.

Tags davor hatten Papst Paul VI. und der ökumenische Patriarch ATHENAGORAS die seit 1054 bestehende gegenseitige Exkommunikation aufgehoben und damit ein Zeichen der ökumenischen Bemühungen dieses Konzils gesetzt.

Das Konzil hatte seine Aussagen in 16 Konzilstexten (4 Konstitutionen, 9 Dekrete und 3 Deklarationen, aber keine Dogmen) zusammengefaßt.

In der Öffentlichkeit hatte es viel Zustimmung, aber auch Ablehnung geerntet.

Was viele als »Verwirrung des Glaubens« durch die »Zerstörung« alter Traditionen (z.B. in der Liturgie – Meßfeier in der Landessprache) und als zu große Zugeständnisse gegenüber den anderen christlichen Kirchen ansahen, war für andere ein Ausdruck von Hoffnung, die in solchen Erneuerungsbestrebungen lag. Viele Laien sahen das Positive an der Möglichkeit, die das Konzil für das Zusammenleben in der Pfarre (Pfarrer – Gemeinde, Mitarbeiter der Laien in vielen pfarrlichen Bereichen, Mitgestaltung in der Liturgie usw.) bot. Große Barrieren wurden durch die Einführung der Volkssprache in der Liturgie beiseite geräumt. Auch der schulische Religionsunterricht war von der Reform nicht ausgeschlossen.

Viele Menschen erkannten die gute Seite, die der Dialog mit den anderen Religionen brachte, da das Konzil auf deren positive Werte (z.B. Förderung der Einheit und Liebe unter den Menschen und Völkern) hinwies und gleichzeitig die Gläubigen zu Toleranz und Respekt aufrief (vgl. »Erklärung über das Verhältnis der Kirche zu den nichtchristlichen Religionen«).

Einer Sache hat sich das Konzil wie kein anderes vor ihm in ganz besonderer Weise angenommen: der Heiligen Schrift.

In der dogmatischen Konstitution »Dei verbum« (Über die göttliche Offenbarung) wurden die katholischen Bibelwissenschaftler beauftragt, »das glücklich begonnene Werk mit immer neuen Kräften und ganzer Hingabe im Geist der Kirche fortzuführen« (Dei verbum, Nr. 23).

Dabei wird auch darauf hingewiesen, daß die Bibelforschung und Auslegung des »katholischen Exegeten« und der »anderen Vertreter der theologischen Wissenschaft ... in eifriger Zusammenarbeit« geschehen soll, aber »unter Aufsicht des kirchlichen Lehramtes« steht (Dei verbum, Nr. 23).

Damit schränkt das Konzil die Forschungsfreiheit seiner Exegeten empfindlich ein, indem Institutionen wie beispielsweise die »Glaubenskongregation« bei allen wissenschaftlichen Forschungen eingreifen können.

Warum hat die römische Kirche Angst vor der Forschung in den Bereichen der Bibelwissenschaft, so daß sie ihr Kontrollinstanzen gibt? Wo bleibt das Vertrauen in die Menschen, die als Wissenschaftler und Akademiker reife Erwachsene und nicht unmündige Kinder sind?

Hat die römische Kirche Furcht vor dem Zusammenbruch ihrer Lehrgebäude, weil sie selbst schon allzu lange so viele Irrlehren in ihrer »kirchlichen Tradition« und Kirchenstruktur beherbergt und sich aus egoistischen und machtgierigen Motiven nicht von ihnen lösen will?

Wie konnte man für einen Menschen ein Amt schaffen, in dem er »irrtumslose Lehrsätze« über Glaube und Moral allen katholischen Christen vorschreiben kann? Der Papst hat seit dem I. Vatikanischen Konzil (1870) diese Machtbefugnis.

Wie kann je ein Mensch etwas »irrtumslos« lehren und vorschreiben? Und der Papst kann es auch dann nicht, wenn er sich als »Stellvertreter Christi« (Vicarius Christi, vgl. Codex Iuris Canonici, Can. 331) kirchenrechtlich definieren läßt. Gott allein ist irrtumslos, aber nie ein Mensch.

Die Beaufsichtigung der katholischen Exegeten kann nicht wirklich die guten Früchte bringen, die eine erfolgreiche und effiziente wissenschaftliche Forschung auszeichnet. Sie sollen ja auch Menschen für ihre Herausforderungen im Alltagsleben eine echte Hilfe geben können.

Unter dem Druck der Kontrolle von »höchster« Stelle aus, wie seit Jahrhunderten, ist es nicht verwunderlich, daß sich die katholischen Exegeten bis heute in ihrer Forschung nicht in ein »Neuland« vorgewagt haben. So haben sie auch nicht die Fehler entdeckt, die sich in ihrem wichtigsten Forschungsobjekt befinden, der Bibelübersetzung.

Das Konzil stellt jedoch an diese Fachleute die Aufgabe, brauchbare und genaue Übersetzungen in die verschiedenen Sprachen »zu erarbeiten«, wobei, wie gesagt, die Arbeit mit dem Urtext Vorrang haben sollte (Dei verbum, Nr. 22).

Mehr als ein Jahrzehnt sollte es dann dauern, bis die Aufgabenstellung des Konzils erfüllt wurde. Für den deutschen Sprachraum geschah dies im Jahre 1980, als die sogenannte *Einheitsübersetzung* beim Katholischen Bibelwerk in Stuttgart erschien. Herausgegeben wurde sie im Auftrag der Bischöfe Deutschlands, Österreichs, der Schweiz, des Bischofs von Luxemburg, des Bischofs von Lüttich und des Bischofs von Bozen-Brixen. Für die Psalmen und das Neue Testament waren auch der Evangelische Kirchenrat in Deutschland und das Evangelische Bibelwerk in der Bundesrepublik Auftraggeber.

Der gesamten Weltkirche wurde eine überarbeitete Fassung der Vulgata als sogenannte »Neo-Vulgata« vorgelegt. Papst Johannes Paul II. erklärte bei der Veröffentlichung diesen Bibeltext als »authentische« Grundlage für den Gebrauch der Heiligen Schrift in der Liturgie. Es entstanden auch in allen anderen Ländern neue Bibelübersetzungen in den jeweiligen Sprachen, die gemäß den Weisungen des Konzils (Konstitution »Sacrosanctum Concilium« – Über die heilige Liturgie, Nr. 35, Nr. 36) im Gottesdienst verwendet werden sollten.

Die neuen kirchlich autorisierten Bibelübersetzungen (Nova Vulgata, Übersetzungen in den verschiedenen Landessprachen für den kirchlichen Gebrauch) und ihre Folgen für das Christentum

Die römisch-katholische Kirche begann seit Anfang dieses Jahrhunderts, einen neuen Weg in der Frage der Wertschätzung der Bibel und ihrer Bedeutung für das kirchliche Leben zu gehen. Es wuchs das Interesse für die Bibel auch bei den katholischen Christen, denn in der evangelischen Kirche hat sie ja schon seit der Reformationszeit einen zentralen Stellenwert im Gottesdienst, aber auch im persönlichen Alltagsleben.

Das wachsende Verständnis für die Bibel zeigte sich nicht nur beim gläubigen Gottesvolk; die Amtskirche und ihre Vertreter reagierten ebenfalls, wenn auch oft gezwungenermaßen, auf diese neue Bewegung.

1890 wurden die Ecole Biblique in Jerusalem und 1909 das Päpstliche Bibelinstitut in Rom gegründet. An den Instituten der verschiedensten Universitäten intensivierten katholische Bibelwissenschaftler ihre Arbeit (z.B. textkritische, historische und alttestamentliche Untersuchungen).

Auf die Enzyklika »Vigilante« (30. Oktober 1902) von Papst LEO XIII. hin wurde die »Bibelkommission« errichtet, um die Bibelwissenschaft zu fördern, Entscheidungen in schwebenden Fragen zu treffen und biblische Studien zu überwachen.

Vor allem nach Ansicht Papst PIUS X. stellte der sogenannte »Modernismus«, eine liberale Bibelwissenschaftsbewegung, eine große Gefahr dar, weil jene Strömung in der Frage der Auslegung und Erklärung der Bibel das kirchliche Lehramt relativierte und ihm nicht die höchste Autorität zugestand. In dem Dekret »Lamentabili« (1907) verurteilte er 65 Sätze aus den Werken der beiden modernistischen Exegeten ALFRED LOISY (Frankreich) und GEORGE TYRELL (England). Ein Satz davon lautet: »Die kirchliche Erklärung der Heiligen Schrift soll man zwar nicht verachten, doch bleibt sie der genaueren Beurteilung und der Verbesserung durch die Exegeten unterstellt« (Josef Neuner und Heinrich Roos, Der Glaube der Kirche in den Urkunden der Lehrverkündigung, Regensburg 1986, Nr. 112, S. 88).

Diese freie wissenschaftliche Exegese war auch der Grund dafür, daß Papst PIUS X. 1910 für den gesamten Klerus, der in

Pfarren und Schulen arbeitete, den sogenannten »Antimodernisteneid« einführte (Aufhebung unter Papst PAUL VI. 1968). In einem Absatz der Eidesformel hieß es: »Ich verwerfe ebenso eine Weise, die Heilige Schrift zu beurteilen und zu erklären, die die Überlieferung der Kirche, die Entsprechung zum Glauben (»analogia fidei«) und die Normen des Apostolischen Stuhls außer acht läßt, die sich den Erfindungen der Rationalisten anschließt und die Textkritik ebenso unerlaubt wie unvorsichtig als einzige oberste Regel anerkennt« (Neuner/Roos, Nr. 68, S. 56).

Auch in dieser Zeit (besonders zwischen 1905 – 1915) wurden Erlässe der Päpstlichen Bibelkommission veröffentlicht, die traditionelle Thesen vertraten (zum Beispiel die Ablehnung der »Zwei-Quellen-Theorie« bei der Entstehung der synoptischen Evangelien; das Festhalten an der Autorenschaft der von der Überlieferung genannten Verfasser (MOSES – Schreiber der ersten fünf Bücher des Alten Testaments).

Damit wurde die Arbeit vieler katholischer Exegeten behindert, denn sie konnten manche ihrer Forschungsergebnisse nicht veröffentlichen.

Eine deutliche Wende brachte die Bibelenzyklika »Divino afflante Spiritu« von Papst PIUS XIII. (30. September 1943). Erstmals wurde offiziell die Bibelwissenschaft ermutigt, neuere wissenschaftliche Erkenntnisse bei der Schriftauslegung zu beachten. So sollten Methoden wie Textkritik, Literarkritik und philologische Hilfsmittel angewandt werden, um den »wahren Sinn« der Heiligen Bücher zu erfassen (vgl. Neuner/Roos, Nr. 132-134, S. 93-96).

Doch der eigentliche Durchbruch für die katholische Exegese und ihre Auslegung nach der historisch-kritischen Methode kam erst mit der Instruktion der Bibelkommission »Sancta Mater Ecclesia« (21. April 1964) und der vom II. Vatikanischen Konzil erlassenen dogmatischen Konstitution »Dei verbum« (Über die göttliche Offenbarung).

Die Instruktion der Bibelkommission beschäftigte sich sehr genau mit dem speziellen Aufgabenbereich der Exegese. Sie anerkannte und bewertete die moderne Exegese mit ihren Methoden, im Unterschied zu früheren kirchlichen Erlässen, sehr positiv und bezog auch bei der Entstehung der Evangelien einen klaren Standpunkt (drei Stadien der Entstehung der Evangelien: a) Wirken von Jesus; b) Predigt der Apostel; c) schriftliche Aufzeichnung der christlichen Botschaft).

Die Freiheit der katholischen Exegeten, die ihnen durch die Anerkennung ihrer Methoden in der Schriftauslegung (z.B. Hilfsmittel aus der Linguistik, formkritische Methode) zugestanden wurde, erlitt im gleichen Moment aber eine Einschränkung.

So enthielt diese Instruktion spezielle Anweisungen für sie, daß sie sich bei ihrer Arbeit an bestimmte »Prinzipien« halten müßten (vgl. Sancta Mater Ecclesia, Abs. IV – siehe Instruktion: Über die geschichtliche Wahrheit der Evangelien).

Beispielsweise wurden sie aufgefordert, sich an früheren Auslegungen (denen der Kirchenväter) zu orientieren. Auch warnte sie der Text vor »Irrtümern« (z. B. Urkirche – höhere Autorität in der Bewertung der Aussagen gegenüber den Aposteln – z. B. PAULUS).

Der Exeget wird zum Gehorsam gegenüber dem Lehramt und zur Selbstdisziplinierung in seiner Forschung ermahnt. Exegeten dürfen nicht »Korrektoren der Apostel« sein (vgl. Sancta Mater Ecclesia, Abs. XI).

Diese Instruktion hat bis heute für die Exegese Geltung und bedeutet durch die strikte Bindung an das Lehramt ein Gefängnis für jeden Exegeten. Daran hat auch das als so fortschrittlich gepriesene II. Vatikanische Konzil nichts geändert.

In vieler Hinsicht hat jene Instruktion auf den Inhalt des Konzilsdokument (»Dei verbum«) Einfluß gehabt.

So wurde in dieser Konstitution (1956) auch jene bibelwissenschaftliche Lehre von den »drei Entwicklungsstufen bei der Entstehung der Evangelien« angenommen (vgl. »Dei verbum«, Kap.V, Nr. 20).

Ebenso rief das Konzil die Kirche (vor allem katholische Exegeten) auf, sich dem »Studium der Väter des Ostens wie des Westens und der Heiligen Liturgie« zu widmen (vgl. »Dei verbum«, Kap. V, Nr. 23).

Mit diesem Konzilstext hatte die Kirchenversammlung in Rom der eigenen Kirche sowie der Welt die »echte Lehre über die göttliche Offenbarung und ihre Weitergabe« (»Dei verbum«, Nr. 1) vorgelegt. Sie definierte das »Offenbarungsgeschehen« (vgl. Kap.I), zeigte das Verhältnis von Heiliger Schrift und kirchlicher Tradition auf (vgl. Kap.II), betonte die Urheberschaft Gottes bei der Heiligen Schrift sowie die alleinige Urteilsfähigkeit der Amtskirche bei der Erklärung und Auslegung der Schrift (vgl. Kap.III) und hob die Bedeutung des Alten Testamentes (vgl. Kap.IV) und des Neuen Testamentes (vgl. Kap.V) hervor. Am Schluß der Konstitution wies das Konzil auf den großen Stellenwert der »Heiligen Schriften« und der »Heiligen Überlieferung« für den Glauben (»höchste Richtschnur«) und für das gesamte Leben der Kirche hin (vgl. Kap.VI).

In diesem letzten Kapitel wurde auch allen Bischofskonferenzen der Weltkirche der Auftrag erteilt, für die Gläubigen eine neue Bibelübersetzung in deren Landessprache erarbeiten zu lassen (vgl. »Dei verbum«, Kap.VI, Nr. 22).

Seit diesem Konzil ist der Auftrag, neue Übersetzungen in den verschiedenen Sprachen aus dem Urtext zu erarbeiten, in vielfacher Hinsicht erfüllt worden.

So wurde an einer Neuausgabe der lateinischen Übersetzung (»Nova Vulgata«) gearbeitet. Die *Vulgata*, jene Übersetzung des Hieronymus, war ja stets die maßgebliche lateinische Bibelübersetzung für den gesamten kirchlichen Gebrauch gewesen und vom Konzil von Trient (1546) zum »authentischen« Text der Bibel erklärt worden.

Erst unter Papst Pius X. wurde 1907 ein Revisionsprozeß der Vulgata eingeleitet, der zum Ziel hatte, den Text gründlich zu überarbeiten. Unter den Päpsten Pius XI. und Paul VI. wurde diese Überarbeitung vorangetrieben. 1933 gab Papst Pius XI. den Impuls für die Einsetzung einer päpstlichen Kommission zur Revision der Vulgata, und Papst Paul VI. setzte sie dann 1965 wirklich ein.

Von 1969 bis 1977 wurde an diesem neuen Werk unter wissenschaftlicher Anleitung nach den modernsten exegetischen Methoden gearbeitet. Am 25. April 1979 stellte Papst Johannes Paul II. die *Nova Vulgata* (»Neo-Vulgata«) feierlich der Öffentlichkeit vor.

Nach etwa 1600 Jahren war endlich eine neue lateinische Übersetzung von der römisch-katholischen Kirche mit den besten und wissenschaftlich gesichertsten Methoden erarbeitet worden!

Aber leider ist auch diese »Nova Vulgata« eher unzulänglich, da sie die groben Fehler der alten Vulgata beibehalten hat.

Seit 1967 hatte Kardinal A. Bea Vorgespräche zur Gründung der Katholischen Weltbibelförderation geführt, deren vorrangiges Ziel es ist, in allen Ländern der Erde neue Bibelübersetzungen und biblische Studien zu fördern. 1969 fand schließlich die Gründung dieser Förderation statt.

Außer den neuen Bibelübersetzungen widmete sich diese Vereinigung im Auftrag des Konzils dem sogenannten »Bibelapostolat« sowie der ökumenischen Zusammenarbeit aller christlichen Kirchen in der Förderung des Verständnisses für die Heilige Schrift.

Schon vor dem II. Vatikanischen Konzil hatte die Deutsche Bischofskonferenz aufgrund einer Denkschrift des Katholischen Bibelwerkes Stuttgart den Beschluß gefaßt, eine neue Bibelübersetzung aus dem Urtext erarbeiten zu lassen. Man wollte damit eine Grundlage für den kirchlichen Gebrauch besitzen, die es den Verantwortlichen in Pfarre und Schule ermöglichen würde, einen besseren Zugang zum Wort Gottes zu verschaffen.

So wurden von der Konferenz die Bischöfe J. FREUNDORFER, C. J. LEIPRECHT und E. SCHICK, später auch der österreichische Weihbischof A. STÖGER mit dieser Aufgabe betraut. Diesen Beauftragten gab die Konferenz einen Fachausschuß aus Exegeten, Katecheten und Liturgikern zur Seite, um die Übersetzung nach den neuesten Erkenntnissen der theologischen Wissenschaft anzufertigen und dabei der neuen Fassung auch ein angemessenes Sprachgewand zu geben.

Wie gesagt, benützte die katholische Kirche bis dahin Übersetzungen, denen die Vulgata als ausschließliche Vorlage gedient hatte oder bei denen sie in besonderer Weise berücksichtigt worden war.

1962 begannen die Arbeiten an den Übersetzungen. Kurz darauf gestattete das II. Vatikanische Konzil den Gebrauch der Landessprache in der Liturgie (vgl. Konstitution über die Heilige Liturgie: Sacrosanctum Concilium 1963, Nr. 36).

Daraufhin schlossen sich alle katholischen Bischöfe des deutschen Sprachraumes diesem Vorhaben an, das dann unter dem Projektnamen *Einheitsübersetzung* lief.

Gottesdienst und Schule in allen Diözesen sollten einen »einheitlichen biblischen Text« für den täglichen Gebrauch zur Verfügung haben. Die einheitliche Textfassung sollte sich dem Ohr des Gläubigen dauerhaft einprägen und auch für den Gebrauch der Bibel in der Öffentlichkeit (Presse, Rundfunk, Fernsehen) von großem Nutzen sein. Diese Ziele der Initiatoren galt es zu erreichen.

Die Texte sollten nicht nur gut geeignet zum Vorlesen sein, sondern auch, wo das zutraf, für das Singen. Da dies vor allem für den Gottesdienst bei manchen biblischen Texten (Psalmen, Lesungen bei Hochfesten u.a.) notwendig ist, wurden neben den genannten Fachkräften qualifizierte Leute aus den

Bereichen Kirchenmusik und der deutschen Sprache als Berater hinzugezogen.

Von Anfang an strebten die katholischen Bischöfe die Mitarbeit der evangelischen Kirche an. So beteiligte sich von Beginn an die »Evangelische Michaelsbruderschaft« durch Beauftragte an diesem Projekt.

Nachdem sich Kardinal AUGUSTINUS BEA, erster Leiter des Sekretariats für die Einheit der Christen, und der evangelische Bischof KURT SCHARF, Vorsitzender des Evangelischen Kirchenrates in Deutschland, auf einem Treffen zur Zusammenarbeit beider Kirchen entschlossen hatten, beteiligte sich die evangelische Kirche vorerst an der Übersetzungsarbeit der Psalmen und der gemeinsamen Sonntags- und Festtagslesungen.

Über dieser gemeinsamen Arbeit wurde 1970 der erste Vertrag zwischen dem Verband der Diözesen Deutschlands, dem Evangelischen Kirchenrat in Deutschland und dem Evangelischen Bibelwerk geschlossen.

Ein wichtiges Ergebnis der Zusammenarbeit war die Einigung über die einheitliche deutsche Wiedergabe der biblischen Eigennamen, sowie der Bezeichnungen für Orte, Landschaften, Maße und Gewichte. Dieses »Ökumenische Verzeichnis der biblischen Eigennamen« wurde 1972 veröffentlicht.

Ab 1970 erschienen ständig Übersetzungen einzelner biblischer Bücher im Druck (1972: vorläufige Fassung des Neuen Testaments; 1974: vorläufige Fassung des Alten Testaments).

Nachdem diese vorläufigen Fassungen auch in die liturgischen Bücher gekommen waren, riefen die Bischöfe »alle Urteilsfähigen« auf, Kritik zu üben und Verbesserungsvorschläge zu machen.

Es wurden zugleich Gutachten erstellt, die die Zuverlässigkeit und Richtigkeit der Übersetzungen gegenüber dem Urtext, aber auch in der sprachlichen Ausdrucksform bestätigen sollten. Damit wurde die »Gesellschaft für Deutsche Sprache« in Wiesbaden beauftragt.

1971 erschien die vorläufige Fassung der Psalmen als Ergebnis einer ökumenischen Arbeitsgruppe, die 1974 ihre Arbeit endgültig abschloß.

Ab 1975 begann die Revisionsarbeit der vorläufigen Fassung der gesamten Bibel durch eine eigens dafür von den Bischöfen bestellte »Revisionskommission« (Vorsitz für das *Neue Testament:* Bischof E. SCHICK; Vorsitz für das *Alte Testament:* Weihbischof J. PLÖGER).

Die zahlreichen Stellungnahmen und Verbesserungsvorschläge lieferten der Kommission eine große Hilfe für die endgültige Fassung des Textes.

In dieser Zeit der Revisionsarbeit erweiterte die evangelische Kirche ihre Mitarbeit auf die Übersetzung des gesamten Neuen Testaments.

Im Februar 1978 approbierte die Deutsche Bischofskonferenz die Endfassung der Einheitsübersetzung, und auch die anderen Bischöfe der deutschsprachigen Gebiete in Europa folgten mit ihrer Approbation.

Der Evangelische Kirchenrat begrüßte die gesamte Arbeit. Die Deutsche Bischofskonferenz beurteilte den Endtext in der Überzeugung, »Daß die nun vorliegende Übersetzung der Heiligen Schrift den Entscheidungen des II. Vatikanums gerecht wird, den katholischen und nichtkatholischen Christen wie auch der Kirche Fernstehenden einen sprachlich verständlichen und wissenschaftlich gesicherten Zugang zur Botschaft der Heiligen Schrift zu bieten ... Ihr (der Einheitsübersetzung) fehlt es nicht an dichterischer Schönheit, Treffsicherheit des Ausdrucks und Würde biblischer Darstellungskraft« (vgl. Einleitung der Bischöfe zur *Einheitsübersetzung*).

Über 60 Übersetzer und Mitarbeiter, sowie 11 Beauftragte

für die Revision arbeiteten an den alttestamentlichen Texten, und fast ebenso viele Übersetzer und Mitarbeiter, zusammen mit 24 Revisionsbeauftragten, beteiligten sich an der Neufassung des Neuen Testaments.

Leider hat diese große Zahl an Fachleuten aber nicht ausgereicht, die entscheidenden Fehler in den bisherigen Bibelübersetzungen (vor allem des Neuen Testamentes) zu entdecken. Diese Fachleute haben sich zwar in der Wortwahl für zeitgemäßere Formulierungen entschieden, aber sie haben nicht erkannt, daß der griechische Urtext des Neuen Testamentes oft völlig anders lautet, als sie ihn übersetzt haben.

Noch bedauerlicher ist, daß auch bei der *Neo-Vulgata*, sowie bei allen Bibeln in den verschiedensten Landessprachen – jene großen Übersetzungsfehler im Neuen Testament erhalten geblieben sind.

Doch auch in anderen Bibeln, die nicht von den großen christlichen Kirchen bestätigt worden sind (zum Beispiel in der Bibel der Wachturm-Gesellschaft), sind die gleichen Fehler in den neutestamentlichen Übersetzungen vorhanden und nicht korrigiert, weil meistens die traditionellen Bibelvorlagen für Übersetzungsarbeiten herangezogen wurden.

So kann man sagen, daß die christliche Botschaft, so wie sie im griechischen Urtext zu lesen ist, bis heute von keiner christlichen Kirche oder Religionsgemeinschaft den Menschen klar vorgelegt worden ist.

Stets »stritt« man in der theologischen Wissenschaft um Positionen, die sich aber nur an der Oberfläche der wirklichen Probleme der Menschen bewegten und ihnen daher nicht tiefgreifend halfen.

Seit vielen Jahrhunderten gibt es keine wirklich befriedigenden Antworten auf die Frage der Menschen, was denn an der Botschaft der Kirche froh machen solle, wenn sie von Gottes Liebe und seiner Erlösung spricht.

Menschen, die in diese Richtung Fragen stellten, erfuhren

meist die Antwort, sie seien »notorische Ketzer«, »Irrlehrer«, »Antichristen«, »Zerstörer der kirchlichen Ordnung«, »Antiklerikale«, »Kirchenhetzer«, »Kirchenverräter« und vieles, vieles mehr.

Wieviele Menschen mußten wegen solcher Worte oder Haltungen des Zweifels an der Kirche und ihrer Lehre qualvoll auf Scheiterhaufen, die für angebliche Hexen und Ketzer errichtet worden waren, verbrennen? Wieviele mußten im Namen des Kreuzes auf den Schlachtfeldern sterben, weil Päpste sie unter Berufung auf den Willen Gottes und fehlerhafte Bibelübersetzungen aufriefen, die heiligen Stätten von Heiden zu säubern?

Jacob Kremer, ein bedeutender katholischer Exeget an der Universität Wien, hat in einer kleinen Veröffentlichung geschrieben: »Jede Übersetzung setzt ... immer schon eine bestimmte Interpretation voraus« (Jacob Kremer, Die Bibel lesen – aber wie?, Stuttgart 1978, S. 37).

Welche Interpretation die christlichen Kirchen da immer vorausgesetzt haben, liegt seit Jahrhunderten fest. Die kirchlichen Dokumente, theologischen systematischen Werke, Katechesen, liturgischen Texte und andere religiöse Schriften sind voll von dieser »bestimmten« Interpretation des Christentums, die mit Freude und Fröhlichkeit nicht viel zu tun hat.

Es ist mehr eine Doppelmoral vorhanden, die bei den christlichen Kirchen ihre jeweils eigene Spielart entwickelt hat.

Der »glückliche« Priester oder Mönch oder die Nonne, die von der römisch-katholischen Kirche öffentlich zur Schau gestellt werden, aber in Wirklichkeit ihre Einsamkeit nicht verkraften, weil sie innerlich und äußerlich jahrzehntelang aufgrund von Zölibats- und Ordensgesetzen gequält werden und sich auch selbst in dieser »Knechtschaft« halten, im »Glauben«, Jesus Christus nachzufolgen und ihm zu dienen, »spielen« so gut wie möglich ihre Rollen ...

Was kann nun alles als Erfolg beziehungsweise als negative Folgen der neuen Bibelübersetzung genannt werden?

Das prinzipiell Positive an der Übersetzung ist, daß sich die katholische Kirche mehr als bisher bemüht, den Menschen die Bibel verständlich zu machen.

Nach dem Konzil hat sie gleich den ersten Schritt getan, indem sie im Gottesdienst und natürlich auch bei den biblischen Texten die Landessprache erlaubte. Damit hat sie zumindest ein kleines Zeichen gesetzt, daß sie den Menschen wirklich die Frohe Botschaft Gottes nahebringen will.

Natürlich bleibt weiterhin die Frage offen, ob man beim Lesen oder Hören dieser Übersetzung froh und glücklich wird, oder nicht vielmehr weiterhin verständnislos und sogar verwirrt bleibt.

Ein weiteres positives Zeichen im Zusammenhang mit der neuen Bibel ist die Tatsache, daß die evangelische und die katholische Kirche durch ihre Zusammenarbeit einen Schritt in Richtung Versöhnung getan haben.

Trotzdem ist das Leid wegen der Differenzen zwischen den verschiedenen christlichen Konfessionen an vielen Orten der Welt bis heute noch sehr groß. Macht sich das Christentum als Ganzes nicht unglaubwürdig, wenn es da Nicht-Christen die Botschaft von der Liebe predigt?

Wenn man nun die negativen Folgen aufzählt, die wegen all der neuen Bibelübersetzungen (Neo-Vulgata, Bibeln in verschiedenen Sprachen) aufgetreten sind, so müssen auch die Gründe genannt werden, warum es zu dieser groben Fehlerhaftigkeit gekommen ist. Einiges darüber wurde schon gesagt.

Die Übersetzer und ihre Mitarbeiter standen nicht nur unter dem Druck der Traditionalisten in der römisch-katholischen Kirche, die sich gegen viele Reformen des Konzils wehrten und manches kategorisch ablehnten, sondern sie hatten auch ihre Verpflichtungen gegenüber dem Lehramt, das sie durch die Päpstliche Bibelkommission und die römische Glaubenskongregation kontrollierte.

So waren sie von vornherein nicht frei, über »bestimmte Grenzen« hinaus zu forschen, ob möglicherweise eine andere Übersetzung der Grundaussage des Urtextes mehr entsprach.

Von der Einschränkung und Behinderung der Forschung in der Bibelwissenschaft war ja schon die Rede.

Daher hatten in dieser Bibelübersetzung die Lehre der Kirche (= Tradition) und das Lehramt über die wahren Aussagen der neutestamentlichen Texte (Evangelien) »gesiegt«.

Weitere Gründe, warum man die Fehler in den Übersetzungen nicht entdeckte, hängen mit der pessimistischen Haltung bzw. Stimmung zusammen, die sowohl in den christlichen Kirchen als auch in der Gesellschaft vorherrschten. Der Pessimismus in der Kirche förderte die Entstehung einer schlechten Übersetzung und verhinderte die Entdeckung der Fehler.

Andererseits erhält und fördert diese fehlerhafte Übersetzung den Pessimismus in Kirche und Gesellschaft, der als einzig reale Betrachtung und Deutung von Mensch und Welt gesehen wird.

So »stützt« eine negative Geisteshaltung die andere. Auch Kirche und Gesellschaft stehen in einer »pessimistischen Wechselbeziehung«.

Ein dritter Grund für das Nichterkennen der Übersetzungsfehler ist die »Betriebsblindheit« des Klerus, der in einer lebens- und liebesfeindlichen Haltung zölibatär lebt und nicht bemerkt, daß er mit einer falschen Interpretation an den griechischen Text herangeht und ihn demenentsprechend »übersetzt«.

Laien wurden zwar in die Übersetzungsarbeit miteinbezogen, da sie seit dem II. Vatikanischen Konzil als Assistenten an bibelwissenschaftlichen Instituten der Universitäten tätig sein dürfen; aber die Kleriker geben den Ton an.

Denn de facto wird in der römisch-katholischen Kirche das ehelose Priester- und Mönchstum immer noch höher und als der »bessere und klügere Weg« bewertet, um den rechten Willen Gottes zu erkennen und die Bibel mit ihren Aussagen korrekt zu verstehen.

Die Fehler wurden auch deshalb nicht erkannt, weil man in der Kirche eine bestimmte Haltung nicht aufgeben will, die man als »Demut vor den Widersprüchlichkeiten und Unklarheiten« in der Bibel bezeichnen kann.

Papst LEO XIII. sagte dies in seinem Schreiben über das Studium der Heiligen Schrift: »Providentissimus Deus« (1893) mit folgenden Worten:

»Keiner soll sich anmaßen, die ganze Schrift richtig zu verstehen. Augustinus hat bekannt, es sei mehr, was er nicht verstehe, als was er verstehe. Wer deshalb auf eine Stelle stößt, die zur Erklärung zu schwer ist, der soll mit der Vorsicht und dem Maß desselben heiligen Lehrers bekennen: Besser ist es, sich beugen zu lassen unter unbekannten Zeichen, die uns zum Nutzen gegeben sind, als in nutzlosen Erklärungsversuchen den Nacken diesem Joch zu entziehen und ihn dafür in den Schlingen des Irrtums zu verstricken« (vgl. Josef Neuner, Heinrich Roos, Der Glaube der Kirche in den Wirkungen der Lehrverkündigung, Regensburg 1986, Nr. 110, S. 87).

Die Fehler wurden auch deshalb nicht erkannt, weil man aus wissenschaftlichem Hochmut heraus bestimmte philosophische Geistesströmungen, wie beispielsweise jene des *Positiven Denkens* (Dr. JOSEPH MURPHY, *Die Macht Ihres Unterbewußtseins.* 57. Auflage, Ariston Verlag, Kreuzlingen/München 1996; NAPOLEON HILL, NORMAN VINCENT PEALE) ignoriert oder gar als sektiererisch ablehnt, anstatt aus ihnen wertvolle Impulse zu beziehen.

Ebenso haben Mißtrauen und Skepsis in der gesamten katholischen Kirche gegenüber dem Denken der Aufklärung verhindert, ein offenes und fruchtbares Klima zu schaffen, in dem man es hätte wagen können, die Richtigkeit mancher Textstellen in den traditionellen Bibeln anzuzweifeln.

Der meinungsmachenden Mehrheit der Traditionalisten in der römisch-katholischen Kirche fällt es schwer, den Menschen in seiner Freiheit, Mündigkeit und Vernunftfähigkeit zu sehen (IMMANUEL KANT). Demokratie ist vielen von ihnen ein Dorn im Auge, weil sie um ihre »höheren« Ämter fürchten und in der Gleichberechtigung zwischen Klerus und Laien eine Gefährdung der herkömmlichen kirchlichen Machtstrukturen sehen.

Die römisch-katholische Kirche wehrt sich trotz der vielen Erneuerungen durch das Konzil gegen einen wirklich überzeugenden Weg. Das zeigen eben auch ihre pessimistisch geprägten Bibelübersetzungen und deren negative Auswirkungen und Folgen. Da die Bibel die Grundlage für alle Lehraussagen, Predigten, ja alle Formen der Verkündigung in Gemeinde und Schule darstellt, zeigt sich dieser Pessimismus von den Teilnehmern am Gottesdienst bis hin zu den frustrierten Schülern, die im Religionsunterricht sitzen.

Die Gründe für die Enttäuschungen sind immer die gleichen: »Die Kirche kann mir nichts sagen, weil sie nicht wirklich Antworten auf meine offenen Lebensfragen hat«.

Wieviele Menschen treten aus der Kirche aus, weil die Widersprüche, die man auch in der neuen Bibelübersetzung findet, das Leben der kirchlichen Amtsträger, aber auch der guten »Vorzeige-Christen« prägen. Es fällt der römisch-katholischen Kirche, aber auch anderen offensichtlich sehr schwer, eine seit Jahrhunderten eingefahrene »falsche Schiene« zu verlassen und die »Bahnstrecke« neu zu verlegen.

Geschehen aber keine Veränderungen, so wird es für die Kirchen immer schwerer werden, den Menschen bei ihren Lebensproblemen grundlegend zu helfen – oder anders: Die Kirche wird nie wirklich verständlich machen können, was Jesus als »Frohe Botschaft Gottes« verkündet hat.

Die exegetischen und philologischen Ursachen der Übersetzungsfehler im Neuen Testament

Im vorhergegangenen großen Abschnitt wurden Gründe betrachtet, aus denen heraus die neutestamentlichen Übersetzungsfehler entstanden sind, wobei die historische Sicht der Sachlage im Vordergrund stand.

Aus der Geschichte der Kirche beziehungsweise der christlichen Kirchen wurde anhand der Biographien und Zeitumstände der jeweiligen Bibelübersetzer gezeigt, daß die Fehler zum Teil deswegen entstanden, weil sie aufgrund ihrer Bildung und Schulung und ihres speziell ausgerichteten Denkens diese in den ihnen vorliegenden Übersetzungen (*Vulgata*) nicht sahen und zum Teil wegen ihrer pessimistischen Lebenseinstellung auch nicht wirklich wahrhaben wollten.

Ihr Leben, das in vielen Fällen von einer strengen religiösen Erziehung mit einem furchteinflößenden Gottesbild geprägt war, ihre Vorstellungen von Ehelosigkeit und Mönchstum, ihre Frustrationen und »inneren Kämpfe« sowie der Druck seitens hoher kirchlicher Autoritäten (Papst, Inquisition u. v. a.), behinderten eine vorurteilslose und zielführende Übersetzungsarbeit.

Es mag aber in diesem Entscheidungsprozeß der Übersetzer noch etwas mitgespielt haben, was man mit »kirchlicher Machtgier« oder Karrieresucht in der Ämterhierarchie bezeichnen könnte.

An Machtgier und Karrieresucht kann man vor allem bei Hieronymus und seiner *Vulgata* denken, weil ihm ja wahrscheinlich das Papstamt von seinem Gönner in Aussicht gestellt worden war.

Daß es dann keinen Papst Hieronymus in der Geschichte gegeben hat, mag mit seinem übertriebenen Machtstreben nach der kirchlichen Leitungsgewalt zusammenhängen.

Durch seine radikal fanatische und lebensverneinende Haltung, die sich vor allem in seinen extremen Forderungen nach Askese und Leibabtötung ausdrückte, hat er die Würde des Menschen mit Füßen getreten. Dies wird auch durch seine Bibelübersetzung deutlich.

Im folgenden Abschnitt sollen nun Gründe aus der Sicht der Exegese und Philologie genannt werden, die zu der Tatsache führten, daß durch die Nichtbeachtung wichtiger Grundsätze, Regeln und historischer Fakten falsche Bibelübersetzungen zustande gekommen sind.

Es würde allerdings den Rahmen dieses Buches sprengen, wenn bei dem großen Problemfeld der Übersetzungsarbeit in den vielen Jahrhunderten jeder falsche »Übersetzungsschritt« gezeigt werden würde.

So mußte eine Auswahl bei den Bibelübersetzungen getroffen werden. In der folgenden Darstellung werden vor allem die Übersetzungsfehler in der Vulgata, der King-James-Version und der deutschen Einheitsübersetzung behandelt werden, die sowohl für die römisch-katholische Kirche wie auch für die anglikanische und die evangelische Kirche bedeutungsvoll sind.

7
Die Arbeit an der Bibelübersetzung und die wichtigsten Grundregeln für das Neue Testament

Allgemein ist zur Arbeit der Bibelübersetzung zu sagen, daß man eine gute, korrekte und sinnvolle Übersetzung nur dann erhält, wenn sie aus dem Urtext, soweit er eben vorliegt, vorgenommen und ausgeforscht wird.

Andere Übersetzungen können, aber müssen nicht für den Übersetzer eine Hilfe sein. Die Problematik liegt darin, daß in den späteren Übersetzungen ein eigener, selbständiger Interpretationsvorgang mitgespielt hat, der die ursprüngliche Aussage verfälscht haben kann.

Bei jeder Übertragung legt der Übersetzer auch seine eigene Deutung hinein, die mit der Intention des ursprünglichen Verfassers übereinstimmen oder aber ihr auch teilweise widersprechen kann.

Von diesem der Übersetzungsarbeit immanenten Interpretationsvorgang soll später noch die Rede sein.

Beim Übersetzen des Neuen Testaments müssen meiner Erfahrung nach drei Grundsätze (bibelexegetische Grundaxiome) beachtet werden:

1. Axiom:
Alle diese biblischen Texte sind ohne gedankliche Unklarheiten, ohne »Brüche« im Text und Erzählungsverlauf sowie ohne Widersprüchlichkeiten, da die Verfasser ihr Werk (Evangelium, Brief u.a.) für die Leser und Hörer klar und unmißverständlich formuliert haben.

Jeder Verfasser wußte höchstwahrscheinlich, daß seine Schriften bei Versammlungen vorgelesen werden würden. Daher hat er sich in der Formulierung und Gestaltung seiner Texte darauf eingestellt.

So wurde auch beispielsweise der Urtext des Neuen Testaments in griechischer und nicht in lateinischer Sprache verfaßt, obwohl das Lateinische durch die Römer sehr verbreitet war. Die Mehrheit im römischen Imperium jener Zeit war in der griechischen Sprache bewandert; das zeigt ihre große Bedeutung für Handel und Schriftverkehr.

2. Axiom:
Alle Worte und Taten von Jesu Christi sind ausnahmslos für jeden Menschen eine »Frohe Botschaft Gottes«. Daher müssen alle neutestamentlichen Texte, vor allem die Evangelien, aus dieser Intention heraus übersetzt werden.

3. Axiom:
Über dieser Frohbotschaft steht keine kirchlich-lehramtliche Entscheidung und Aussage (Dogma, Konstitution, Erklärung, apostolisches Schreiben, moralisch-sittlicher Kodex u.a.). Übersetzungen müssen allein von jener Botschaft hergeleitet werden, und keine Institution darf direkt oder indirekt auf den Übersetzungsprozeß Einfluß nehmen oder ihm gar inhaltlich seine Prägung geben.

Die exegetische Arbeit muß daher frei vom Druck eines Lehramts erfolgen können.

Diese drei Axiome sind die Grundsäulen jeder korrekten und sinnvollen Bibelübersetzung. Dies gilt im besonderen für die Briefe des Paulus, der in ihnen ja, wie berichtet, eine eigene Theologie vertritt. Vor allem müssen deshalb alle Texte der Evangelisten so übersetzt werden, daß sie nicht ins tendenziöse Fahrwasser der paulinischen Theologie geraten.

Da nach dem ersten Axiom alle neutestamentlichen Schriften in sich keine unlogischen und widersprüchlichen Aussagen haben dürfen, liegt die Situation vor, daß keine herkömmliche Übersetzung ohne kritische Prüfung von vornherein als richtig angenommen werden darf, denn in allen neutestamentlichen Übersetzungen gibt es eine große Anzahl an Widersprüchlichkeiten und Unsinnigkeiten: zum Beispiel jenen schon angeführten groben Widerspruch, daß Jesus, der Friedensbringer, einmal gesagt haben soll, er sei nicht gekommen, um Frieden, sondern um das Schwert auf die Erde zu bringen (Mt 10,34).

Von der korrekten Übersetzung dieses Textes soll später die Rede sein.

Da man in der Bibelwissenschaft der christlichen Kirchen nie solchen oder ähnlichen Axiomen Beachtung schenkte, war es auch nicht möglich, die *Evangelien* (wörtlich: die Frohbotschaft) wirklich als solche zu übersetzen.

Stets blieben die Bibelleser mit Ungereimtheiten und ungelösten Fragen alleingelassen, zum Beispiel der: »Wo kann ich die Liebe Gottes entdecken, wenn Jesus Händler mit einer Peitsche aus dem Tempel treibt?« (vgl. Joh 2,15).

Auch diese Frage wird im nächsten Kapitel beantwortet werden.

8
Die exegetisch-historischen Ursachen für die Fehlerhaftigkeiten in den Bibelübersetzungen (besonders: im Neuen Testament) und die Folgen für das Christentum

Mit großem Bedauern muß zur Kenntnis genommen werden, daß auch bei den neueren Übersetzungen, zum Beispiel der *Einheitsübersetzung* (1980), die Exegeten ihr Ziel, eine wissenschaftlich gesicherte und korrekte Übersetzung zu erhalten, nicht erreicht haben.

Weshalb nicht? *Erster Grund* aus der Sicht der Exegese war, daß trotz der Kenntnis und Anwendung spezieller bibelwissenschaftlicher Methoden zuwenig der sogenannte »Kontext« (Gesamtzusammenhang) der verschiedenen Kapitel, Textabschnitte beziehungsweise Verse beachtet wurde.

So wurden in Texten oft Absätze oder Neuanfänge mit Überschriften eingeleitet, wo der Text jedoch sinngemäß weitergehen müßte. Damit wurde nicht nur die Einheit des Textes zerschlagen, sondern auch dem ursprünglichen Text Sinngehalt und Aussage geraubt.

Ein Beispiel aus der *Einheitsübersetzung:* Im 16. Kapitel des *Lukas-Evangeliums* erzählt JESUS ein Gleichnis von einem wohlhabenden Mann, der einen betrügerischen Verwalter bei sich angestellt hat (Lk 16,1-8).

Der Übersetzer der Einheitsübersetzung macht nach dem Vers 8 eine neue Überschrift: »Vom rechten Gebrauch des Reichtums«.

Da fragt sich der Leser augenblicklich, was Jesus mit dieser Geschichte sagen wollte. So entsteht ein Bruch in einer Texteinheit, die größer ist und nicht nur aus den Versen 1-8 besteht. Der gesamte Textabschnitt reicht bis Vers 15 (das Gleichnis: V. 1-8, Kommentar zum Gleichnis: V. 9-15).

Auch im nächsten Satz (V. 9) findet der Leser keine befriedigende Antwort auf die Frage nach dem Sinn und der Aussage des Gleichnisses. Im Gegenteil, er wird noch mehr verwirrt, wenn er zuerst eine Geschichte über einen betrügerischen Verwalter hört und dann folgenden Satz liest:

»Ich sage euch: Macht euch Freunde mit Hilfe des ungerechten Mammons, damit ihr in die ewigen Wohnungen aufgenommen werdet, wenn es (mit euch) zu Ende geht« (Einheitsübersetzung: Lk 16,9).

Stellt hier Jesus den Mammon (= »schmutziges« Geld, Geld aus Verbrechen, Götze für Geldgier) und das Verbrechen als etwas Positives dar? Dem Leser bleiben viele Fragen ungeklärt. Aber auch der ganze Textabschnitt ist unverständlich, wenn der Übersetzer einige Verse später Jesus sagen läßt: »Keiner kann zwei Herren dienen ... ihr könnt nicht beiden dienen, Gott und dem Mammon« (EÜ: Lk 16,13).

Wo ist da die Logik? Auf die korrekte Übersetzung des Verses Lk 16,9 wird noch später eingegangen werden.

Der *zweite Grund* für die Fehlerhaftigkeit der Übersetzungen ist, daß bei der Übertragungsarbeit zuwenig die zeitgeschichtlich bedingten Faktoren beachtet wurden, die jedoch nicht nur für die Erklärung und Auslegung des betreffenden Textes von höchster Bedeutung sind, sondern auch bei der Wahl der bestimmten Bedeutung des griechischen Wortes oder der Wortgruppe unbedingt beachtet werden müssen.

Wenn nämlich bestimmte historische Fakten ignoriert oder übergangen werden, kann bei der Übersetzung des betreffenden Textes eine völlig andere Aussage und ein falsches Verständnis für den Leser entstehen.

Noch ein Beispiel aus der *Einheitsübersetzung:* Im *Markus-Evangelium,* aber auch in den anderen synoptischen Evangelien (Mt, Lk), findet man die sogenannte »Rede über die Endzeit« (Mk 13,1-37).

Diese vom Übersetzer gesetzte Überschrift führt den Leser bereits auf einen Irrweg, genauso wie die Überschriften »Vom Kommen des Menschensohnes« (Mk 13,24) und »Mahnungen im Hinblick auf das Ende« (Mk 13,28).

Welches wichtige historische Faktum wurde in diesem Textabschnitt (V. 1-37) nicht oder zuwenig beachtet? Die Zerstörung des Tempels von Jerusalem und der gesamten Stadt um 70 n. Christus.

Es war, geschichtlich gesehen, der Höhepunkt und das furchtbare Ende des Krieges zwischen den Juden und den Römern in Palästina von 66 bis 70 n. Chr. (Jüdischer Krieg).

Mit dem Tempel machten die Römer auch die gesamte Stadt Jerusalem dem Erdboden gleich. Der geschichtliche Bericht dieses schrecklichen Ereignisses steht ausführlich bei dem Historiker FLAVIUS JOSEPHUS in seinem Buch *Der Jüdische Krieg.*

Dieses Ereignis war nicht nur eine Katastrophe für das ganze jüdische Volk, auch die Römer selbst und vor allem ihr Feldherr Titus waren davon erschüttert. Diesen Eindruck erhält man beim Lesen des Berichtes von Flavius Josephus, wenn er den Sturm der römischen Legionäre auf den Tempel und sein Heiligtum schildert. Dabei war Titus die Führung seiner Heere zum Teil völlig aus den Händen geglitten. Sein Tagesbefehl an die Truppen hatte nämlich gelautet: Schonung des Heiligtums. Die römischen Legionäre haben es jedoch in Brand gesetzt.

Das Schlimmste an der Zerstörung des Tempels war die Verheerung im Innern bzw. des religiösen Bewußtseins des jüdischen Volkes. Es war eine geschichtliche Tragödie, die der Identität der jüdischen Religion schwere Wunden schlug.

So erschütterte es nicht nur den Tempel bis zu seinen Grundmauern, sondern es brachte auch dem Glauben jedes einzelnen Juden schwere Risse bei, der den Tempel als die »heilige Stätte«, als »Wohnung Gottes« sah, in dem jener seinen »Namen wohnen« ließ (vgl. 1 Kg 9, 1-8: Worte Gottes an Salomo beim Tempelbau).

Hier war das Zentrum allen religiösen Lebens, wo auch das höchste Fest der Juden, das Paschafest, feierlichst begangen wurde. Jener Festakt wurde zur Erinnerung an die Befreiung Israels aus der »Knechtschaft Ägyptens« abgehalten. Dieser Ritus konnte hier nun nicht mehr stattfinden.

Auch die religiösen Führer, der Hohepriester und sein Hoher Rat mit ihrer religiösen Gerichtsbarkeit, verloren damit zur Gänze ihr Ansehen, ihre Autorität und den Ort, an dem sie ihre »Herrschaft« ausüben konnten.

Dieses Ereignis mit seinen weitreichenden Auswirkungen muß hinter der Rede von Jesus über die Tempelzerstörung mitbedacht werden (vgl. Mk 13,1).

Allein um diese Begebenheit geht es im Text des *Markus-Evangeliums*, Kapitel 13, aber nicht um das Weltende, wie es fälschlicherweise von den Übersetzern interpretiert und mit dieser Intention übersetzt worden ist.

Daß es hier um die Ankündigung der Tempelzerstörung geht, zeigen im Text schon die Verse Mk 13,1-8, 14-20. Noch genauer wird dies im Paralleltext des *Lukas-Evangeliums* gesagt, wo sogar die Rede davon ist, daß Heere die Stadt Jerusalem einschließen und sie dann verwüsten (vgl. Lk 21, 20ff.; auch: Lk 19,41-44).

Nicht nur falsche Überschriften wurden in der Einheitsübersetzung eingefügt, auch bestimmte Sätze im Markustext wurden aufgrund jener unrichtigen Annahme (»Ende der Welt«, Parusie) unkorrekt übertragen.

So heißt es in der Einheitsübersetzung bei Markus 13,7: »Wenn ihr dann von Kriegen hört und Nachrichten über Kriege euch beunruhigen, laßt euch nicht erschrecken! Das muß geschehen. Es ist aber noch nicht das Ende«.

Sieht man jedoch in den griechischen Urtext, so spricht Jesus nicht vom »Ende« (der Welt), das »noch nicht« kommt, sondern es ist von etwas ganz anderem die Rede.

In jenem Vers spricht Jesus davon, daß die Jünger, wenn sie von Kämpfen und Kriegen hören, nicht zu sich sagen sollen, daß dies notwendig sei, und daß so etwas »keineswegs das Ideal« (griech. *telos*, auch: Bestimmung, das Vollkommene) ist. Der Krieg und der Kampf sollen also nicht als Konfliktlösung gesehen werden.

Auch im Vers Mk 13,10 lautet der Text der Einheitsübersetzung anders (»Vor dem Ende aber muß allen Völkern das Evangelium verkündet werden«) als das griechische Original. Hier ist wiederum nicht vom »Ende« die Rede, sondern davon, daß »zum erstenmal« (griech.: *proton*) allen Völkern die Frohe Botschaft verkündet werden soll.

Der Satz in der Einheitsübersetzung stellt für den gesamten Absatz (Mk 13,9-13) einen Bruch dar, weil er inhaltlich von etwas ganz anderem spricht.

Im nächsten Kapitel wird auch dieser Satz in seiner korrigierten Fassung wiedergegeben werden.

Auch an der Textstelle Mk 13,13 macht das Original eine andere Aussage. Der Vers in der *Einheitsübersetzung* lautet:

»Und ihr werdet um meines Namens willen von allen gehaßt werden; wer aber bis zum Ende standhaft bleibt, der wird gerettet«.

Der griechische Text aber hat zum Inhalt, daß die Jünger »wegen allen möglichen (Dingen) um meines Namens (Jesus) willen geschmäht werden«, daß jedoch derjenige, der »am Ziel festhält, wohlbehalten am Leben bleiben wird«. Es wird also wieder nichts vom Ende der Welt gesagt.

Die vollständige Übersetzung folgt.

Ähnlich ist es auch bei den Versen Mk 13,24-26 und 29:

Wenn im V. 26 vom »Kommen des Menschensohnes« gesprochen wird, so zeigt sich bei genauer Betrachtung, daß mit dieser Wendung auf einen alttestamentlichen Text bei dem Propheten Daniel angespielt wird (vgl. Vision des Daniel: Dan 7,1-28; besonders V. 13).

Dort wird aber nicht das »Weltende« beschrieben oder vorausgesagt (so haben möglicherweise die Essener diesen Text gedeutet), sondern es spricht der Prophet von einer Vision über das »messianische Reich«, das für die Menschen und im besonderen für das Volk Israel anbricht und eine Zeit bedeutet, in der Gott mit seiner »Herrschaft« der Liebe, des Friedens, der Treue und der Freundlichkeit die Völker »regiert«.

In diesem »messianischen Reich« erkennen die Menschen Gott und seinen »guten Weg« für sie.

Daher ist auch im Vers Mk 13,26 mit der Wendung vom »Kommen des Menschensohnes« nicht der Beginn des Weltunterganges mit Todesahnungen und Endgericht gemeint, sondern daß die »messianische Heilszeit« angebrochen ist. Für die Christen bedeutete dies im besonderen, daß mit der Zerstörung des Jerusalemer Tempels auch das Ende der Verfolgungszeit durch die jüdischen Führer (vgl. Apg: Berichte über SAULUS und seine Christenverfolgungen) gekommen war.

Das allein deutet Jesus in diesem Textabschnitt an.

Man darf nicht vergessen, welchen Druck die jüdischen Führer auf das gesamte jüdische Volk ausübten. Die Reden von Jesus sind voll von kritischen Worten darüber (z.B. Unterdrückung der Armen, Aussätzigen, Witwen). Der Tempel war auch ein Symbol der Machtausübung dieser religiösen Potentaten. Beispielsweise gab es im Tempel Zellen, in denen Aussätzige, aber möglicherweise auch Rebellen gegen die Führung eingesperrt waren.

Damit aber verliert der gesamte Text von der angeblichen »Rede über das Weltende« seine beängstigende Wirkung.

Denn als Frohe Botschaft kann der Text in der Fassung der Einheitsübersetzung von keinem Menschen verstanden werden, auch von demjenigen nicht, der versucht, den Lehren der Kirche peinlichst zu folgen. Er klingt keineswegs aufbauend und ermunternd, sondern versetzt die Menschen in Panik und schürt Unsicherheiten. Der griechische Urtext spricht jedoch eindeutig von froh- und freimachenden Worten durch Jesus.

Als *dritter Grund* für die falschen Bibelübersetzungen ist jener Umstand zu nennen, daß bei scheinbaren Unklarheiten im Text der Übersetzungsvorlagen (*Vulgata* u.a.) die große Anzahl von Möglichkeiten der griechischen Wortbedeutungen nicht genau genug abgewogen und leider unkritisch ausgewählt wurden. Dadurch kam als Ergebnis ein »unbefriedigender« Text zustande, der mit unverständlichen Aussagen den Leser verwirrt.

Zu schnell hat man sich auf einen Text festgelegt, der in seinem Inhalt und in seinen Aussagen mehr der Vorlage der traditionellen Übersetzungen entspricht, weil da von seiten der kirchlichen Autoritäten mit Sicherheit kein Widerspruch zu erwarten war (kirchliche Approbation).

Ein Beispiel dazu aus der *Einheitsübersetzung:*

In den letzten Reden von Jesus an seine Jünger im *Johannes-Evangelium* spricht er vom Gebot, andere so zu lieben, wie er es getan hat (Joh 15, 12). Dabei fällt der Satz, der von seiner Aussage her nicht nur in dieser Übersetzung (EÜ) so lautet:

»Es gibt keine größere Liebe, als wenn einer sein Leben für seine Freunde hingibt« (EÜ: Joh 15,13).

Hier fragt sich jeder nüchterne Leser, was Liebe mit dem »Hingeben seines Lebens« zu tun haben soll. Jener Übersetzer meint, daß Jesus von den Menschen verlangt, füreinander aus »Liebe« in den Tod zu gehen.

Rief Jesus seine Jünger aber wirklich zu einer solchen Tat auf?

Noch unverständlicher wird die Aussage, wenn man sich an die bedeutenden Worte von Jesus über die Liebe in den synoptischen Evangelien (Mk, Lk, Mt) erinnert, wo er über die Gottes-, Selbst- und Nächstenliebe spricht (vgl. Mk 12,29-31).

Wenn im *Johannes-Evangelium* von derselben Person wie in den übrigen Evangelien die Rede sein sollte, so hätte sich Jesus mit seiner Aussage über das Sterben aus Liebe für andere völlig verändert. Denn mit einem solchen Sterben würde man gröbstens gegen die Selbstliebe und die Liebe zu Gott verstoßen, weil dieser ja den Menschen das Leben zu einem Geschenk gemacht hat.

Sterben aus angeblicher Liebe ist nicht Liebe, sondern falscher Heroismus.

Prüft man nun den griechischen Urtext, so entdeckt man etwas sehr Interessantes.

Das griechische Wort, das in der Einheitsübersetzung mit »hingeben« übersetzt wurde, heißt *the* und kommt vom Wort *tithemi*. Selbstverständlich hat dieses Wort viele Bedeutungen, nämlich: setzen, liegen, stellen, hinsetzen, hinlegen, einstellen, versetzen, aufstellen. Im Zusammenhang mit der Wendung »das Leben für etwas« heißt es laut Auskunft des Lexikons (Menge-Güthling, Langenscheidts Großwörterbuch Altgriechisch-Deutsch, S. 685) »einsetzen«.

Dies ist die einzig sinnvolle Bedeutung des griechischen Wortes »the« an der zur Debatte stehenden Textstelle: Niemand hat eine größere Liebe als der, der sein Leben für seine Freunde »einsetzt«. Das ist die korrekte Übersetzung, weil sie auch im Zusammenhang mit der Gottes-, Selbst- und Nächstenliebe logisch ins Gesamtgefüge paßt.

Jesus ist nicht so grausam zu seinen Jüngern, wie es uns die falsche Übersetzung glauben machen will. So rief er auch keinen Christen zum Märtyrertod auf.

In der Einheitsübersetzung wirkt dieser Satz von der »Hingabe« aus Liebe nicht nur tragisch, sondern auch zynisch, wenn der darauffolgende Satz dann lautet: »Ihr seid meine Freunde, wenn ihr tut, was ich euch auftrage« (EÜ: Joh 15,14).

Das Sterben aus Liebe für den Freund soll ein Auftrag von Jesus und von Gott sein?

Interessanterweise findet man für das griechische Wort *tithemi* im Lexikon keine deutsche Wortbedeutung wie »hingeben« und natürlich auch nicht die Wendung »sein Leben für jemanden hingeben«.

Das in der Vulgata hierfür verwendete Wort heißt *ponat* und kommt vom Wort *pono*, was so viel wie »legen, setzen, stellen«, aber auch »aufgeben, ablegen, zur Ruhe bringen« bedeutet. Dieses lateinische Wort geht in seiner Bedeutung sehr in die Richtung »hingeben«. Diese letzteren Bedeutungen hat das griechische Wort »tithemi« jedoch nicht.

Auch in der englischen Übersetzung der King-James-Version heißt es an dieser Textstelle »that a man lay down his life for his friend« (K-J-V: Joh 15,13b). Dieses »lay down his life« hat die Bedeutung von »Hingeben des Lebens«.

In der Kirchengeschichte hat jedenfalls die Vulgata (und später auch die englische Übersetzung) den Weg gewiesen.

Welche Folgen aber hatte jener wichtige Satz über die Liebe in der falschen Übersetzung für die Geschichte?

Jeder von Christen geführte Krieg konnte mit ihm den Tod der Gefallenen rechtfertigen. Ein solcher Satz lieferte auch eine gute Begründung für jenen katholischen Schreiber einer Kirchengeschichte, so zynisch über den Märtyrertod der ersten Christen durch die römischen Kaiser zu berichten:

»So oft und so blutig auch die Christen verfolgt wurden, ihr Glaube, der die Verheißung ewiger Dauer für sich hat, konnte doch nicht ausgerottet werden. Mochten einzelne, zeitweise sogar viele aus Furcht vor Marter und Tod abfallen (*lapsi*), im allgemeinen waren sie ausdauernder im Dulden und Sterben als ihre Gegner im Martern und Töten. Männer und Frauen, Jünglinge und Jungfrauen, Greise und Kinder wetteiferten miteinander um die Erlangung der Märtyrerkrone. In dieser weltüberwindenden Kraft des Martyriums bekundete die neue Religion unverkennbar ihren göttlichen Ursprung« (Karl Bihlmeyer, Hermann Tüchle, Kirchengeschichte, Paderborn 1982, 1. Bd., S. 77).

Welche falschen Motive liefert der Satz von der »Lebenshingabe« für das Handeln zukünftiger Generationen?

Diese »Lebenshingabe für einen Freund« hat nichts mit der größten Form der Liebe zu tun, sondern sie ist schlichtweg Selbstmord, der als ein »Auftrag Gottes« ausgegeben wird, aber dem »Freund« nicht wirklich Hilfe bringt, weil ein solches Todesopfer für den Hinterbliebenen Schuldgefühle hinterläßt.

Bei einer solchen Tat darf nicht übersehen werden, daß der »Lebenshingebende« sich dabei zum Herrn über Tod und Leben macht. Wo ist da der Unterschied zu einem »Terroristen«, der sein Leben für die angebliche »Befreiung« seines Volkes hingibt? Liegt der Unterschied allein in der Tatsache begründet, daß derjenige nicht nach einer christlichen Lehre handelt?

Das Entscheidende jedoch im wirklichen Auftrag von Jesus – nach der korrekten Übersetzung – ist nicht, sein Leben für andere »hinzugeben«, sondern es in positivster Weise und nach den besten Möglichkeiten einzusetzen, dabei aber nicht gegen die eigene Selbstliebe zu verstoßen.

Ein Mann muß zum Beispiel bei der Rettung eines Verunglückten in den Bergen so vorgehen, daß er dabei das eigene Leben nicht in Gefahr bringt, weil dies niemandem nützen würde.

Als *vierter Grund* für die Entstehung falscher Übersetzungen muß angeführt werden, daß das Bild von Jesus, das bei der Übertragungsarbeit entstanden ist, zu wenig auf seine Richtigkeit überprüft oder zu wenig kritisch hinterfragt worden ist. Es wurde das Bild von ihm aus den Übersetzungsvorlagen größtenteils einfach übernommen.

Ein Beispiel aus der *Einheitsübersetzung*:

Nach dieser Bibelübersetzung (aber auch der *Vulgata* und der *King-James-Version)* nahm Jesus im *Johannes-Evangelium* bei der Austreibung der Opfertiere aus den Tempelhöfen eine »Peitsche aus Stricken« und trieb »alle«, auch die Händler, mit dieser aus dem Heiligtum hinaus:

»Er machte eine Geißel aus Stricken und trieb sie alle (die Verkäufer, Joh 2,14) aus dem Tempel hinaus, dazu die Schafe und Rinder ...« (EÜ: Joh 2,15).

Es irritiert, was hier Jesus getan haben soll. Hat er wirklich Menschen wie Tiere aus dem Tempel gejagt und sie dabei möglicherweise verletzt? Soll das derjenige sein, der die Menschen zum Frieden, zur Barmherzigkeit und zur Liebe aufrief?

Hätte er dies tatsächlich getan, so wäre ihm vermutlich nicht nur die Sympathie der Jünger, sondern auch aller, die ihm gefolgt waren, verlorengegangen.

Außerdem hätte er damit seinen Feinden und Neidern ein gutes Motiv geliefert, ihn vor das jüdische Gericht, das Synedrium, zu bringen.

Das Argument, daß man daran sein Mensch-Sein ablesen könne, hat da kein Gewicht, weil so etwas schlichtweg eine Gewalttat darstellt. Auch hier ist zu bedenken, daß die Händler ja kein eigentliches Verbrechen verübt haben, bei dem jemand zu Schaden gekommen wäre.

Ihr »übertriebener Geschäftssinn« beim Verkauf von Opfertieren im heiligen Tempelbezirk rechtfertigt nicht, daß man sie schlägt.

Die korrekte Übersetzung dieser Textstelle später.

Auch hier kann die falsche Beschreibung der Person von Jesus Menschen in gefährlicher Weise auf völlig falsche Wege führen. In einer solchen »Nachfolge von Jesus« ist jedem Radikalismus in seinem Namen Tür und Tor geöffnet. So kann im Namen Gottes auch jedem beliebigen Menschen Gewalt angetan werden.

Als *fünfter Grund* für die falsche neutestamentliche Übersetzung muß zur Kenntnis genommen werden, daß die kirchliche Tradition mit ihrer Sakramententheologie (z.B. Beichtpraxis) einen höheren Stellenwert hat als die Suche nach den wahren Aussagen des griechischen Urtextes.

Es war den kirchlichen Institutionen und Autoritäten wichtiger, daß das gesamte kirchliche System in seinem Zustand erhalten bleibt und alle Sakramente von ihren kirchlichen Amtsträgern auf diesem fundamentalen biblischen Grundstock bestens verwaltet werden können.

Daher versäumte man es, zuerst nach dem wirklichen Anliegen des Urchristentums, der wahren Botschaft von Jesus, in den Urtexten zu forschen, um daran schließlich alle kirchlichen Formen und Strukturen zu orientieren und eine »Kirche aufzubauen«.

Stets mußten die kirchlich autorisierten Bibelübersetzungen seit der Zeit der Vulgata nur einem Hauptzweck dienen: Das von Menschen mit vielen Fehlern und Irrtümern erbaute »Kirchengebäude«, einschließlich der Amtsträger mit ihren oft grausamen Fehlentscheidungen (päpstliche Hexenbulle u.v.a.) zu stützen. Als höchstes Anliegen galt nicht, den Menschen die Frohe Botschaft zu bringen, die allen Glück, Freude, Freiheit, Geborgenheit und Sicherheit in ihren Leben erfahrbar machen kann.

Ein Beispiel wiederum aus der *Einheitsübersetzung:*

Die Kirchen, allen voran die römisch-katholische Glaubensgemeinschaft, begründet das Sakrament der Buße und Sündenvergebung, welches in der Beichtpraxis (Ohrenbeichte, Beichtgespräch) am »Sünder« vollzogen wird, damit, daß Jesus es als »sinnfälliges Zeichen einer heiligen Sache« (vgl. Josef Neuner/Heinrich Roos, Der Glaube der Kirche..., Nr. 571) eingesetzt hätte.

Dabei wird laut »Katholischem Erwachsenen-Katechismus« dieses Bußsakrament von einer bestimmten Bibelstelle im Johannes-Evangelium hergeleitet (vgl. Katholischer Erwachsenen-Katechismus, Bonn 1985, S. 368).

Im 20. Kapitel des *Johannes-Evangeliums* wird von der Erscheinung des Auferstandenen bei den elf Jüngern berichtet; und Jesus sagt dabei laut Einheitsübersetzung folgende Worte zu ihnen: »Empfangt den heiligen Geist! Wem ihr die Sünden vergebt, dem sind sie vergeben; wem ihr die Vergebung verweigert, dem ist sie verweigert« (EÜ: Joh 20,22b-23).

Auch in der *Vulgata* sowie der *King-James-Version* sind diese Verse mit der obigen Aussage und Intention übersetzt, wie später genauer gezeigt wird.

Der griechische Urtext sagt jedoch etwas anderes. Jesus spricht hier von der »Auflösung« (griech.: *aphete*) der »Irrtümer« (griech. *hamartias*, auch: Fehler, Sünden) und von der »Stärkung« (griech.: *kekratentai)* der Menschen durch den Geist Gottes, den die Jünger durch ihn empfangen haben (vgl. Joh 20,23).

Der genaue Wortlaut wird noch behandelt werden. Vor allem die katholische Kirche hat seit Jahrhunderten auf solch einer falschen Übersetzung (Vulgata) ihre Macht begründet und gefestigt. Mit dieser Bibelstelle haben Priester ihre scheinbare »Macht von oben« abgeleitet.

Die Geschichte ist voll von Beispielen dafür, wie sie diese »Macht« gegenüber den ihnen ausgelieferten »Sündern« in frevelhafter und widerwärtiger Weise mißbraucht haben. »Heilige Priester« verführten bei der Beichte Frauen und

Kinder. Daß sie dabei selbst zu »Sündern« wurden, darüber schwieg die Amtskirche und berichtet auch keine ihrer Kirchengeschichten.

Und dennoch gibt es viele historisch gesicherte Berichte, die oft auf den Index der verbotenen Bücher der Kirche kamen, aber nicht als bloße Gerüchte und böse Reden zum Schaden der Kirche abgetan werden können (vgl. Otto von Corvin, Pfaffenspiegel, Historische Denkmale des Christlichen Fanatismus, Leipzig 1845, Flensburg 1979).

Es wäre zu oberflächlich, die Schreiber solcher Bücher als »Feinde der Kirche« abzutun, denn das hieße, die Augen vor jener Wirklichkeit zu verschließen, die nicht nur mit der Perversität der Beichtpraxis, sondern auch mit der Widernatürlichkeit und Lieblosigkeit der zölibatären Lebensweise zusammenhängt.

Wie kann sich überhaupt ein Mensch das Recht herausnehmen, sei er Papst oder einfacher Priester, einem anderen »im Auftrag Gottes« die Sündenvergebung zu verweigern? Wer darf sich anmaßen, »Gott zu spielen« und Sünden zu vergeben oder Vergebung zu verweigern?

Auch diesmal stünden die Worte von Jesus im Widerspruch zu anderen Aussagen von ihm über Vergebung und Liebe zu den Mitmenschen. (Hier redet Jesus laut Einheitsübersetzung von Verweigerung der Sündenvergebung und an einer Stelle im *Matthäus-Evangelium* davon, »seinem Bruder ... nicht siebenmal, sondern siebenundsiebzigmal« zu vergeben (Mt 18,21f.).

Machtstreben und »Autoritätsrausch« haben die Feder bei dieser Übersetzung geführt, aber nicht ein Denken, das dem Anliegen von Jesus gerecht werden wollte. Der »Auftrag von Jesus« wurde nicht nur falsch übersetzt und ausgelegt; es wurden schlichtweg seine Verkündigung und Lehre für eigennützige Neigungen, wie etwa übertriebene Geltungssucht, entfremdet und ausgenützt.

Wie viele unzählige Male stellten Priester an Beichtende Fragen im Zusammenhang mit dem sechsten Gebot (früher: »Du sollst nicht Unkeuschheit treiben!« – heute: »Du sollst nicht ehebrechen!«)?

Warum sich Priester in der Beichte immer wieder besonders auf dieses sechste Gebot stürzen, hängt mit ihrer widersprüchlichen Haltung zur eigenen Sexualität und ihrer Ehefeindlichkeit zusammen. Daß sie die Lebensform Ehe und Partnerschaft ablehnen, hindert sie nicht, mit großer voyeuristischer Neugier dieses »interessante Gebiet« unter dem Vorwand kirchlicher Amtsausübung zu erforschen.

Das Wissen um die »Sünden« der einzelnen Gemeindemitglieder stärkt nicht nur die Macht und Autorität des Pfarrers, sondern allgemein die der Amtskirche.

So zeigt sich bei jener Übersetzung im *Johannes-Evangelium,* daß die Arbeit der Exegeten von der Amtskirche mit ihrer Sakramententheologie und Dogmatik gelenkt wurde. Die kirchlich beauftragten Übersetzer sind daher nur schweigsam ausführende Organe, aber nicht selbständige, kritische und mündige Theologen oder freie Wissenschaftler. Sie sind »Sklaven« der Amtskirche.

Als *sechster Grund* für die falschen Übersetzungen im Neuen Testament muß die Tatsache angesprochen werden, die dem vorher Gesagten sehr verwandt ist.

Die Kirchenpolitik, die das Ziel der System- und Strukturerhaltung anstrebt, diktierte seit jeher den Übersetzern die »Richtung« und wies ihnen den »rechten Weg«, mit welcher Intention die griechischen neutestamentlichen Texte übertragen werden müssen. Die Kirchenpolitik mit ihren speziellen Anliegen wurde also über die ursprüngliche Botschaft von Jesus gestellt. Dabei mußte diese unweigerlich ent- und verfremdet werden.

Ein Beispiel aus der *Einheitsübersetzung:*

Die christlichen Kirchen, ihre Machtansprüche und Politik haben sich im Laufe der Geschichte nur wenig verändert.

Die römisch-katholische Kirche der Gegenwart zeigt sich zwar in einem anderen Gewand als im Mittelalter oder zur Zeit der Reformation, da sie in der ersten Hälfte dieses Jahrhunderts das große Gebiet des Kirchenstaates verloren hat. Ihre Politik hat sich auch seit dem II. Vatikanischen Konzil verändert; aber dennoch versucht sie auch heute noch mit großer Intensität, an vielen Orten der Welt und in den verschiedenen Ländern ihre Interessen durchzusetzen (»Neuevangelisierung«).

Und dies zeigt sich auch darin, daß die Intentionen der falschen Übersetzungen nicht verändert wurden. Das soll am Beispiel der folgenden Bibelstelle, die andeutungsweise schon besprochen wurde, aufgezeigt werden. Es geht um den neutestamentlichen Text Mt 10,34-36. In den Versen davor wird berichtet, daß Jesus seinen zwölf Jüngern die göttliche Macht gab, verschiedene Krankheiten zu heilen und Dämonen auszutreiben. Auch sandte er sie aus, den Menschen in den Dörfern und Städten die Frohbotschaft vom »Himmelreich« zu verkünden (vgl. Mt 10,1-8).

Bevor er sie losschickte, gab er ihnen eine lange Unterweisung, wie sie sich allen gegenüber verhalten sollten (vgl. Mt 10,7-11,1). In einem Teil dieser Rede spricht er über jene Menschen, denen die Jünger wie allen Frieden wünschen sollen, die ihre Worte aber nicht hören und den Frieden nicht annehmen wollen (Mt 10,13-39). Von denen sollen sie sich distanzieren (Mt 10,14).

An mehreren Stellen dieser Rede warnt er sie vor jenen Menschen und ihren negativen Haltungen wie Haß, Streit, Neid, Bosheit u.a. (vgl. Mt 10,16-19, 23, 26-28, 31, 37-39). Er vergleicht sie mit »Wölfen« (Mt 10,16).

Mitten in diesem Aufruf, friedlich und ohne Streitigkeiten den Mitmenschen zu begegnen (z.B. Mt 10,12-15) fallen in der *Einheitsübersetzung* (aber auch der *Vulgata* und den anderen Übersetzungen) plötzlich diese Worte Jesu:

»Denkt nicht, ich sei gekommen, um Frieden auf die Erde zu bringen. Ich bin nicht gekommen, um Frieden zu bringen, sondern das Schwert. Denn ich bin gekommen, um den Sohn mit seinem Vater zu entzweien und die Tochter mit ihrer Mutter und die Schwiegertochter mit ihrer Schwiegermutter; und die Hausgenossen eines Menschen werden seine Feinde sein« (Mt 10,34-36).

Bei diesen Worten stehen die Leser vor dem vielleicht größten Rätsel in der ganzen Bibel. Die einen sind betroffen, die anderen verunsichert, wieder andere wenden sich möglicherweise ganz ab von der »Botschaft«.

Jesus, den man als einen die Menschen Liebenden kennengelernt hat, der Kranke heilte, Tote auferweckte und soviel Hilfe brachte, soll nicht den »Frieden«, sondern das »Schwert« auf die Erde bringen? Mehr noch, er bringt angeblich Streit und Zwistigkeiten in die Familien!

Wie soll da der Leser die Frohbotschaft von Jesus verstehen?

Noch im fünften Kapitel des *Matthäus-Evangeliums* sprach er doch von Versöhnung, Friede und Feindesliebe (Mt 5,21-25, 38-48).

Nun weiß niemand mehr, wie er Jesus in rechter Weise verstehen und einordnen soll. Ist er ein radikaler Widerstandskämpfer gegen die Römer? Oder ein gewalttätiger Bekämpfer der jüdisch-religiösen Führung in Jerusalem? Oder ist er gar ein Heuchler, der offiziell vorgibt, den Frieden zu bringen, aber in Wirklichkeit Streit, Zwiespalt oder Kriege (das »Schwert«) unter die Menschen tragen will?

Die korrekte Übersetzung dieser interessanten Textstelle wird später (zweiter Teil, 5. Kapitel) ausführlich dargelegt werden.

Warum dieser Fehler schon in die *Vulgata* eingebaut worden ist (vor etwa 1600 Jahren), liegt auf der Hand. Eine Kirche, die politische Macht und Einfluß gewinnen und erhalten will (z.B. denke man an die Päpste des Mittelalters und ihre »Kämpfe« mit den deutschen Kaisern), hat es notwendig, daß Jesus das Schwert, das ein Symbol für Gericht, autoritäres Herrschertum und Unterdrückung ist, auf die Erde bringt, weil damit auch seine »Stellvertreter«, an erster Stelle der Papst, an dieser »Herrschaft« teilhaben können.

Auf der Grundlage solcher falschen Übersetzungen kann die Amtskirche ihre Interessen und Ziele bestens erreichen. Die wirkliche Botschaft von Jesus ist dabei zweitrangig.

Auch die Kirche konnte ja den großen Versuchungen im Lauf der Geschichte nicht widerstehen, auf der Bühne der Weltpolitik Schicksal zu spielen, und wenn es »nur« die Rolle des »Gewissens« der Gesellschaft oder des Staates war. So haben bis heute die ihr ins Konzept passenden Übersetzungen den Sieg davongetragen über die wahren Aussagen des neutestamentlichen Urtextes.

Die Politik des Vatikans mit seinen Institutionen (z.B. der Glaubenskongregation) ist das bestimmende Faktum in der römisch-katholischen Kirche und hat auch auf die christliche Religion als Ganzes eine großen Einfluß.

Am Beispiel einer solchen falschen Übersetzung zeigt sich auch, daß man trotz der Rede von der Frohen Botschaft im Gottesdienst oder Religionsunterricht nicht wirklich an die hoffnungsvollen und friedensbringenden Worte glaubt.

Man bekennt zwar mit den Lippen, daß Jesus Christus mit seiner Botschaft das Fundament des eigenen Glaubens ist; doch tatsächlich ist alles auf das »Lehrsystem« der Kirche aufgebaut, dem das einfache Gottesvolk blinde Gefolgschaft leisten soll (man denke auch hier an die Unfehlbarkeit des Papstes in lehramtlichen Aussagen über Glaube und Sitte).

Dem »Volk« bleibt ja auch gar nichts anderes übrig, weil

die Bibel in ihren Aussagen widersprüchlich ist, genauer: von wissenschaftlichen Experten dazu gemacht wurde.

Der Verdacht liegt sehr nahe, daß hier jahrhundertelang eine kirchenpolitische Taktik verfolgt worden ist, die Unkenntnis und den Informationsmangel der Menschen auszunützen, da den meisten der griechische Urtext und die altgriechische Sprache unbekannt sind.

Man konnte also gut in der Weise übersetzen, wie es einem in das Kirchensystem und in das Konzept der betreffenden Kirchenpolitik paßte.

Die Kirche wird also seit Jahrhunderten von einem Denken beherrscht, in dem Jesus angeblich gekommen ist, »um das Schwert zu bringen«. Die päpstliche Herrschaft im Mittelalter mit ihrer »Zwei-Schwerter-Theorie« (vgl. Papst Bonifaz VIII. in seiner Bulle »Unam sanctam« (1302): Papst als Weltbeherrscher), die päpstlichen Kreuzzugsaufrufe (z.B. Synode von Clermont 1095 – Papst Urban II.), die Hexenbulle (Summis desiderantes, 1484) und vieles weitere sind Beispiele für dieses Denken.

Selbst die Trennung und »Kämpfe« zwischen den »christlichen Brüdern« (den römisch-katholischen, evangelischen, anglikanischen) sind Früchte einer solchen Denkweise. Jeder beharrt auf seinem Standpunkt auch dann noch, wenn er selbst dadurch größten Schaden erleidet.

Zum Abschluß seien hier zwei interessante Beispiel aus kirchlich-theologischen Werken der Gegenwart genannt, die zeigen sollen, wie dieses Denken noch immer die (katholische) Theologie beeinflußt.

Das erste Beispiel stammt aus dem *Lexikon der christlichen Moral* von Karl Hörmann (Wien 1976, Seite 1587). Da steht unter dem Stichwort »Todesstrafe« folgender moraltheologischer Lehrsatz: »Dort, wo das Gesetz die T. (Todesstrafe) vorsieht, entspricht dem Geist des Christentums die Begnadigung des Verurteilten, falls dadurch der Gesellschaft nicht ein Schaden droht (vgl. Augustinus, De mend. 14,25; PL 41,445; Thomas von Aquin, S. Th. 2, q. 67 a. 4)«.

Tatsächlich aber entspricht die Todesstrafe in keinem Fall dem »Geist des Christentums«, weil auch PAULUS in der dementsprechenden Textstelle des *Römerbriefes* (Röm 13,4) nur seine Privatmeinung vertritt und die Lehre von der Bergpredigt Jesu: (Mt 5,38-42: Ablehnung der »Aug um Aug«-Bestrafung) völlig ignoriert.

Wo bleibt bei einer solchen Theologie oder Moraltheologie die Liebe zu den Mitmenschen und zu Gott? Gehört der »Verbrecher« nicht zu den »Geringsten«, für die sich ein Christ gemäß den Worten Jesu (vgl. Mt 25,31-46) einsetzen sollte?

Das zweite Beispiel ist aus dem *Codex Iuris Canonici* (Vatikan 1983). In diesem neuesten kirchenrechtlichen Werk, das für die gesamte römisch-katholische Kirche Verbindlichkeitscharakter hat, steht im Kapitel »De Romano Pontifice«: »Contra sententiam vel decretum Romani Pontificis non datur appelatio neque recursus« [Gegen ein Urteil {Wille, Meinung, Absicht, Gedanke, Spruch, Satz} oder eine Entscheidung {Bescheid, Beschluß, Grundsatz, Prinzip} des römischen Pontifex {Papst} wird weder einer Berufung (Aussprache) noch einer Wiederaufnahme stattgegeben] (Pars II; Sec I, Cap I, Art I, Can 333 § 3/Ü.d.A.).

Wer einen solchen Satz liest, denkt möglicherweise an einen Rechtsspruch eines absolutistischen Monarchen, aber nicht an einen Papst des 20. Jahrhunderts. Daß ein derartiger Satz vom gegenwärtigen Papst (JOHANNES PAUL II.) approbiert wurde, zeigt, wie hier die Bibel bzw. die Frohmachende Botschaft Jesu nicht als Kriterium und Grundform genommen wurde. Es ist eben jenes Denken, das seit dem 4. Jahrhundert die Päpste und Kirchenfürsten beherrscht: » ... Denkt nicht, ich sei gekommen um Frieden ... zu bringen, ... sondern das Schwert«.

9
Die philologisch-grammatikalischen Ursachen für die Fehlerhaftigkeiten in den Bibelübersetzungen (besonders im Neuen Testament) und die Folgen für das Christentum

Die Exegese muß vor allem bei den Übersetzungsarbeiten am biblischen Text die wissenschaftliche Hilfe der Altphilologie in Anspruch nehmen.

Trotz dieser wissenschaftlichen Zusammenarbeit, die heute stärker als in früheren Zeiten auch von katholischen Exegeten angestrebt und gefördert wird, haben die Übersetzer der neueren Bibeln aus philologischer Sicht entscheidende Fakten nicht beachtet.

Ein *erster Grund,* warum aus philologischer Perspektive falsche Übersetzungen entstehen konnten, ist der, daß man bei verschiedenen griechischen Verben die Zeit und Form nicht korrekt bestimmt und die Übersetzungsmöglichkeiten nicht erkannt hat. Daher wurden die betreffenden Sätze falsch und oft unsinnig übersetzt.

Daneben gibt es da eine Gruppe von falsch übersetzten Texten, bei denen die Möglichkeit des sogenannten »epischen Aorists« oder »epischen Imperfekts« bei jenen Verben als Möglichkeit nicht in Erwägung gezogen wurde.

Viele dieser Fehler schlichen sich schon in die alte *Vulgata*-Übersetzung ein.

Ein Beispiel aus der *Einheitsübersetzung:*

Im 9. Kapitel des *Markus-Evangeliums* kommen die Jünger zu JESUS und berichten ihm, daß sie einen Mann gehindert hätten, im Namen von Jesus Dämonen auszutreiben, weil er sich ihnen nicht anschließen wollte (vgl. Mk 9,38). Jesus ermahnt sie nun, ihn nicht an dieser guten Sache zu hindern, und gibt ihnen eine Unterweisung (Mk 9, 39-50). Abgesehen davon, daß in der Einheitsübersetzung eine falsche Überschrift: »Warnung vor der Verführung« (Mk 9, 42) die Leser irreführt, weil die Verse Mk 9, 42-48 auch noch zu dieser Rede gehören, fällt innerhalb dieses Abschnittes ein merkwürdiges Wort, wenn man bedenkt, daß es Jesus gesagt haben soll: »Und wenn dich dein Auge zum Bösen verführt, dann reiß es aus; es ist besser für dich, einäugig in das Reich Gottes zu kommen, als mit zwei Augen in die Hölle geworfen zu werden ...« (EÜ: Mk 9,47).

In den Versen davor geht es auch um ein Abschlagen von Körperteilen (Hand, Fuß), weil man durch sie zum Bösen verführt worden sei (Mk 9,43.45). Dies klingt irritierend, vor allem wenn man bedenkt, daß Jesus einige Kapitel später von der »Selbstliebe« spricht (vgl. Mk 12,31).

Auch die Verse Mk 9,43 und 45 werden noch genauer behandelt werden.

Hier zum Vers Mk 9,47! Dieser Satz gemäß der Einheitsübersetzung (aber auch der Vulgata u.a.) paßt nicht zur Frohen Botschaft von Jesus.

Der Übersetzer beachtet nicht, daß in ihm das Wort, das von ihm mit »reiß (es) aus« übersetzt wurde und griechisch *ekbale* heißt, von seiner grammatikalischen Form her nicht nur ein Imperativ (Präsens, 2. Pers. Singular), sondern korrekt und passend auch ein »epischer Aorist« (3. Pers. Singular ist.)

Daher lautet die logische und richtige Übersetzung dieser Wortgruppe: »... wird man es ausreißen«.

Somit meint Jesus, daß man bei einer bösen Tat nicht sich selbst das Auge ausreißen soll, sondern mit einer Bestrafung rechnen muß. Er warnt daher die Jünger, von vornherein keine böse Handlung mit dem »Auge« beziehungsweise »der Hand und dem Fuß« zu beginnen.

Der zweite Teil dieses Verses ist auch keine Feststellung (»… es ist besser, … in die Hölle geworfen zu werden«), sondern eine rhetorische Frage, wobei man vom Zuhörer mit einer Verneinung rechnet.

»Wer meint denn, daß es gut für ihn sein soll, nur ein Auge zu besitzen?«

Jesus solche Worte, wie sie in der Einheitsübersetzung stehen, zu unterstellen, heißt, sich an der Grenze der Ablehnung der Liebe Gottes und Blasphemie zu bewegen.

Auch diesen Satz werden wir uns später näher ansehen.

Noch ein Beispiel aus der Einheitsübersetzung, das zeigt, daß im betreffenden Satz das sogenannte »epische Imperfekt« vom Übersetzer nicht erkannt und unkorrekt übertragen worden ist:

Im 20. Kapitel des *Johannes-Evangeliums* kommt es zur Begegnung des auferstandenen Jesus mit Maria von Magdala, wobei sie ihn erst erkennt, nachdem er sie persönlich mit ihrem Namen angesprochen hat (Joh 20,13-17).

Laut *Einheitsübersetzung* heißt es dann:

»Jesus sagte zu ihr: Halte mich nicht fest; denn ich bin noch nicht zum Vater hinaufgegangen. Geh aber zu meinen Brüdern, und sag ihnen: Ich gehe hinauf zu meinem Vater und zu eurem Vater, zu meinem Gott und zu eurem Gott« (EÜ: Joh 20,17).

Warum behandelt hier Jesus Maria so unfreundlich? Sie ist, so erfahren wir von ihr, erschüttert, daß sie seinen Leichnam im Grab nicht gefunden hat. Verzweifelt sucht und fragt sie nach ihm (Joh 20,11-14). Wieviel Liebe und Intensität ihrer Beziehung zu Jesus sprechen aus diesen Handlungsweisen! Daher ist für jeden unverständlich, warum Jesus ihr angeblich so ablehnend gegenübertritt.

Und noch ein zweiter Umstand ist seltsam: Das, was der Auferstandene Maria scheinbar verweigert, nämlich ihn zu berühren, gebietet er einige Verse später im selben Kapitel THOMAS:

»Strecke deine Hand aus und lege sie in meine Seite und sei nicht ungläubig ...« (EÜ: Joh 20, 27b).

Warum soll Jesus einen Unterschied zwischen den beiden gemacht haben? Soll er als Auferstandener frauenfeindlich dargestellt werden? Männer dürfen ihn berühren, Frauen jedoch nicht?

Sieht man sich nun diesen Vers im griechischen Original an, so zeigt sich, daß nicht Jesus, sondern nur der Übersetzer in seinem Denken frauenfeindlich ist.

Denn Jesus sagt zu Maria genau das Gegenteil: Er fragt die erstaunte Frau, ob sie ihn deshalb nicht berühre, weil er noch nicht zum Vater fortgegangen sei. Diese Übersetzung zeigt nicht nur einen liebenden Jesus, sondern so paßt es auch in die gesamte Erzählung.

Wo ist nun die Fehlerquelle zu suchen?

Das griechische Wort, für das die Einheitsübersetzung »festhalten« gewählt hat, heißt *haptu* und kann aus philologischer Sicht entweder als Imperativ (2. Pers. Singular), wie in der Einheitsübersetzung, oder wie in der korrekten Übersetzung als »episches Imperfekt« (2. Pers. Singular) übertragen werden.

Abgesehen davon ist dieser Satz, den Jesus zu Maria sagt, nicht ein Befehl, sondern eine Feststellung beziehungsweise rhetorische Frage an sie, die eine Zustimmung erwarten läßt.

Maria hat Jesus vermutlich deshalb nicht spontan berührt, weil ihr Erstaunen über seine Auferstehung und Erscheinung so groß war.

Es kommt dem Leser auch unnatürlich vor, daß Maria den Auferstandenen hätte festhalten wollen, so wie es uns die Einheitsübersetzung glauben machen will. Ihre Anrede von

Jesus (Joh 20,16: »Rabbuni«) drückt starres Erstaunen aus und läßt nicht auf eine solche spontane Handlung, wie es ein Festhalten darstellt, schließen.

Der gesamte Satz Joh 20,17 wird vollständig und korrekt noch dargelegt werden.

Zu diesem Grund, daß man nicht die rechten Zeitformen gefunden hat, zählt auch, daß bei bestimmten Verben die Möglichkeit von mehreren Zeiten als nur einer nicht in Erwägung gezogen worden ist. Die korrekte Zeitform kann wieder nur aus dem logischen Zusammenhang der Erzählung (Kontext) gefunden werden.

Ein weiteres Beispiel aus der *Einheitsübersetzung:*

Noch einmal jener Textabschnitt, in dem Jesus seine Jünger zurechtwies, weil sie einen daran hinderten, Dämonen auszutreiben (Mk 9,38-50).

In diesem Abschnitt fallen angeblich von Jesus folgende Worte:

»Wenn dich deine Hand zum Bösen verführt, dann hau sie ab; es ist besser für dich, verstümmelt in das Leben zu gelangen, als mit zwei Händen zu kommen in das nie erlöschende Feuer« (EÜ: Mk 9,43).

Jeder, der diesen Text auch im Zusammenhang mit dem vorhergehenden liest, wird zutiefst betroffen sein, wenn man erstens über die Handlung nachdenkt, die Jesus da scheinbar von einem verlangt, der »Böses« getan hat.

Zweitens aber: Ist es nicht überhaupt in höchster Weise befremdend, daß es solche Worte von Jesus geben soll, der so viel von Liebe spricht?

Welche böse Tat sollte dies denn sein, daß man sich selbst dafür die Hand abschlagen muß?

Was hinter dieser falschen Übersetzung steckt, ist erstens Grausamkeit und ein perverses Denken, das auch heute noch in den höchsten Stellen der kirchlichen Leitung sein Unwesen treibt.

Zweitens muß darauf hingewiesen werden, daß der Übersetzer jenes Verses nicht erkannt hat, daß das griechische Wort *apokopson,* welches im Urtext steht und er mit »hau (sie) ab« übersetzte, auch eine andere mögliche temporale Bestimmung hat. Dieses Verb, das hier als Imperativ Aorist (2. Pers. Singular) bestimmt wurde, kann auch als Partizip Futur (Akkusativ, Neutrum) übertragen werden, und diese letzte Form paßt im Gegensatz zur ersten logisch in den Zusammenhang des übrigen Textes.

Aus philologischer Sicht muß in dieser neuen Bestimmung *apokopson* zusammen mit dem anderen griechischen Wort *auten* (deutsch »sie« – die Hand) als sogenannter »Akkusativus absolutus«, also ein gemeinsames Wortgruppengefüge aus einem Akkusativ *(auten)* und einem Partizip *(apokopson)*, gesehen werden.

Steht dieses Partizip als Neutrum und im Singular, wie in jenem angesprochenen Vers, so wird es mit einem »unpersönlichen Ausdruck« (z.B. »man«) übersetzt.

Das hat der Übersetzer nicht in Erwägung gezogen. Korrekt und sinnvoll heißt dann der Satz: »Daß, falls dich deine Hand in ein Ärgernis treibt, man sie abschlagen wird« (z.B. Handabschlagen bei Diebstahl).

Jesus gibt also niemandem den Rat, bei einem Verbrechen sich selbst die Hand abzuschlagen, sondern er warnt vor einer großes Ärgernis auslösenden Handlung, die bei einer sehr strengen Gerichtsbarkeit mit Handabhacken geahndet wurde: z.B. in einem Fall aus dem Alten Testament bzw. der Thora (jüdisches Gesetz), Dtn/5. Mose 25,11f.: »Wenn zwei Männer, ein Mann und sein Bruder, miteinander raufen und die Frau des einen hinzukommt, um ihren Mann aus der Gewalt des anderen, der auf ihn einschlägt, zu befreien, und wenn sie die Hand ausstreckt und dessen Schamteile ergreift, dann sollst du ihr die Hand abhacken. Du sollst in dir kein Mitleid aufsteigen lassen«.

Ein *zweiter Grund* für das Zustandekommen falscher Übersetzungen liegt aus philologischer Sicht dort, wo Fragesätze im griechischen Urtext nicht als solche erkannt und dementsprechend übertragen wurden. Auch wurden dann nicht die wahren Aussagen der betreffenden Stellen herausgearbeitet.

Ein Beispiel aus der *Einheitsübersetzung*, nämlich ein weiteres Mal die Erzählung, wo die Jünger einen Mann vom Dämonenaustreiben abhielten und Jesus sie belehrte: Dabei fällt jener merkwürdige Satz, in dem es um etwas ähnliches geht wie im vorhergehenden Beispiel:

»Und wenn dich dein Fuß zum Bösen verführt, dann hau ihn ab; es ist besser für dich, verstümmelt in das Leben zu gelangen, als mit zwei Füßen in die Hölle geworfen zu werden« (EÜ: Mk 9,45).

Wieder fragen sich die Leser, welche böse Tat eine solche grausame Selbstbestrafung rechtfertigen würde. Und welchen Sinn hätte so etwas?

Der Text gibt darauf keine befriedigende Antwort. Die entscheidende Frage bleibt jedoch, warum Jesus beziehungsweise Gott so etwas wünschen kann. Ist Gott vielleicht doch nicht so gut und barmherzig, sondern manchmal grausam und blutrünstig?

Wie wäre dann der nächste Schritt? Will Gott vielleicht von uns sogar den Selbstmord, wenn wir eine besonders schwere Tat begangen haben?

Die Übersetzung führt also tief in Unklarheiten und Widersprüche hinein. Wir gelangen da in ein geistiges Labyrinth, aus dem es wirklich keinen Ausweg gibt.

Die korrekte Übersetzung des Verses lautet jedoch völlig anders. Es geht hier wie im oberen Beispiel darum, daß man, falls der eigene Fuß einen in ein Ärgernis treibt, mit einer Bestrafung, die vielerorts grausam durch »Fußabhackung« vorgenommen wurde, rechnen muß (vgl. Lex talionis, Ex/2. Mose 21, 23f.: »Aug' um Aug', Zahn um Zahn«; siehe auch Mt 5,38).

Jesus warnt also im ersten Teil des Verses vor einer gewaltsamen Handlung mit dem Fuß, und vor deren schweren Folgen. Im zweiten Teil, der genauso irritierend wie der erste klingt, geht es darum, daß er nicht erklärend feststellt, es sei »besser«, verstümmelt mit einem Fuß zu leben, als mit zwei Füßen in die Hölle zu gelangen (vgl. EÜ).

Bei der korrekten Übersetzung wirft er die rhetorische Frage auf, ob es denn »gut« ist, verstümmelt zu leben, weil man so eben bestraft wurde, oder mit zwei Füßen in der »Hölle« gequält zu werden, weil einem die Schuld mit größten Problemen belastet.

Etwas sehr Wichtiges muß noch gesagt werden: In diesem Versteil (Mk 9,45b) wurde das griechische Adjektiv *kalon* mit »besser« übersetzt. Dieses griechische Adjektiv ist aber von seiner Formbestimmung kein Komperativ (1. Steigerungsstufe des Adjektivs) und heißt daher auch nicht »besser«, sondern es ist ein gewöhnliches Adjektiv und muß mit »gut« übertragen werden. Auch das geschah aber in der Einheitsübersetzung leider nicht. Woher nahm sich der Übersetzer diese Freiheit?

Die vollständige korrekte Übersetzung steht im nächsten Kapitel.

Der *dritte Grund* für falsche Übersetzungen, der sich aus philologisch-grammatikalischer Sicht ergibt, ist jener, daß Sätze mit ihren Wortgruppen in falscher Weise zusammengestellt wurden. Daher ergeben sich in der korrekten Übersetzung Sätze aus der Zusammenstellung von Wortgruppen, die von allen herkömmlichen Übersetzungen abweichen: Und zwar aufgrund der Tatsache, daß die ältesten derzeit vorhandenen griechischen Texte des Neuen Testamentes *(Codex Sinaiticus* aus dem 4. Jahrhundert – im British Museum in London) nur in Großbuchstaben (Majuskel-Handschrift) oder in »Textblöcken« als sogenannte *Codices unciales* erhalten sind. Das bedeutet, daß diese Texte weder Akzente noch Satzzeichen haben.

Deshalb muß bei der Arbeit am griechischen Original genau überlegt werden, ob nicht mit anderen Satzzeichen oder anderen Satzgliedfolgen als in den herkömmlichen griechischen Bibelausgaben die Sätze gebildet werden könnten, um eine korrekte und verständliche Übersetzung zu erhalten.

Es muß deshalb in dieser Weise vorgegangen werden, weil die Groß- und Kleinschreibung der griechischen neutestamentlichen Texte erst in späteren Jahrhunderten mit den sogenannten Minuskel-Handschriften einsetzte. Nun wurden auch die Akzente und Satzzeichen hinzugefügt und ergänzt, um das Lesen beziehungsweise das Textverständnis zu erleichtern. Ob dies aber in allen Fällen gelungen ist, läßt sich vor allem bei manchen unklaren Stellen bezweifeln.

Ein Beispiel aus der Einheitsübersetzung, wo ein Satz mit seiner Wortgruppe nicht richtig zusammengestellt und daher falsch übersetzt wurde, soll das Gesagte verdeutlichen:

Wieder geht es um jenen Textabschnitt, wo Jesus seine Jünger ermahnt, die einen Mann am Austreiben von Dämonen hindern (Mk 9, 38-50).

Laut *Einheitsübersetzung* sagt Jesus dabei einen seltsamen Satz:

»Wer einen von diesen Kleinen, die an mich glauben, zum Bösen verführt, für den wäre es besser, wenn er mit einem Mühlstein um den Hals ins Meer geworfen würde« (EÜ: Mk 9,42).

Dem Leser fehlt jeder Zusammenhang mit dem, was Jesus vor diesem Satz sagte. Nämlich, daß sie den Mann nicht hindern sollen (Mk 9,39ff.).

Erstens fragt man sich, wer mit dem »Kleinen« gemeint sein soll, denn von einem Kind war ja nicht die Rede.

Der Übersetzer scheint sich auch nicht ausgekannt zu

haben, denn er setzte vor diesen Vers, um das Problem zu lösen, eine neue Überschrift: »Warnung vor der Verführung«.

Das kann aber jenes Problem nicht wirklich lösen, weil trotzdem unverständlich bleibt, warum Jesus so plötzlich von etwas anderem, nämlich von einer Verführung, zu reden angefangen haben soll.

Es wird von keinem Ortswechsel berichtet, und es treten keine neuen Personen auf, wodurch ein Themenwechsel verständlich werden könnte.

Es ist auch nicht klar und einsichtig, warum er vielleicht wieder über jenes Kind zu reden angefangen haben sollte, das er vor jenem Gespräch in ihre Mitte gestellt hatte (vgl. Mk 9,36f.).

Die Äußerungen Jesu ab diesem Vers (Mk 9,42) bleiben auch in anderen Übersetzungen (ins Lateinische, Englische) völlig unverständlich.

Am bedenklichsten ist jedoch, daß Jesus in diesem Vers so grausame Worte in den Mund gelegt werden.

Warum soll er sich für einen Verführer gewünscht haben, daß dem ein »Mühlstein um den Hals« gelegt und er »ins Meer« geworfen werden müßte? Jesus soll solche grausamen Gedanken geäußert haben?

Wo liegt nun die Lösung; in welche Richtung geht die korrekte Übersetzung?

Von der syntaktischen Struktur und der Satzgliedfolge des griechischen Verses ist es korrekterweise nicht ein einziger langer Satz, sondern es werden drei Sätze aneinandergereiht, von denen die letzten beiden rhetorische Fragesätze sind.

Der erste Satz besagt inhaltlich, daß derjenige, der einen, der »gering (klein) im Glauben ist«, von einer guten Tat (hier: Dämonenaustreiben) abhält, ... ihn in ein Ärgernis hineintreibt (vgl. Mk 9,42a).

Der zweite Satz ist eine kurze rhetorische Frage mit einer erwarteten Verneinung. So fragt Jesus, ob dies gut (für den

Geringen im Glauben) sei (wenn ihn jemand in ein Ärgernis hineintreibt) (vgl. Mk 9,42b).

Der dritte Satz ist ebenso eine rhetorische Frage, der wieder eine verneinende Antwort erwarten läßt (vgl. Mk 9,42c). Durch den Komperativ des griechischen Adjektives *mallon* (deutsch: »besser«) wird die rhetorische Frage des vorangegangen Satzes noch gesteigert. Inhaltlich handelt dieser Satz von unzumutbaren Lebensweisen, von der Knechtschaft oder Unterdrückung (im Bild vom »Eselsjoch – beim Mühlstein – an seinem Nacken«) und von der Bestrafung für Verbrechen wie Ermordung im Bild vom »Sturz ins Meer« (vgl. Mk 9,42c).

Es besteht auch eine andere Übersetzungsmöglichkeit bei diesem Satzteil vom »Sturz ins Meer«: Derjenige könnte sich auch selbst aus Verzweiflung über sein Leben in Knechtschaft oder über seine ihm großes Ärgernis bringende Tat ins Meer gestürzt haben (vgl. Mk 9,42c).

Jesus sagt mit diesen Sätzen, daß es nicht gut und nicht sinnvoll ist, jemanden daran zu hindern, heilbringende Taten zu vollbringen (vgl. Dämonenaustreiben), nur deshalb, weil er ihnen (den Jüngern) nicht »nachfolgen« will. Die Folgen sind nicht nur Ärger, Enttäuschung und Verbitterung, sondern er kann auch in Orientierungslosigkeit, Selbstzweifel und mitunter in ein »großes Ärgernis« hineingetrieben werden. Entscheidend ist, daß hier die zwei griechischen Verben *perikeitai* (»es wird … gelegt«) und *bebletai* (»er wurde … gestürzt« oder: »er hat sich gestürzt«) nicht als Präsens (passiv, 3. Pers. Singular) bzw. als Perfekt (passiv oder medial, 3. Pers. Singular) in die Einheitsübersetzung übertragen wurden.

Daß die Übersetzung dieses Verses inkorrekt ist und damit auch die Aussage verfälscht wurde, zeigt schon die Tatsache, daß die griechischen Worte *kalon* (deutsch: gut) und *onikos* (deutsch: Eseljoch) in der Einheitsübersetzung einfach unübersetzt geblieben sind, obwohl sie wichtige Versteile darstellen.

Dies alles ist ein Zeichen dafür, daß sich der Übersetzer bei jener Stelle nicht wirklich ausgekannt und sie nur oberflächlich bearbeitet hat. Höchstwahrscheinlich diente ihm als Vorlage die falsche Vulgata-Übersetzung.

Es ist nicht verwunderlich, daß es die Exegeten bei solchen falschen Übersetzungen mit der Auslegung und Deutung jener Stellen sehr schwer haben.

Jesus kann eben niemandem geraten haben, einen Menschen mit einem Mühlstein um den Hals im Meer zu ertränken, sondern er rief alle zur Liebe auf, wie er sie auch selbst praktiziert hat.

Warum hier Jesus so grausame Worte in den Mund gelegt wurden, erklärt sich aus der Tatsache, die bereits bei den angeblichen Worten von ihm über das »Schwert« (vgl. Mt 10,34) ausführlich beschrieben wurde. Der Kirche geht es in erster Linie um Machtausübung und dann erst um Jesus und seine Botschaft und Bedeutung.

So spielt bei der Übersetzung stets die vorgefaßte kirchliche »Interpretation« und tendenziöse Intention die wichtigste Rolle, wie es das Zitat des Exegeten Jacob Kremer deutlich gemacht hat.

10
Die Interpretation und die neutestamentliche Übersetzung

Wie schon jenes Zitat gezeigt hat, setzt »jede Übersetzung ... immer schon eine bestimmte Interpretation voraus«. (vgl. Jacob Kremer, Die Bibel lesen ..., S. 37).

So hängen die Interpretation, mit der der Übersetzer an seine Arbeit herangeht, und die Übersetzung sehr stark miteinander zusammen. Hat zum Beispiel jemand das Grundanliegen des Verfassers nicht erkannt oder setzt er sich über dessen Anliegen hinweg und hält sich nur an die »autorisierte Tradition«, so ist es schwer, ja sogar unmöglich, die richtige Übersetzung für den Text zu finden.

Bei dieser Vorgehensweise kommt natürlich auch wieder das besondere kirchlich-dogmatische Denken in jener Bibelübersetzung zum Vorschein.

Ein Beispiel aus der katholischen Theologie mit ihrer Lehre vom »Reich Gottes«, in das der Mensch nach seinem Tod gelangt (oder nicht), soll dies deutlich machen. Dazu einige Zitate aus zwei sehr bedeutsamen Werken der römisch-katholischen Kirche und ihrer theologischen Wissenschaftler.

So sagt der deutsche *Katholische Erwachsenen-Katechismus* folgendes:

»Als Christen hoffen wir auf das Reich Gottes, wie es uns Jesus Christus verkündet hat. Es hat durch Jesus Christus im Heiligen Geist bereits endgültig begonnen; in der Kirche und in ihren Sakramenten reicht es schon jetzt in unsere Gegenwart herein. Aber es hat seine Vollendung noch nicht gefunden. ›Wir sind gerettet, doch in der Hoffnung‹ (Röm 8,24)« (Katholischer Erwachsenen-Katechismus, S. 426).

Das »Reich Gottes« ist für die katholische Kirche also bereits im Entstehen, kommt aber erst später zur Vollendung.

Auch im Konzilsdokument des II. Vatikanums, der dogmatischen Konstitution über die Kirche »Lumen Gentium« wird etwas Ähnliches über das »Reich Gottes« gesagt:

»Dieses Reich (Gottes) aber leuchtet im Wort, im Werk und in der Gegenwart Christi den Menschen auf. Denn das Wort des Herrn ist gleich einem Samen, der auf dem Acker gesät wird (Mk 4,14): die es im Glauben hören und der kleinen Herde Christi (Lk 12,32) beigezählt werden, haben das Reich selbst angenommen, ... So stellt sie (die Kirche) Keim und Anfang dieses Reiches auf Erden dar. Während sie allmählich wächst, streckt sie sich verlangend aus nach dem vollendeten Reich; mit allen Kräften hofft und sehnt sie sich danach, mit ihrem König in Herrlichkeit vereint zu werden« (Neuner/Roos, Nr. 409, S. 273).

Aus diesen Texten geht hervor, daß für die Kirche und ihre Lehrer das »Reich Gottes« unweigerlich an die kirchliche Gemeinschaft gebunden ist. Das »Reich Gottes« ist nur in der Kirche und allein in der »Begegnung« mit ihr erfahrbar (vgl. Monopol für den Empfang der verschiedenen Sakramente).

Mit einer solchen kirchlich-autorisierten Interpretation über das »Reich Gottes« ging der Übersetzer der *Einheitsübersetzung* an die Erarbeitung der Verse Lk 17,20f.

In jenem Abschnitt wird JESUS von den Pharisäern gefragt, wann das »Reich Gottes« komme. Laut Einheitsübersetzung antwortete er folgendes:

»... Das Reich Gottes kommt nicht so, daß man es an äußeren Zeichen erkennen könnte. Man kann auch nicht sagen: Seht, hier ist es!, oder: Dort ist es! Denn: Das Reich Gottes ist (schon) mitten unter euch« (EÜ: Lk 17,20b-21).

Dann spricht Jesus zu seinen Jüngern vom »Tag des Menschensohnes« (Lk 17,22-37) und davon, daß dieser sich »offenbart« (Lk 17,30).

Hier wird scheinbar für die römisch-katholische Kirche die Lehre vom »Reich Gottes« begründet. So ist das »Reich Gottes« mit dem »Kommen des Menschensohnes« angeblich am Ende der Zeiten (Endgericht) in Bezug gebracht, die vordergründig perfekteste Grundlage für ihre theologischen Hypothesen.

Bei dieser Sichtweise wurde aber etwas nicht in Betracht gezogen, was schon im Zusammenhang mit einer anderen Textstelle (Reden über die Zerstörung des Tempels in Jerusalem; Mk 13,1-37, besonders: V. 26) in diesem Buch gesagt worden ist. Es wurde darauf hingewiesen, daß für die Deutung dieser Stelle der alttestamentliche Text beim Propheten Daniel (vgl. Vision des Daniel: Dan 7,1-28, besonders: V. 13) von eminenter Wichtigkeit ist, weil der Prophet dort über ein »messianisches Reich« spricht, in dem Gott den Menschen den Frieden bringt.

Mancher Leser wird sich jedoch angesichts jener Stelle im *Lukas-Evangelium* (vgl. Lk 17,20-37) fragen, wo denn da die Frohe Botschaft erkennbar sei. Viele kritische Fragen bleiben für ihn unbeantwortet, auch wenn er Erklärungen, wie sie beispielsweise aus der katholischen Lehre kommen, von »Fachleuten« erhält.

Wo ist dieses »Reich Gottes«, wenn es unter uns ist? Ist es Jesus selbst, der mit dem »Reich Gottes« gemeint ist? Kommt und geht das »Reich Gottes«, ohne daß es viele Menschen leiblich gesehen oder erfahren haben, weil Jesus nicht mehr auf dieser Erde lebt? Wenn Jesus fort ist, ist dann das Reich Gottes auch nicht mehr da?

Durch die Übersetzung der katholischen Kirche (EÜ) wird jener Vers (Lk 17,20b-21) bzw. das Wort von Jesus nicht klarer, sondern wir werden mit einem großen Rätsel entlassen.

Nach dem griechischen Text heißt die korrekte Übersetzung jedoch anders. Interessanterweise wird diese Übersetzungsmöglichkeit von der katholischen Kirche aber mit einer fadenscheinigen Begründung strikt abgelehnt. In einer Anmerkung der *Einheitsübersetzung* zum Vers Lk 17,21 heißt es:

»Andere Übersetzungsmöglichkeiten: ... oder das Reich Gottes ist in euch. – Gegen die zweite Möglichkeit spricht, daß die Evangelien das Wirken Gottes im Inneren des Menschen nicht als ›Reich Gottes‹ bezeichnen«.

Diese Anmerkung widerspricht sich selbst. Warum soll mit »Reich Gottes« nicht eine innere Wirklichkeit des Menschen gemeint sein? Das *Lukas-Evangelium* ist ja selbst ein Evangelium und somit bezeichnet diese Stelle das Innere als »Reich Gottes«.

So sagt Jesus in jenem Vers zu den Pharisäern, daß das »Reich Gottes« nicht durch »genaue Beachtung von Gesetzen« (wie es in der korrekten Übersetzung heißt!) kommt, sondern im »Inneren« des Menschen liegt (vgl. Lk 17,20b-21). Diesen korrekt übersetzten Satz sehen wir in seiner vollständigen Form ebenfalls im nächsten Kapitel an. Daß die katholische Kirche diese richtige Übersetzung wegen ihrer Lehre ablehnen muß, ist allerdings klar.

Dennoch kennt auch sie jene theologische Erkenntnis von AURELIUS AUGUSTINUS (gest. 430 n. Chr.), den sie ja in ihrer Verehrung sehr hoch hält, daß Gott (wie er es in seinem Werk *Confessiones* darlegt) im Innersten des Menschen erfahrbar ist (vgl. Confessiones, 10. Buch, Nr. 3, Nr. 6, Nr. 24, Nr. 25).

In einem katholischen Handbuch für Religionspädagogik wird die Ablehnung dieser Übersetzungsversion noch deutlicher formuliert:

»Dennoch kann das Wesen des R.G. (Reich Gottes) nicht in das Innere des Menschen und die dort zu treffende sittliche Entscheidung verlagert werden, wie es gelegentlich in falscher Auslegung von Lk 17,21b geschieht« (Handbuch religionspädagogischer Grundbegriffe, hrsg. von Gottfried Bitter, Bd. 2, München 1986, S. 694).

Warum hier von einer falschen Auslegung gesprochen wird, ist klar. Eine solche Übersetzung paßt absolut nicht in das katholische Lehrsystem, wie es die Zitate aus den oben genannten kirchlichen Dokumenten zeigen.

Möglicherweise befürchtet die Amtskirche, daß Übersetzungen von Bibelstellen, die sich nicht in ihr »Lehrgebäude« einfügen lassen, nicht nur dieses selbst in Frage stellen, sondern es sogar schwer erschüttern oder gar zum Einsturz bringen können.

Es ist kein Zufall, daß sich im freiheitsliebenden Amerika das *Positive Denken* mit seiner philosophischen Geistesströmung entwickelt hat. Als einer ihrer großen Vertreter muß der 1981 verstorbene bedeutende Theologe und Denker Dr. JOSEPH MURPHY genannt werden. Zu diesem Denken gehört unweigerlich die Tatsache, daß das »Reich Gottes« eine innere Wirklichkeit des Menschen ist, da auch die so bedeutende englische Bibel, die *King-James-Version,* diesen Vers folgendermaßen übersetzt hat: »Neither shall they say, Lo here! or, lo there! for, behold, the kingdom of God is within you« (K-J-V: Lk 17, 21).

Diese Bibelübersetzung, und im besonderen jener Vers, muß als Frucht der Reformation und als Ergebnis eines Ablösungsprozesses von der römischen Zentralgewalt der Kirche gesehen werden.

Mit dem englischen Wort »within« wurde nicht nur das griechische Wort *entos* übersetzt, sondern es wurde hier ansatzweise eine eigene theologische und geistige Richtung ausgedrückt, die dieser Übersetzung als »Interpretation« zugrunde gelegt worden ist.

Es ist eine neue Theologie, die den Menschen nicht mit einer »kirchlichen Moralanstalt« unterdrücken will, sondern ihn als geistig frei und als mündiges Wesen respektiert, das in seinem Inneren erkennt, was ihn glücklich macht oder ihm Schaden zufügt.

Hier wird ein Denken vorausgesetzt, das einen erwachsenen Menschen nicht in einem »Lehrer-Schüler-Verhältnis« sieht, wobei der Papst als quasi »Oberlehrer« manchmal auch diktatorisch seine Lehrmeinung vertritt (vgl. Entzug der Lehrbefugnis u.a.).

Alle anderen dürfen nur die Rolle der Schüler übernehmen und gehorchen. Bei einer extremen Amtsführung des Papstes müssen alle »ex kathedra«-Lehraussagen als einzig richtig hingenommen werden, ob sie es sind oder nicht. Doch das Glück des Menschen kann nicht aus der Hauptzentrale von Rom kommen und auch nicht von dorther gesteuert werden.

Jeder Mensch findet in den tatsächlichen Aussagen der Botschaft Jesu Christi seinen Weg in Freiheit, Friede, Harmonie und Glück.

Dort lernt er an den eigentlichen »Quellen« seine Trauer und Angst zu besiegen, sieht er sein Leben in einer neuen und hoffnungsgeladenen Wirklichkeit; und er »trinkt« mit diesem »Wasser« eine neue, noch nie gekannte Freude, die ihn innerlich stark macht und ihm Eigenständigkeit und Selbstbewußtsein gibt.

Es zeigt sich ihm ein neuer Weg in der Bewältigung von Konflikten mit seiner Umwelt. Er entdeckt Harmonie in seinem Familienleben und findet zu einem rechten Verhältnis zu den Mitmenschen.

Diese Entdeckungsreise führt ihn zu einer zuverlässigen Lebensorientierung und zum Sinn seines Lebens.

Er lernt zudem noch etwas Wichtiges kennen: Daß nämlich die Frohe Botschaft von Jesus keine Konkurrenz zu einer anderen Religion oder Weltanschauung darstellt, sondern die wertvollste »Ergänzung« für sein Leben auch dann ist, wenn er sich nicht ausdrücklich zum Christentum bekennt.

Jesus und seine Botschaft geben jedem menschlichen Wesen die beste geistige Richtung, nicht aber die Theologie von PAULUS, nicht der Papst als *»vicarius Christi«* oder seine »Brüder im Amt«.

Im nächsten Kapitel werden alle angesprochenen Beispiele für falsche Übersetzungen ausführlich besprochen und zusammen mit noch weiteren in ihrer korrigierten Form wiedergegeben werden.

ZWEITER TEIL

Die wichtige und notwendige Korrektur im Neuen Testament – entscheidende Übersetzungsbeispiele aus der kirchlichen Tradition

Einleitung

Im ersten Teil dieses Buches stand die Frage im Vordergrund, warum es zu so grundlegend falschen Übersetzungen im Neuen Testament gekommen ist.

In diesem zweiten Teil sollen nun Textbeispiele gebracht werden, die entscheidend sowohl die christliche Theologie und Lehre, aber auch die Lebenspraxis der Kirchen bestimmt und geprägt haben. Allen voran hat die römisch-katholische Kirche einen Weg beschritten, der, wie gezeigt wurde, nicht der Verkündigung der frohmachenden Botschaft von Jesus entspricht.

Die folgenden Texte werden das grobe Mißverhältnis zwischen dem Evangelium von JESUS und der Lehre der Kirche aufzeigen. Es wird sogar ein Beispiel dafür gebracht werden, daß ein und derselbe alttestamentliche Prophetentext, der an verschiedenen Stellen in zwei der synoptischen Evangelien eingebaut ist, so schlecht übersetzt wurde, daß er im Alten Testament genau das Gegenteil von dem aussagt, was im Neuen Testament steht.

Und dieser gravierende Fehler besteht nicht erst seit den neuesten Übersetzungen (beispielsweise der *Einheitsübersetzung*), sondern erstaunlicherweise bereits seit etwa 1600 Jahren, genauer gesagt spätestens seit der Entstehung der *Vulgata*-Übersetzung (Ende des 4. Jhs. n. Chr.).

Wie die korrigierten Texte und Verse zeigen, haben alle Übersetzungen mit diesen Fehlern, und ihre Zahl ist in den Jahrhunderten nicht wenig angewachsen, durch ihre Unkorrektheiten nicht nur dem Christentum im ganzen Schaden zugefügt, sondern ihn auch im Leben vieler Menschen angerichtet.

Da jede Gesellschaft vom Denken ihrer Weisheitslehrer, Theologen, Philosophen, politischen Leitfiguren und Machthaber geprägt ist, hat auch die christliche Religion beziehungsweise haben ihre Hauptverantwortlichen der Menschheit viel Leid gebracht.

Es wurde schon ausführlich gezeigt, daß die Kirche zwar immer genauestens von der Frohen Botschaft von Jesus wußte und von ihr gesprochen hat. Dennoch hat sie, wie PAULUS, diese Botschaft mit eigenen, oft menschenverachtenden Lehren vermischt und daraus eine »pessimistische« Botschaft gemacht, vor der, wenn autoritärer Druck (Inquisitionsprozesse, Hexenverbrennungen, Bannflüche u.a.) wegfällt, wie es zum Teil seit der Aufklärung geschehen ist, die Menschen, Christen wie Nichtchristen, schleunigst Reißaus nehmen.

Wer will »täglich sein Kreuz auf sich nehmen« und so ein hoffnungsloses Leben als Zukunft vor sich haben? Ist dies erbaulich für den, der in tiefer Armut lebt? Genügt es denn einem Menschen, daß er »glückselig« sein soll, wenn er gestorben ist? Da helfen ihm auch keine Predigten, nach denen Jesus ihn liebt.

Das Lesen der verbreiteten Bibelübersetzungen hilft ihm nicht, froh und glücklich zu werden oder gar sein Leben in den Griff zu bekommen.

Zu viele grobe Widersprüche führten ihn in eine Verwirrung, aus der ihn möglicherweise niemand mehr retten kann.

In meine Auswahl wurden bewußt Texte aufgenommen, die sowohl der Denkrichtung in der paulinischen Theologie entsprechen, als auch die Lehren der christlichen Kirchen entscheidend geprägt haben (z.B.: Wer sein Leben liebt, wird es verlieren ...; Mönchstum u.a.).

So soll gezeigt werden, daß jenes paulinische Denken (siehe »sieben Tendenzen«, die im ersten Teil des Buches herausgehoben wurden) auch heute noch in den christlichen Kirchen präsent ist und – bei der einen mehr, bei der anderen weniger – Theologie und Praxis dominiert.

Daher wollen diese Beispiele demonstrieren, daß es wegen jenes Pessimismus in den Übersetzungen gar nicht möglich war, den Menschen echte Hoffnung, Freude und Liebe weiterzugeben.

Für eine konsequent positive Lebenshaltung fehlt bei tendenziös falschen Übersetzungen solcher Art jede geistige Grundlage.

1
Die Befreiung der Evangelien von Ehe- und Partnerschaftsfeindlichkeit

Grobe Fehlerhaftigkeiten in traditionellen neutestamentlichen Bibelübersetzungen (Vulgata, Luther-Bibel, King-James-Version, Jerusalemer Bibel, Die Gute Nachricht, Einheitsübersetzung) und ihre Richtigstellung

In den nun folgenden Beispielen aus den Evangelien soll gezeigt werden, daß die Übersetzer bestimmte Texte und Verse in paulinischer Weise ehe- und partnerschaftsfeindlich übertragen haben.

So hat einer vom anderen zwar nicht die gleichen Worte, jedoch die gleiche Intention und Theologie »abgeschrieben«, ohne dabei genau zu überlegen, ob sie wirklich korrekt ist und in den Gesamtzusammenhang (Kontext) paßt. Es wurde nicht darauf geachtet, ob diese Übersetzung nicht den Aussagen in anderen Texten widerspricht und damit die Einheit des betreffenden Evangeliums zerstört.

Sehen wir uns nun die Beispiele im einzelnen an.

Jesus will nicht, daß jemand seine Ehefrau um des Gottesreiches willen »verläßt« (Lk 18,29)

In diesem Textabschnitt geht es darum, daß Petrus im Zusammenhang mit der Begebenheit vom wohlhabenden Mann (Lk 18,18-27) von Jesus eine Antwort auf die Frage haben will, ob auch er und die anderen Jünger das »Reich Gottes erfahren« (Lk 18,25) können, weil sie ihr »Eigentum« (Besitz) verlassen (im Stich gelassen, unbeobachtet gelassen)« haben und ihm »nachgefolgt« sind (Lk 18,28).

Darauf sagt Jesus laut *Einheitsübersetzung* (und anderen traditionellen Übersetzungen):

»Amen, ich sage euch: Jeder, der um des Reiches Gottes willen Haus oder Frau, Brüder, Eltern oder Kinder verlassen hat, wird dafür schon in dieser Zeit das vielfache erhalten und in der kommenden Welt das ewige Leben« (EÜ: Lk 18,29f.).

Jesus antwortete also angeblich, daß jeder, der um des Reiches Gottes willen Frau und Kind »verlassen« hat, dafür Lohn »in dieser Zeit« und »in der kommenden Welt« erhalten wird.

Schon die lateinische *Vulgata*-Übersetzung *(Hieronymus)* hat hier tendenziös ungenau das ursprünglich verwendete griechische Wort *apheken* mit dem lateinischen Wort »reliquit« übertragen.

So heißt es in der Vulgata:

» ... reliquit ... uxorem aut filios propter regnum Dei ...« (Vg: Lk 18,29).

Sehen wir uns nun diese beiden Worte in ihren griechischen und lateinischen Bedeutungsfeldern an:

Das griechische Wort *apheken* kommt grammatikalisch von *aphiemi* und hat die Bedeutungen: ab-, weg-, fortschicken, -senden; wegjagen; verabschieden; (Frau) verstoßen, sich von ihr scheiden lassen, nicht beobachten, außer acht lassen, vernachlässigen ..., aber auch: loslassen (aus Haft, Knechtschaft) entlassen, freilassen.

Das lateinische Wort *reliquit* kommt von *relinquo* und bedeutet: zurück-, hinter sich lassen, verlassen, aufgeben, sich von etwas trennen, im Stich lassen.

So hat das lateinische Wort »reliquit« eine andere Bedeutungsrichtung und Tendenz als das griechische Wort »apheken«. »Reliquit« meint mehr etwas »zurücklassen« und »verlassen«, das heißt sich von etwas vollständig lösen.

Das griechische Wort *apheken* jedoch hat einen weiteren Bedeutungsraum als nur: fortschicken, vernachlässigen, sich scheiden lassen. Es bedeutet auch: los- und freilassen.

Dieses griechische Wort muß, um richtig übersetzt zu werden, in seiner Bedeutung sowohl zu den genannten Personen als auch zum »Haus« passen. Das Entscheidende aber ist dabei, daß das gewählte Wort mit den anderen dieses Verses zusammen die Frohe Botschaft von Jesus deutlich macht.

Dies trifft jedoch nicht auf das in der Vulgata verwendete »reliquit« zu, weil es nicht die Bedeutung von »los- und freilassen« hat.

Die gleiche Tendenz finden wir beim Lesen der englischen *King-James-Version,* wo es heißt:

» ... hath left ... wife or children for the kingdom of God's sake ...« (K-J-V: Lk 18,29).

Auch in der *Luther-Bibel* heißt es in gleicher Weise:

» ... Frau oder ... Kinder verläßt um des Reiches Gottes willen ...« (L-B: Lk 18,29).

Und auch in der *Kleinen Jerusalemer Bibel* lautet es:

» ... verläßt Weib oder ... Kinder um des Reiches Gottes willen ...« (J-B: Lk 18,29).

Und ebenso in der neutestamentlichen Bibelübersetzung *Die Gute Nachricht:*

» ... seine Frau, ... oder Kinder zurückgelassen hat, weil Gott jetzt seine Herrschaft aufrichtet ... » (G-N: Lk 18,29).

Auch in der *Zürcher-Bibel* und in der *Neue-Welt-Übersetzung* der Wachturm-Gesellschaft findet sich die Bedeutung »verlassen«, wie auch bei allen folgenden Beispielen.

Diese Übersetzung von *apheken* mit »verlassen« oder »zurücklassen« stört die Einheit und Klarheit der Frohen Botschaft. Sie macht sie letztlich unverständlich und scheidet damit als Wahlmöglichkeit aus.

Das geeignetste Wort für eine richtige Übersetzung bleibt »loslassen«, nicht nur, weil es in das Evangelium paßt, sondern auch, weil es in einer guten Verbindung sowohl mit dem Wort »Haus« (= Besitz u.a.) als auch mit »Frau, Kinder ...« stehen kann.

Jesus hat, wie noch später gezeigt werden wird, den reichen Mann zum Teilen seines Besitzes mit den Armen aufgerufen, weil dieser das »ewige Leben« erhalten wollte (Lk 18,18). Dieser reagierte aus Geiz (vgl. Mammon) auf jenen Aufruf nicht (Lk 18,23).

Nun wollte Petrus, wie erwähnt, von Jesus den »Lohn« für das Verlassen seines »Eigentums«.

Jesus lobt daraufhin seine Jünger jedoch auf eine andere Weise, als sie es erwartet haben, und erteilt ihnen eine Belehrung: Wenn jemand Haus, Eltern, Geschwister, Frau und Kind im übertragenen Sinn »losläßt« um des »Reiches Gottes« willen, wird er dafür sehr »viel mehr ... und ... das ewige Leben« erhalten (vgl. Lk 18,29).

Das bedeutet, daß er mit dem »Loslassen« zu seinem »Haus ... Eltern, Frau und Kind« in ein rechtes Verhältnis kommt. Er wird daher seine Frau und seine Kinder nicht mehr, wie Petrus es ausdrückte (Lk 18,28), als sein »Eigentum« betrachten.

So hängt die Nachfolge Jesu nicht in erster Linie mit einer örtlichen Trennung von »Haus« oder »Frau und Kind« zusammen, sondern bedeutet für den Betreffenden eine »neue« Einstellung zu den Personen seiner nahen Umgebung. Sie bedeutet konsequenterweise auch eine veränderte Haltung gegenüber dem eigenen Besitz (Haus).

Diese Haltung des Loslassens orientiert sich an der wichtigen Lebensweisung der Liebe (Lk 10,25-37). Daher zeigt Jesus Petrus, daß Frau und Kinder nicht »Besitz und Eigentum« des Mannes sind, wie es damals die Gesellschaft nach ihren Gesetzen regelte.

Der Mann soll durch dieses »Loslassen« von solch macho-haften Denkweisen den Blick in sein Inneres, auf das »Reich Gottes« richten (Lk 17,21), um dabei eine glückliche Zukunft für sein Leben zu entdecken. Mit solchen Worten ruft Jesus seine Jünger auf, an einer liebevollen und befriedigenden Partnerschaft gemeinsam mit Frau und Kind zu arbeiten, wodurch für ihn die Nachfolge von Jesus zum Segen wird.

Die korrekte Übersetzung der Verse in ihrer vollständigen Form lautet also:

»Amen, ich sage euch: Es gibt keinen, der Haus (Hab und Gut), Frau oder Geschwister (Verwandte), Eltern oder Kinder im Blick auf das Reich Gottes (geistig) losläßt, und der nicht im rechten Augenblick (in dieser Zeit) vielmal mehr und in der zukünftigen Zeit ewiges Leben bekommt« (Lk 18,29f.).

So zieht Jesus nicht die Ehemänner von ihren Frauen und Kindern weg, damit sie nur mit Männern in Klöstern zusammenleben oder auch ehelos und allein sind, sondern er zeigt, daß es einen Weg zu einer intensiven Partnerschaft in Ehe und Familie gibt. Dies gilt natürlich umgekehrt auch für Frauen.

Die Haltung des »Loslassens« heißt Befreiung von einem »Besitz«-Denken und hin zu gegenseitigem Respekt und zu Achtung vor der Würde und Einzigartigkeit jedes Menschen.

Jesus will nicht, daß seine Jünger ihre Frauen, Kinder oder das eigene Leben »gering achten« (hassen, aufgeben) (Lk 14,26).

In diesem Textabschnitt spricht Jesus zu den Menschen, die ihn auf seinem Weg begleiten (Lk 14,25); und er gibt ihnen entscheidende Weisheiten für ihr Leben mit (Lk 14,26-35).

Leider kommen diese Weisheiten in den traditionellen Übersetzungen, angefangen von der *Vulgata* bis hin zu den neuesten Versionen, nicht eindeutig und klar genug zum Vorschein. Von einzelnen Versen jenes Abschnittes wird noch in einem anderen Zusammenhang die Rede sein.

Am Anfang der Rede heißt es nun laut *Einheitsübersetzung* in befremdlicher Weise:

»Wenn jemand zu mir kommt und nicht Vater und Mutter, Frau und Kinder, Brüder und Schwestern, ja sogar sein Leben gering achtet, dann kann er nicht mein Jünger sein« (EÜ: Lk 14,26).

Warum muß jemand als Bedingung für eine Jüngerschaft mit Jesus seine »Frau und Kinder ... ja sogar sein Leben gering achten«? Wo hält sich, der so handelt, an die Worte von der Gottes- und Selbstliebe und von der Liebe zu den Mitmenschen? (Lk 10,25-36; Mk 12,28-31; Mt 22,35-40; Joh 13,34f.;15,12 u.a.).

Dies wäre ein klarer Verstoß auch gegen den »Auftrag« von Jesus im *Johannes-Evangelium:* »Liebt einander!« (EÜ: Joh 15,17b). Dieselben Worte liest man auch in der lateinischen *Vulgata:*

» ... et non odit ... uxorem et filios ... adhuc autem et animam suam, non potest meus esse discipulum« (Vg: Lk 14,26).

Und doch läßt diese lateinische Übersetzung, wie auch der griechische Urtext, eine andere Übersetzungsmöglichkeit und Lesart offen, wodurch sich eine völlig andere Aussage ergibt.

Ob jedoch dieser Vers der Vulgata in den vielen Jahrhunderten auch in der neuen Weise gelesen und verstanden wurde, ist höchst fraglich und unwahrscheinlich, wie die kirchliche Praxis zeigt.

Die englische *King-James-Version* übersetzt mit der gleichen Interpretation wie die *Einheitsübersetzung:*

» ... and hate not ... wife, and children ... yea, and his own life also, he cannot be disciple« (K-J-V: Lk 14,26).

Und entsprechend lautet die *Luther-Bibel*:

» … und haßt nicht … Frau, Kinder … und dazu sich selbst, der kann nicht mein Jünger sein« (L-B: Lk 14,26).

Kleine Jerusalemer Bibel:

» … nicht Weib und Kind … und dazu auch sein eigenes Leben haßt …« (J-B: Lk 14,26).

Die Gute Nachricht:

» … der muß bereit sein … zu brechen, ebenso mit Frau und Kindern … und sogar das eigene Leben aufzugeben. Sonst kann er nicht mein Jünger sein« (G-N: Lk 14,26).

Diese traditionellen Übersetzungen zeigen alle ein und dieselbe geistige Denkrichtung. Dabei kommt auch eine grausame ehe-, ja auch frauen- und kinderfeindliche Haltung der theologischen Übersetzer zum Ausdruck. Wieder einmal paßt das nicht zu einer »Frohen Botschaft« und ist schon gar nicht eine »Gute Nachricht« für die Menschen.

Der Übersetzungsfehler kommt daher, daß man erstens die doppelte Verneinung (»nicht«) im Haupt- und Nebensatz (griechisch: *ou*) nicht gestrichen hat, was jedoch grammatikalisch und philologisch möglich ist. Die korrekte und sinnvolle Übersetzung lautet:

»Wenn irgendeiner zu mir kommt und vernachlässigt seinen Vater oder seine Mutter, die Frau oder die Kinder, die Brüder oder die Schwestern und auch noch sein eigenes Leben, kann er doch mein Jünger (Schüler) sein« (Lk 14,26).

Jesus nennt also nicht Kriterien oder Bedingungen für Menschen, die ihm als Jünger nachfolgen dürfen, sondern er sagt, daß gerade die Menschen, die in großen Schwierigkeiten und Konflikten mit sich und ihrer Umwelt leben und von der Gesellschaft als Außenseiter und womöglich »Sünder« gesehen werden, bei ihm, als »Rabbi« und Lehrer der größten Weisheiten, Hilfe und Rat als seine Schüler finden können.

So macht Jesus nicht den Frauenhaß zur Grundvoraussetzung für die Aufnahme in ein Priesterseminar oder in einen

Orden, sondern er verspricht den Menschen mit diesem Satz, ihnen einen wundervollen Weg zu zeigen, auch wenn sie selbst in einer scheinbar ausweglosen Situation leben.

Jesus will nicht, daß jemand sein Leben für seine Freunde hingibt (Joh 15,13).

Der betreffende Satz von JESUS fällt in seinen letzten Reden zu den Jüngern vor seiner Kreuzigung; er steht im *Johannesevangelium.*

Jesus redet von seinem »Auftrag« (Gebot; griech. *entole*), andere so zu lieben, wie er es getan hat (Joh 15,12).

In der *Einheitsübersetzung* liest man den folgenden Satz:

»Es gibt keine größere Liebe, als wenn einer sein Leben für seine Freunde hingibt« (EÜ: Joh 15,13).

Was soll dieser Satz aussagen? Doch nicht etwa: Riskiere Kopf und Kragen für deine Freunde, weil deine Frau und deine Kinder dir unwichtig sind?

Oder: Sei froh, daß du keine Frau und keine Kinder hast, damit du zusammen mit deinen Freunden ohne Rücksicht auf deine Angehörigen dein Leben in höchste Gefahr bringen kannst?

Oder: Das Wichtigste in meinem Leben sind die Freunde, da kann ich mich auch für einen anderen töten lassen?

Das soll ein Auftrag von Jesus für uns Menschen sein?

Jeder, der bei einer Rettungsorganisation (z.B. dem Roten Kreuz, der Feuerwehr, der Bergwacht) tätig ist, weiß, daß er das eigene Leben nicht riskieren darf.

Die Vulgata und die King-James-Version betreffend wurde schon einiges im vorhergehenden Kapitel über diesen Vers gesagt. Sie haben die gleiche Tendenz in ihrer Übersetzung wie die Einheitsübersetzung, aber auch wie die *Kleine Jerusalemer Bibel:*

» ... größere Liebe ..., daß er sein Leben für seine Freunde hingibt« (J-B: Joh 15,13).

Luther-Bibel:

» ... größere Liebe ... sein Leben läßt für seine Freunde« (L-B: Joh 15,13).

Die Gute Nachricht:

»Niemand liebt mehr als der, der sein Leben für seine Freunde opfert« (G-N: Joh 15,13).

Der Fehler in allen Übersetzungen liegt darin, daß für das griechische Wort *the* nicht »einsetzen« als richtige und logische Bedeutung gewählt wurde.

Tut man das, so lautet die korrekte Übersetzung:

»Niemand hat eine größere Liebe als diese, daß man sein Leben für seine Freunde einsetzt« (Joh 15,13).

Diesen Einsatz leisten viele Menschen in Berufen, bei denen es um den Schutz menschlichen Lebens geht. Es ist ein Dienst an der Gemeinschaft des Lebens, jedoch hat dabei das eigene Leben einen gleich hohen Stellenwert.

So ist die Liebe, die Jesus seinen Jüngern »aufträgt«, nicht ein Märtyrertum, sondern ein Lebenseinsatz, der über die Selbstliebe hinausgeht, dem anderen Hilfe bringt und gleichzeitig die eigene Person bewahrt.

Es »gibt« also keiner »sein Leben für seine Freunde hin« und läßt dabei seine Frau und Kinder allein. Denn dies wäre Verantwortungslosigkeit gegenüber dem Partner.

Dies waren die brisantesten Beispiele für Übersetzungsfehler, die alle dieselbe Richtung haben, in die die traditionelle christliche Theologie Menschen oft in gefährlicher Weise getrieben hat.

Solche falschen Übersetzungen öffnen Tür und Tor radikalen, ja extremen Denk- und Lebensweisen, und sie haben daher vielen Menschen großes Leid gebracht.

2
Die Befreiung der Evangelien von Sexual- und Leibfeindlichkeit

Fehler in den traditionellen Übersetzungen und ihre Richtigstellung

Wie schon im ersten Teil gezeigt wurde, haben sich Leib- und Sexualfeindlichkeit in den christlichen Kirchen seit Paulus hartnäckig gehalten.

Nun soll anhand einiger Beispiele in den *Evangelien* gezeigt werden, wie jene geistigen Strömungen sich durch falsche Übersetzungen eingeschlichen und ursprüngliche Aussagen verfremdet haben.

Welche Fehler mit diesen »leib- und sexualfeindlichen Interpretationen« in den traditionellen Übersetzungen sind dies?

Jesus redet nicht unklar über den »Ehebruch im Herzen« (Mt 5,28)

In diesem Abschnitt – er steht innerhalb der sogenannten »Bergpredigt« (Mt 5-7) – spricht Jesus zu seinen Zuhörern über den Ehebruch (Mt 5,27-30) und erinnert sie da an eines der »zehn Worte« (auch »Zehn Gebote« oder »Dekalog«) aus dem *Alten Testament:* »Du sollst nicht die Ehe brechen« (AT: Ex/2. Mose, 20,14; 5. Mose 5,18; NT: MT 5,28).

Dann fällt laut *Einheitsübersetzung* folgender Satz:

»Ich sage euch: Wer eine Frau auch nur lüstern ansieht, hat in seinem Herzen schon Ehebruch mit ihr begangen« (EÜ: Mt 5,28).

Dieser Satz klingt für jeden, ob verheiratet oder nicht, sehr merkwürdig.

Was heißt das, eine »Frau lüstern anzusehen«? Heißt das etwa, ein Mann dürfe bei keiner Frau ihre Schönheit sehen, ohne dabei nicht gleich zu einem Ehebrecher zu werden? Dieser Vers ist in jener Übersetzung unklar, aber dennoch paßt er in die katholische Lehre über die Ehe, die unter dem gegenwärtigen Papst JOHANNES PAUL II., vormaliger Professor und Ordinarius für Moraltheologie, vertreten wird: »Die katholische Theologie erblickt in der Begierde des Fleisches ... einen ›Zunder‹ der Sünde. Man kann wohl kaum bestreiten, daß eine beständige Bereitschaft, den Körper der Person des anderen Geschlechts als Genußobjekt zu begehren, ein Keim zur Sünde ist, ... darum betrachtet die Theologie, gestützt auf die Offenbarung (Bibel), die Begierde des Fleisches als Folge der Ursünde« (Karol Wojtyla, Liebe und Verantwortung, S. 138f.).

Diese 1962 von dem damaligen Universitätsprofessor vertretene Lehrmeinung hat der inzwischen zum Papst avancierte Johannes Paul II. nicht fallengelassen. Im Gegenteil – er griff den Gedanken vom »Ehebruch mit der eigenen Frau«, der sich auch in den Lehren von AUGUSTINUS und HIERONYMUS findet (»Wer ein zu leidenschaftlicher – *ardentior* = brennender – Liebhaber seiner Frau ist, ist ein Ehebrecher«), bei einer Generalaudienz am 8. Oktober 1980 auf und bekräftigte ihn (vgl. Uta Ranke-Heinemann, Eunuchen für das Himmelreich, Hamburg 1988, S. 66). Diese geistige Position ist jedoch schlechthin unverständlich: Daß ein Ehemann mit der eigenen Frau die Ehe brechen könne ...

Der – wie zitiert – übersetzte Vers Mt 5,28 ist so sexualfeindlich und offen für Fehldeutungen, daß er, extrem verstanden, für manchen bedeuten kann, eine Frau nicht einmal anzusehen, weil sein Blick vielleicht »lüstern« sein könnte und er schon dadurch zum »Ehebrecher« würde.

Wie sähe wohl das Leben von Mann und Frau aus, wenn jeder beim Anblick einer Frau beziehungsweise eines Mannes Angst haben müßte, die »Ehe zu brechen«?

Die Perversion, die als Aussage in jenem Satz liegt, ist unverkennbar. Bei so einem – angeblichen – Wort von Jesus über den »lüsternen« Blick ist es nur logisch, wenn die römisch-katholische Kirche in ihrer Morallehre heuchlerisch Pornographie als Sünde klassifiziert und sittlich verwirft (vgl. auch dazu Karol Wojtyla, Liebe und Verantwortung, S. 166f.).

Bei Karl Hörmann, Lexikon der christlichen Moral (Innsbruck 1976, S. 1296f.), ist zu lesen: »Unter P. (Pornographie) versteht man ... eine solche (Darstellung oder Beschreibung des nackten menschlichen Körpers oder sexueller Vorgänge), die den Eindruck erweckt, für das Glück (die Lebenserfüllung) komme es nur auf die sexuelle Betätigung an, gleichgültig, auf welche Art und mit wem immer der Mensch sie betreibt, und die geeignet ist, in dieser Richtung zu erregen ... An der P. ist zu bemängeln, daß sie ... den Konsumenten auf ein sexuelles Fehlverhalten zu fixieren droht«.

Blickt man aber hinter die Kulissen dieser Doppelmoral, so entdeckt man, daß für die Amtskirche andere Gründe beim Pornographieverbot von höchstem Interesse sind und auch bei einer solchen Übersetzung von Mt 5,28 eine entscheidende Rolle spielen.

Seit Jahrhunderten hat die römisch-katholische Kirche größte Probleme, Priester und Ordensleute in ihre Reihen zu bekommen. Der Priester- und Ordensnachwuchs ist in der Gegenwart zahlenmäßig erst recht am Sinken.

Welcher Pfarrer hat die »Freude«, einen Kaplan an seiner Seite zu haben? Wie viele Jugendliche entschließen sich für eine solche Sache, bei der man seine Liebe zu einem Partner verleugnen und mit aller Kraft verdrängen muß, weil es angeblich so dem »Ruf« und »Willen Gottes« entspricht?

Wenn aber bei Jugendlichen und Erwachsenen die Sexualität nicht mehr als etwas Suspektes oder gar »Sündhaftes« gesehen wird, das man, wenn überhaupt, wenigstens lustlos ausführen soll, dann fällt auch kein Mensch mehr auf diese »subtile Propagandamaschinerie« der römisch-katholischen Kirche herein. Deshalb mußte der griechische Text so übersetzt werden, daß er in das Gesamtschema der Kirche paßt.

Wie sieht nun jener Satz in den traditionellen Übersetzungen aus?

Die *Vulgata* formuliert:

» ... quia omnis qui viderit mulierem ad concupiscendum eam, iam moechatus est eam in corde suo« (Vg: Mt 5,28).

Damit ist auch die Wurzel für die falsche Übertragung der *Einheitsübersetzung* gelegt. Denn in dieser alten lateinischen Übersetzung finden wir jene Formulierung, eine »Frau« *(mulierem)* »mit Lüsternheit« *(ad concupiscendum)* »ansehen« *(viderit)* – was aber nicht dem exakten Wortlaut des griechischen Urtextes entspricht, wie noch gezeigt wird.

Die *King-James-Version:*

» ... That whosoever looketh on a woman to lust after her hath committed adultery with her already in his heart« (K-J-V: Mt 5,28).

Die *Luther-Bibel:*

»Wer eine Frau ansieht, sie zu begehren, der hat schon mit ihr die Ehe gebrochen in seinem Herzen« (L-B: Mt 5,28).

Die *Kleine Jerusalemer Bibel:*

» ... jeder, der eine Frau begehrlich anblickt, hat ... » (J-B: Mt 5,28).

All diese Übersetzungen haben die gleiche Intention und setzen eine sexualfeindliche Interpretation voraus.

Die neutestamentliche Übersetzung der *Guten Nachricht* kommt der richtigen Lösung wenigstens ein bißchen näher; jedoch wird auch dort nicht klar genug und eindeutig vom griechischen Urtext her übersetzt:

»Wer die Frau eines anderen auch nur ansieht und sie haben will, hat in Gedanken schon ihre Ehe zerstört« (G-N: Mt 5,28).

Daß hier nur »ihre Ehe« von der Zerstörung betroffen ist, kann aus dem griechischen Text nicht herausgelesen werden.

Wo liegt nun der Übersetzungsfehler?

In allen traditionellen Übertragungen, von der Vulgata angefangen, wurden die zwei kleinen, aber höchst wichtigen griechischen Worte *pros to* in jenem Vers völlig ignoriert und ausgelassen. Diese heißen übersetzt: »zu dem Zweck« oder »auf das hin« oder »hinsichtlich des«.

Folglich lautet eine bessere und klarere Übersetzung:

»Doch ich sage euch: ›Jeder, der eine (fremde) Frau zu dem Zweck beobachtet, weil er mit ihr (sexuellen) Umgang begehrt, hat im Herzen schon mit ihr die Ehe gebrochen‹« (Mt 5,28).

Nun ist die Aussage klar: Nicht der »lüsterne Blick« auf eine Frau ist Ehebruch im Herzen, sondern daß jemand einen Ehebruch gedanklich plant und vorbereitet.

Und so erinnert dieser Satz auch stark an eines der »Zehn Worte« im *Alten Testament*: » ... du sollst nicht nach der Frau deines Nächsten verlangen ... » (Neuntes Gebot: Ex/2. Mose 20,17; Dtn/5. Mose 5,21).

Es geht hier eindeutig nicht darum, ständig den eigenen Blick zu kontrollieren, ob man eine Frau (beziehungsweise einen Mann) begehrlich ansieht oder nicht, sondern daß man anderen Menschen Respekt und Achtung vor deren Ehe – beziehungsweise auch vor der eigenen – zeigt.

Daß die römisch-katholische Kirche mit jener Übersetzung Einfluß auf die Ehen genommen und dabei großen Schaden angerichtet hat, ist gewiß nicht zu leugnen.

Jedoch finden sich in den gleich darauffolgenden Sätzen (Mt 5,29f.) Formulierungen in allen Übersetzungen, die noch viel Furchtbareres aussagen.

Jesus will nicht, daß sich jemand Gliedmaßen (Auge, Hand) »ausreißt«, weil sie ihn »zum Bösen verführt« haben (Mt 5, 29–30).

Diese Verse schließen gleich an das eben gebrachte Beispiel (Mt 5,28) an.

Jesus spricht weiter über den Ehebruch. Laut *Einheitsübersetzung* sagt er folgendes:

»Wenn dich dein rechtes Auge zum Bösen verführt, dann reiß es aus und wirf es weg! Denn es ist besser für dich, daß eines deiner Glieder verlorengeht, als daß dein ganzer Leib in die Hölle geworfen wird. Und wenn dich deine rechte Hand zum Bösen verführt, dann hau sie ab und wirf sie weg! Denn es ist besser für dich, daß eines deiner Glieder verlorengeht, als daß dein ganzer Leib in die Hölle kommt« (EÜ: Mt 5,29.30).

Das Lesen solcher Sätze erzeugt Schrecken und Angst vor einem grausamen Gott. Vertrieben sind alle Gedanken von der Liebe Gottes zu den Menschen. Fassungslos und betroffen steht jeder da, wenn er daran denkt, daß diese Worte von Jesus kommen sollen, der sich doch im *Johannes-Evangelium* als guter Hirte bezeichnet und sich um jedes »Schaf« liebevoll kümmert (Joh 10,11-16).

Was haben da alle Übersetzer – von Hieronymus bis in die Gegenwart – aus den tatsächlichen Worten Jesu gemacht? Es ist jeder Funke von »Froher Botschaft Gottes« (vgl. Mk 1,15) verlorengegangen.

Sehen wir uns den Wortlaut in den anderen Übersetzungen an:

Die *Vulgata:*

»Quod si oculus tuus … scandalizat te, erue eum et proice abs te; expedit enim tibi ut pereat unum membrorum tuorum, quam totum corpus tuum mittatur in gehennam. Et si … manus … scandalizat te, abscide eam et proice abs te; expedit … eat in gehennam« (Vg: Mt 5,29f.).

Wortlaut und Intention der Übersetzung sind mit kleinen Unterschieden gleich wie in der Einheitsübersetzung.

Auch hier sollen das »Auge« *(oculus)* und die »Hand« *(manus)* bei einer bösen Tat von einem selbst »ausgerissen« *(erue)* und »weggeworfen« *(proice)* werden. Denn es ist besser, als Invalide zu leben, als mit »zwei Augen« beziehungsweise »Händen« in die *gehenna* (Hölle) geworfen zu werden.

King-James-Version:

»And if thy right eye offend thee, pluck it out, and cast it from thee: for it is profitable for thee that one of thy members should perish, and not that thy whole body should be cast into hell. ... hand ... hell« (K-J-V: Mt 5,29f.).

Die *Luther-Bibel:*

»Wenn dich aber dein rechtes Auge zum Abfall verführt, so reiße es aus und wirf's von dir. Es ist besser ... Wenn dich deine rechte Hand ... nicht der ganze Leib in die Hölle fahre« (L-B: Mt 5,29f.).

Die *Kleine Jersusalemer Bibel:*

»Wenn dich daher dein rechtes Auge zur Sünde reizt, so reiß es aus und wirf es von dir. Es ist besser ... Und wenn ... Hand ... in die Hölle fährt« (J-B: Mt 5,29f.).

Die Gute Nachricht:

Wenn dich dein rechtes Auge verführen will, dann reiß es aus und wirf es weg! Es ist besser ... und wenn ... Hand ... Hölle kommt« (G-N: Mt 5,29f.).

Daß hier von den Übersetzern bestimmte Formen im griechischen Urtext grammatikalisch nicht erkannt wurden, darauf wurde bereits in der Besprechung einer sehr ähnlichen Textstelle (vgl. Lk 9,43,45,47) hingewiesen.

Auch dort wurde bei den griechischen Verben *exele* und *bale* des Verses 29 (Auge) und *ekkopson* und *bale* des Verses 30 (Hand) die zutreffende Form nicht richtig bestimmt und daher falsch übertragen.

Im Vers Mt 5,29 sind die griechischen Verben *exele* und

bale epische Aoriste (3. Pers. Singular) und heißen richtig übersetzt: » ... wird man ... ausreißen ...« und » ... wird man ... wegwerfen ...«.

In Mt 5,30 ist das griechische Wort *ekkopson* grammatikalisch ein Partizip Futur (Akk. Neutrum) und zusammen mit dem griechischen Wort *auten* (sie – die Hand) ein »absoluter Akkusativ des Partizips« mit einer unpersönlichen Ausdrucksform. *Ekkopson* heißt dann: » ... wird man ... abhauen ...«. Bei *bale* ist es wie im Vers 29.

Die korrekte Übersetzung lautet also:

»Wenn nämlich dein rechtes Auge dich in Ärgernis (Skandal, Falle) hineintreibt, wird man es ausreißen und von dir wegwerfen! Ist es denn förderlich für dich, daß eines deiner Glieder abgetrennt wird, und somit nicht dein ganzer Körper in der Gehenna verwundet (gequält) wird? Und wenn deine rechte Hand dich in Ärgernis hineintreibt, wird man sie abhauen und von dir wegwerfen! Ist es denn förderlich für dich, daß eines deiner Glieder abgetrennt wird und somit nicht dein ganzer Körper in der Gehenna ist?« (Mt 5,29–30).

Nun ist der gesamte Abschnitt über den Ehebruch klar. Wenn man keinen Ehebruch plant (vgl. Mt 5,28), so muß man auch nicht mit grausamsten Bestrafungen bei begangener Tat (vgl. Mt 5,29f.) rechnen.

Wie bereits erwähnt, gab es im Gesetz *(Thora)* des *Alten Testaments* harte Strafen für sexuelle Verfehlungen, so auch für den Ehebruch (vgl. Dtn/5. Mose 22,22f. u.a.). Jesus warnt hier aber allgemein vor den Folgen des Ehebruchs.

Die »Gehenna« (hebräisch: *Gehinnom*) war ursprünglich ein »verrufenes Schreckenstal südlich von Jerusalem« (vgl. Uta Ranke-Heinemann, Nein und Amen, Hamburg, 1992, S. 287). Ob man sie als endzeitlichen Ort der Bestrafung oder als einen inneren, quälenden Bewußtseinszustand versteht –

jener Mensch erlebt mit dem »ganzen Körper« Schuld und Sühne, auch dann, wenn ihm ein Körperteil zur Bestrafung abgeschlagen wurde. Diese Erfahrung wünscht Jesus jedoch niemandem.

Jesus wünscht sich nicht, daß jemandem wegen Verführung »ein Mühlstein um den Hals gelegt und er ins Meer gestürzt wird (Mk 9,42).

Hier geht es in den herkömmlichen Übersetzungen nicht nur um ein Beispiel von Leibfeindlichkeit, sondern schlichtweg um eine Grausamkeit, die Jesus willkürlich in den Mund gelegt wurde. Wie im vorangegangenen Teil schon eingehend besprochen, geht es darum, daß JESUS seine Jünger ermahnt, weil sie einen Mann hinderten, in seinem (Jesu) Namen Dämonen auszutreiben (vgl. Mk 9,38-50).

In der *Einheitsübersetzung* heißt es da mitten in der Rede, wie fast genauso in der *Luther-Bibel:*

»Wer einen dieser Kleinen, die an mich glauben, zum Abfall verführt, für den wäre es besser, daß ihm ein Mühlstein an den Hals gehängt und er ins Meer geworfen würde« (L-B: Mk 9,42).

Dieser Satz macht jeden Leser stutzig. Jesus soll so etwas gesagt haben?

Sehen wir uns die anderen Übersetzungen an!

Die lateinische *Vulgata* übernimmt hier fast Wort für Wort den griechischen Urtext. Und dennoch wird durch die Zeichensetzung erreicht, daß die Übersetzung schon in die gleiche Richtung wie die Einheitsübersetzung läuft.

Und sowohl in der *King-James-Version*, in der *Kleinen Jerusalemer Bibel* als auch in der *Guten Nachricht* soll demjenigen, der einen Glaubenden verführt, »ein Mühlstein um den Hals gelegt und er ins Meer geworfen werden«.

Bei solchen Übersetzungen ist es unmöglich, noch ein »gutes« Wort von Jesus für die Menschen herauszuhören.

Im vorigen Teil wurde schon gezeigt, welche Fehler aus exegetischer und philologischer Sicht bei der Übertragung gemacht wurden.

Korrekt übersetzt heißt es:

»Und so könnte der einen von diesen, die gering im Glauben (an mich) sind, in ein Ärgernis (Skandal, Falle) hineintreiben. Ist es gut für ihn? (Ist es) besser, wenn von einem Mühlstein das Eseljoch auf seinen Nacken gespannt wird oder er sich ins Meer gestürzt hat (oder auch: er ... gestürzt worden ist)?« (Mk 9,42).

Jesus mahnt also mit diesen Worten, niemanden an der Durchführung guter Taten zu hindern und ihm etwas aufzuzwingen. Denn damit könnte man ihn, wenn er »gering im Glauben« ist, in große Schwierigkeiten bringen, weil es ihm an positiver Lebensmotivation, Sinngebung und Orientierung fehlt. Das kann ihm vielleicht »Sklaverei und Knechtschaft«, Gefängnis und ähnliches einbringen (vgl. Bild vom »Eseljoch beim Mühlstein auf dem Nacken«).

Es kann sogar noch schlimmer kommen: Er könnte sich aus Verzweiflung selbst töten, oder er wird mit dem Tode bestraft (vgl. Bild vom »Sturz ins Meer«).

So soll man niemanden zu einem »religiösen Bekenntnis« drängen, denn die Folgen könnten für alle Beteiligten höchst unangenehm sein.

Wenn Jesus am Ende dieser Rede seine Jünger zum Frieden ermahnt (Mk 9,50), so bestätigt das nur das bisher Gesagte.

Jesus will nicht, daß man sich wegen einer bösen Tat selbst verstümmelt (Mk 9,43, 45, 47f.)

In diesen vier Versen geht es inhaltlich um die gleiche Sache, wie sie eben im *Matthäus-Evangelium* berichtet wurde (Mt 5,29f.). Jedoch stehen diese Sätze erzählerisch in einem anderen Zusammenhang. Jesus spricht seine Jünger ganz persönlich an und sagt laut *Einheitsübersetzung* etwas sehr Merkwürdiges zu ihnen, was auch in der *Luther-Bibel* nicht anders klingt:

»Wenn dich aber deine Hand zum Abfall verführt, so hau sie ab! Es ist besser für dich, daß du verkrüppelt zum Leben eingehst, als daß du zwei Hände hast und fährst in die Hölle, in das Feuer, das nicht verlöscht. Wenn ... dein Fuß ..., so hau ihn ab! Es ist besser ... Hölle geworfen zu werden. Und ... dein Auge ..., so wirf es von dir! Es ist besser ... geworfen zu werden, wo ihr Wurm nicht stirbt und das Feuer nicht verlöscht« (L-B: Mk 9,43, 45, 47f.).

Über die Grausamkeit einer solchen Gedankenwelt wurde schon gesprochen. Es ist auch klar, daß das niemals die Frohbotschaft von Jesus sein kann.

Sehen wir uns jene Verse in der *Vulgata, King-James-Version,* der Kleinen *Jerusalemer Bibel* und in der *Guten Nachricht* an, so finden wir wieder mit kleineren Abweichungen dieselbe Aussage vor.

Es wurde auch bereits gesagt, wo die Fehler in den Übersetzungen dieser Verse liegen.

Und so lautet die korrekte Übersetzung:

»So auch, wenn dich deine Hand in ein Ärgernis (Skandal, Falle) hineintreibt, wird man sie abschlagen! Ist es gut, daß du verstümmelt im Leben auftrittst oder zwei Hände hast, um in der Gehenna, in dem unauslöschlichen Feuer zu sein? Und wenn dein Fuß dich in ein Ärgernis (Skandal,

Falle) hineintreibt, wird man ihn abschlagen! Ist es gut, daß du im Leben verstümmelt bist oder zwei Füße hast, um in der Gehenna verwundet zu werden? Und so auch, wenn dein Auge dich in ein Ärgernis (Skandal, Falle) hineintreibt, wird man es ausreißen! Ist es gut für dich, mit einem Auge hin zum Reich Gottes zu kommen, oder daß du zwei Augen hast, um in der Gehenna verwundet (gequält) zu werden, wo der Wurm in ihnen (Tote, die sich gegen Gott aufgelehnt haben – vgl. Jes 26,29) nicht stirbt und das Feuer nicht erlischt?« (Mk 9,43,45,47f.).

Somit ist die Aussage klar und eindeutig.

Für keinen ist ein »Ärgernis« etwas Gutes, was auch immer das in einer konkreten Situation heißen mag: Streit, Ärger, Verbrechen, Untat, Skandal, Bosheit u.v.a.

Jesus ermahnt die Menschen, sich vor solchen »Ärgernissen« zu hüten. Er wünscht uns für unser Leben eine glückliche Zukunft und weder »Höllenqualen« noch Invalidität oder Schuldgefühle.

3
Die Befreiung der Evangelien von Frauenfeindlichkeit

Fehler in den traditionellen Übersetzungen und ihre Richtigstellung

Die negativen Haltungen und Handlungsweisen gegenüber Frauen in den christlichen Kirchen wurden schon wiederholt angesprochen.

Sehen wir uns nun die »Früchte« dieser geistigen Tendenzen in den traditionellen Übersetzungen an, welche jedoch mit dem ursprünglichen Text nichts gemeinsam haben und somit jene historisch und theologisch ungerechtfertigt völlig verfälschen.

Nachfolgend die Beispiele im einzelnen.

Jesus, der Auferstandene, spricht nicht abweisend und überheblich zu Maria von Magdala (Joh 20,17).

Auch dieser Vers wurde schon angesprochen im vorhergehenden Teil. Es geht in ihm, wie erwähnt, um die Begegnung des Auferstandenen mit Maria von Magdala, wobei sie ihn nicht gleich erkennt (Joh 20,14-16).

Da sagt Jesus zu ihr folgendes, was in der *Luther-Bibel* sehr ähnlich wie in der Einheitsübersetzung formuliert wurde:

»Rühr mich nicht an! Denn ich bin noch nicht aufgefahren zum Vater. Geh aber hin zu meinen Brüdern und sage ihnen: Ich fahre zu meinem Vater und zu eurem Vater, zu meinem Gott und zu eurem Gott« (L-B: Joh 20,17).

Jeder fragt sich, warum Maria Jesus nicht berühren darf. Warum soll der Auferstandene ihr gegenüber so distanziert reagiert haben? Ist der »Gang zum Vater« etwas, wodurch Jesus uns Menschen beziehungsweise einer Frau nicht mehr nahe sein will? Soll dies vielleicht sogar ein Zeichen dafür sein, daß Jesus jetzt Frauen ablehnt?

Der durch die Übersetzung so beschriebene Jesus hat jedoch nichts mit der wirklichen Person im griechischen Urtext zu tun. Es besteht absolut kein Grund dafür, daß er Maria so abweisend und hochmütig behandelt haben soll.

Dies alles paßt eher in das Denkschema von manch zölibatär Lebendem, der Jesus »nachspielen« will und sich gemäß einem angeblichen Auftrag der Ehelosigkeit von jeder Frau fernhalten muß.

Für Priester und Ordensleute ist es ja kirchlich-römische Vorschrift, keine Vertraulichkeiten mit Frauen zu pflegen.

Es wurde schon darauf hingewiesen, daß diesbezüglich THOMAS von Jesus ganz anders behandelt worden ist: Der wird nämlich sogar aufgefordert, den Auferstandenen anzufassen (Joh 20,27). So läßt sich sehr klar Frauenfeindlichkeit aus dieser Übersetzung ableiten.

Wie sieht der Vers in den anderen traditionellen Übersetzungen aus?

Auch die *Vulgata* hat schon die gleiche Formulierung und gehört somit wieder einmal zu den Urhebern der falschen Übertragungen:

»Dicit ei Jesus: Noli me tangere; nondum enim ascendi ad Patrem meum; ...« (Vg: Joh 20,17a).

Hiernach will Jesus angeblich keine Berührung von Maria.

Ebenso findet man das in der *King-James-Version:*

»Touch me not; for I am ...« (K-J-V: Joh 20,17a); sowie in der *Kleinen Jerusalemer Bibel* (»Halte mich nicht fest ...«) und in der *Guten Nachricht* (»Halte mich nicht zurück ...«).

Wo der Übersetzungsfehler liegt, wurde schon erklärt.

Sehen wir uns schließlich die vollständige und korrekte Übersetzung an:

»Jesus sagte zu ihr: ›Berührtest du mich nicht, weil ich noch nicht zum Vater fortgegangen bin? Dennoch geh zu meinen Brüdern und sage ihnen: Ich gehe fort zu meinem Vater und eurem Vater, zu meinem Gott und eurem Gott‹« (Joh 20,17).

Damit verlieren seine Worte jede unbegründete Überheblichkeit, ja sie klingen sogar liebevoll und zärtlich, so als wollte er ihr sagen: »Früher hast du mich vertrauensvoll umarmt, warum solltest du jetzt Angst haben«?

Dies paßt auch in den darauffolgenden Abschnitt, wo der auferstandene Jesus seinen Jüngern begegnet, ihnen seine Wundmale zeigt und sie mit Worten aufrichtet (Joh 20,19-23).

Jene falschen frauenfeindlichen Übersetzungen wollen indirekt sagen, daß Jesus nicht ein so intensives Verhältnis zu Frauen wie zu Männern hat.

Möglicherweise will man durch eine falsche Wiedergabe der Reaktion von Jesus indirekt die Vorschrift vom alleinigen »Männeramt« des Priesters begründen.

Sehen wir uns noch weitere Fälle an.

Jesus rügt Martha nicht dafür, daß sie ihn mit Speis und Trank bewirtet (Lk 10,40a).

JESUS wird in einem Dorf von MARTHA freundlich aufgenommen, und MARIA, ihre Schwester, sitzt bei ihm und hört ihm aufmerksam zu (vgl. Lk 10,38f.).

Da findet man in der *Einheitsübersetzung* beim Vers Lk 10,40a folgenden Satz:

»Martha aber war ganz davon in Anspruch genommen, für ihn zu sorgen« (EÜ: Lk 10,40a).

Dieser Satz enthält auf den ersten Blick nichts Merkwürdiges. Liest man jedoch weiter, so wird die Erzählung höchst seltsam. Martha bittet nämlich Jesus, Maria aufzufordern, ihr zu helfen (vgl. Lk 10,40b). Jesus hingegen verteidigt Maria und ihr Verhalten. Ja, er rügt sogar Martha wegen ihrer Geschäftigkeit (vgl. Lk 10,41), die ja angeblich in der Bedienung von ihm selbst bestanden hat.

Hier legt Jesus laut *Einheitsübersetzung* scheinbar ein unfreundliches Benehmen an den Tag: Er läßt sich von Martha bedienen und tadelt sie dann dafür.

Warum soll Jesus Martha so überheblich behandelt haben? Der Grund für die falsche Übersetzung liegt wieder einmal im Hochmut zölibatärer Priester, die jene Übertragung erarbeitet haben. Für sie darf die Frau arbeiten, aber Lob und Dank benötigt sie dafür anscheinend nicht.

Sieht man sich den griechischen Text an, so findet man erstaunlicherweise für die betreffenden Satzglieder »für ihn zu sorgen« keine entsprechenden griechischen Worte. Sie sind also eine freie Erfindung des Übersetzers.

Man kann dies auch als eine eindeutige Textfälschung bezeichnen, weil nicht nur die Gesamtaussage der Erzählung verfälscht wird, sondern auch die Person Jesus in ein falsches Licht gerückt wird.

Woher hat man sich dieses Recht abgeleitet?

Wie sieht der Vers Lk 10,40a nun bei den anderen traditionellen Übersetzungen aus?

Die *Vulgata* hält sich eher an den griechischen Text, ebenso die King-James-Version: Man fügte jene Wortgruppe (»für ihn zu sorgen«) nicht hinzu. Doch auch in der *Luther-Bibel* findet man jene seltsame Übersetzung:

»Martha aber machte sich viel zu schaffen, ihm zu dienen …« (L-B: Lk 10,40a). Und in ähnlicher Weise bringt es auch *Die Gute Nachricht:* »Martha dagegen hatte alle Hände voll zu tun, um ihn zu bedienen …« (G-N: Lk 10,40a).

Die *Kleine Jerusalemer Bibel* nahm im Gegensatz dazu keine solche Verfälschung des griechischen Urtextes vor: »Martha aber war durch vielerlei Dienste beansprucht ...« (JB: Lk 10,40a).

Wie jedoch lautet die richtige Übersetzung?

»Martha aber war mit viel Arbeit beschäftigt ...« (Lk 10,40a).

Nun ist der Satz von Jesus einleuchtend, den er zu Martha sagt (Lk 10,41). Martha soll sich wie Maria für ein Gespräch mit ihm Zeit nehmen und alle andere Arbeit ruhen lassen.

Jetzt wirken die Worte von Jesus auf den Leser freundlich, weil die Gesamtsituation eine andere ist.

Jesus tadelt seine Mutter nicht auf der Hochzeit in Kana (Joh 2,4)

JESUS, seine Mutter und seine Jünger sind bei einer Hochzeit in Kana (Galiläa) (Joh 2,1f.). Da der Hochzeitsgesellschaft der Wein ausgegangen ist, redet MARIA Jesus an, ihnen zu helfen.

Darauf antwortet Jesus laut *Einheitsübersetzung* etwas sehr Sonderbares und Unfreundliches:

»Was willst du von mir, Frau? Meine Stunde ist noch nicht gekommen!« (EÜ: Joh 2,4).

Doch auch die Reaktion von Maria auf diese Antwort ist ungewöhnlich: Ohne auf die klare Ablehnung ihres Sohnes zu hören, gibt sie Anweisungen an die Diener, die für das Mahl zuständig sind, alles zu tun, was Jesus ihnen aufträgt (Joh 2,5).

Es scheint also, als würde sie auf respektlose Weise Jesus zwingen, Hilfe zu leisten. Und Jesus handelt dann trotz seiner ablehnenden Worte doch so, wie es seine Mutter sich von ihm erwartet hat.

Oberflächlich betrachtet wird hier nichts anderes als das

erste Wunder beschrieben, das Jesus bei einer Hochzeit gewirkt hat (Joh 2,1-12). Sieht man sich aber die Erzählung und vor allem die Beschreibung der Beziehung zwischen Jesus und Maria genauer an (vgl. EÜ: Joh 2,3-5,12), so hat sich da scheinbar ein Streit von Sohn und Mutter abgespielt. Niemand versteht auch, warum Jesus Maria so unhöflich und hochmütig zurechtweist.

Das wirft Fragen auf, die der Text in dieser Übersetzung nicht beantwortet. Der Leser bleibt rätselnd zurück.

Sehen wir uns nun die anderen traditionellen Übersetzungen an:

Die *Vulgata:* »Et dicit ei Jesus: Quid mihi et tibi est, mulier? nondum venit hora mea« (Vg: Joh 2,4).

Auch diesmal legte die Vulgata den Grund für alle anderen Übersetzungen, da man ihre Intention in diesen wiederfindet.

In der *Luther-Bibel* hat Jesus einen noch schärferen Ton gegenüber seiner Mutter, wenn er sagt:

»Was geht's dich an, Frau, was ich tue? Meine Stunde ...« (L-B: Joh 2,4).

Doch nicht viel freundlicher redet er in den anderen Übersetzungen.

King-James-Version:

»Jesus saith unto her, Woman, what have I to do with thee? mine hour ...« (K-J-V: Joh 2,4).

Die *Kleine Jerusalemer Bibel* formuliert seine Worte gleich der *Einheitsübersetzung.*

Und *Die Gute Nachricht*:

»Jesus erwiderte ihr: Was ich zu tun habe, ist meine Sache, nicht deine. Meine Zeit ist noch nicht da« (G-N: Joh 2,4).

Woher kommt nun der Übersetzungsfehler?

Der erste Satz wurde bei allen Übersetzungen in eine rhetorische Frage verwandelt. Die Übersetzer haben nicht erkannt, daß Jesus hier eine feststellende Bemerkung zu seiner Mutter macht, um sie zu beruhigen.

Im zweiten Satz liefert Jesus keine Begründung für seine ablehnende Haltung, sondern er wehrt jede Besorgnis und Befürchtung vor einem traurigen Ende des Hochzeitsmahles ab.

Die Übersetzer haben im zweiten Satz außerdem etwas Wichtiges nicht beachtet:

Da die ältesten Texte in griechischen Großbuchstaben geschrieben und nicht mit Zeichen und Akzenten versehen sind (vgl. *Codex Sinaiticus*, 4. Jh. n. Chr.), ist für das Lesen und Übersetzen dieser historischen Zeugnisse eine große Schwierigkeit entstanden. Die jüngeren Schriften, bereits in Groß- und Kleinbuchstaben, müssen also bei der Übertragungsarbeit daraufhin überprüft werden, ob Satzzeichen und Akzente richtig gesetzt worden sind. Denn es gibt Worte im griechischen Text mit gleichen Großbuchstaben, jedoch mit unterschiedlichen Akzenten und völlig verschiedenen Bedeutungen. Es muß also das Wort mit der passenden Bedeutung gefunden werden.

Dies geschah in diesem Vers aber nicht beim griechischen Wort *ora*.

Ora heißt mit einem Hauchzeichen »spiritus asper« über dem »o« hora. In dieser Wortbedeutung heißt es »Stunde, Zeit ...«.

Mit einem Hauchzeichen »spiritus lenis« über dem »o«, das nicht ausgesprochen wird, bedeutet »ora«: »Sorge, Befürchtung, Besorgnis«.

Es muß also das Wort mit der passenden Bedeutung gefunden werden.

Wenn man bedenkt, daß mit dem »Kommen seiner Stunde« der Beginn seiner Lehr- und Wirktätigkeit gemeint sein soll, so stände doch die Bedeutung »Stunde« im Widerspruch dazu. Jesus hat ja mit diesem Wunder ein erstes Zeichen für seine göttliche Macht gesetzt. So bleibt nur die Bedeutung »Sorge« als logische Konsequenz übrig.

Die korrekte Übersetzung lautet daher:

»Jesus sagte zu ihr: ›Irgend etwas (ist) mir und dir (schon möglich), Mutter! Auf keinen Fall bricht Sorge (Besorgnis, Befürchtung) über mich herein‹« (Joh 2,4).

Nun wird auch verständlich, warum Maria darauf zu den Dienern davon sprechen konnte, daß die Anordnungen von Jesus befolgt werden sollen (vgl. Joh 2,5). Und jener Text erscheint auch nicht als ein Streit zwischen Sohn und Mutter, sondern sie zeigen im Gegenteil füreinander Achtung und Freundlichkeit.

4
Die Befreiung der Evangelien von Äußerungen der Unterdrückung, Bevormundung und des »geistigen Sklaventums«

Fehler in den traditionellen Übersetzungen und ihre Richtigstellung

Einiges wurde schon darüber gesagt, daß die christlichen Kirchen sich in der fast zweitausendjährigen Geschichte viel zu wenig für die Armen und Entrechteten eingesetzt haben.

Wie oft haben sie sich gerade auf die Seite jener Herrscher gestellt, die ihre Macht gegenüber den Untertanen schamlos ausgenützt haben, um ihrerseits dadurch die politische Position von Papst beziehungsweise Kirche zu stärken.

Beim einfachen Gottesvolk wurde jene Knechtschaft gebilligt und hingenommen, wenn Menschen Unrecht geschah.

Da tat ein Militärpfarrer im Dritten Reich bei einer Erschießung keinen anderen Dienst, als ein Gefängnisgeistlicher heute bei einem Vollzug der Todesstrafe.

Immer hat es der Kirche an Mut gefehlt, sich eindeutig und klar gegen solche unchristlichen Taten zu stellen.

Bibelstellen wie »... nimm dein Kreuz auf dich ...«, die man Betroffenen in leidvollen Situationen als »Tröstung« bringt, sind keine wirkliche Hilfe und Stärkung, weil sie nicht von der Liebe Gottes zeugen und in die Tiefe des Herzens vordringen.

Sie haben auf die Menschen nur eine sehr oberflächliche Wirkung und auch sie sind Worte, die Jesus niemals gesagt hat.

Es sollen nun wichtige Beispiele derartiger Bibelstellen gebracht werden.

Jesus will nicht, daß seine Jünger »sich selbst verleugnen« und ihr »Kreuz auf sich nehmen« (Mk 8,34–35).

Mit dieser falschen Übersetzung, die der Botschaft JESU völlig zuwiderläuft, konnte und kann noch immer von der Amtskirche jede Märtyrertheologie begründet werden.

Jene Sätze liefern eine Grundlage für ein Denken, das das Leid falsch heroisiert und den davon Betroffenen noch tiefer ins Elend hineinziehen kann.

In welchem Zusammenhang stehen im *Markus-Evangelium* diese Verse?

Jesus spricht mit seinen Jüngern über das Leid, das der Menschensohn durch die jüdisch-religiösen Führer erfahren wird. Auch redet er von seiner Auferstehung am dritten Tag und daß dies alles seiner Berufung von Gott her entspricht (Mk 8,31-33).

Dann belehrt er eine Anzahl von Menschen (Mk 8,34a) und beginnt laut *Einheitsübersetzung* eine Rede, die jeden Leser verunsichert und ängstigt, weil Jesus angeblich von ihm so leidvolle Dinge verlangt:

» … Wer mein Jünger sein will, der verleugne sich selbst, nehme sein Kreuz auf sich und folge mir nach. Denn wer sein Leben retten will, wird es verlieren; wer aber sein Leben um meinetwillen und um des Evangeliums willen verliert, wird es retten« (EÜ: Mk 8,34f.).

Sein »Kreuz auf sich nehmen« hieße, sich blind einem Schicksal zu beugen und sich auf einem Weg lebenslanger

Tragik zu sehen, der keine Freude und Hoffnung in dieser Welt kennt.

Welch furchterregende Vorstellung ist das, jeglichem Leid hilflos ausgeliefert zu sein, ohne daß sich ein Lichtblick oder eine positive Veränderung ankündigt!

Wie sehen diese Verse in den anderen Übersetzungen aus?

Die *Vulgata* hat bereits die Übersetzungstendenz, »sein Kreuz zu tragen« *(tollat crucem suam)* und »sein Leben um meinetwillen und um des Evangeliums willen zu verlieren« *(perdiderit omniam suam propter me et evangelium)* (Vg: Mk 8,34f.).

Die *Luther-Bibel* formuliert die Sätze in sehr ähnlicher Weise wie die Einheitsübersetzung.

Auch die *King-James-Version* geht keinen anderen Weg: »... let him deny himself, and take up his cross, and follow me ... lose his life for my sake and the gospel's, the same shall save it« (K-J-V: Mk 8,34f.).

Die *Kleine Jerusalemer Bibel* paßt in Wortlaut, Inhalt und Aussagen genau zu diesen Übersetzungen.

Die Gute Nachricht legt Jesus auch keine anderen Worte in den Mund:

»Wer mit mir gehen will, der muß sich und seine Wünsche aufgeben. Er muß sein Kreuz auf sich nehmen und mir auf meinem Weg folgen. Denn wer ... verlieren. Aber wer sein Leben für mich und die Gute Nachricht verliert, wird es retten« (G-N: Mk 8,34f.).

Solch pessimistische Worte soll Jesus zu den Menschen als frohmachende Botschaft gesagt haben?

Die Fehlerquellen liegen vor allem in der Wahl der falschen Wortbedeutungen.

So wurde für das griechische Wort *stauron* die Bedeutung »Kreuz« statt »Palisade« gewählt, was soviel wie »Schutzwand« und im übertragenen Sinn dann »Schutz und Sicherheit« heißt.

Das griechische Verb *arato* wurde mit »tragen« beziehungsweise »auf sich nehmen« und nicht mit »beten« oder »bitten um« übersetzt.

Jenes griechische Wort hat aber laut Lexikon nicht die Bedeutung von »tragen und auf sich nehmen«.

Es handelt sich also um eigene Prägungen der »kirchlich-diktierten« Bibelwissenschaft. Der Grund dafür liegt auf der Hand.

Die »neuen« Bedeutungen müssen das »Gebäude« der Kirche von Lehre, Dogmen, sittlicher Moralvorschriften stützen können. Dabei wird auf die ursprünglichen Aussagen des griechischen Textes keine Rücksicht genommen.

Auch bei dem Verb *apolesei* aus dem Vers Mk 8,35 wurde zu wenig überlegt, ob dafür die Bedeutung »verlieren« wirklich paßt, obwohl es noch andere gibt, so zum Beispiel »leidvoll oder unglücklich machen«.

Wie lautet hier die korrekte Übersetzung, die den Menschen wirklich die Frohe Botschaft bringt?

»Da rief er das Volk mit Hilfe der Jünger herbei und sagte zu ihnen: ›Wenn einer (genau) hinter mir her nachfolgen will, verweigere er (es) sich; vielmehr bete er um seine ‚Palisade' (Schutzwand, übertragen; göttlicher Schutz und Sicherheit) und sei mein Jünger. Denn wer das Leben aus eigenem Antrieb erhalten will, wird es leidvoll machen. Doch wer sein Leben zerstört, wird es im Blick auf mich und die Frohe Botschaft befreien‹« (Mk 8,34.35).

Dies paßt dann auch exakt zu dem folgenden Vers, wo es um die Freudlosigkeit geht, die man erlebt, wenn man »die ganze Welt erhält«, und dabei »an seinem Leben leidet« (Mk 8,36).

Daher stellt Jesus uns nicht solch makabere Bedingungen für seine »Nachfolge« wie Selbstverleugnung, Kreuztragen oder Lebensverlust um seiner oder der Botschaft willen, sondern er zeigt uns Menschen einen Weg auf, wie wir in unserem Leben Glück und Freude finden können.

Dazu gehört nicht »blinde« Jesus-Nachfolge, sondern »Gebet um göttlichen Schutz und Sicherheit«, aber auch die Erkenntnis, daß man sein Leben allein durch eigenes Streben nur leidvoll macht.

Er gibt uns Menschen eine Orientierung, an sich und seiner Botschaft unser Leben auszurichten und dabei die Erfahrung von Befreiung und Glück zu machen.

Jesus kündigt niemandem an, daß er »sein Leben verliert«, wenn er es liebt (Joh 12,25).

Von Lebensverachtung in den Lehren der christlichen Kirchen wurde schon gesprochen.

JESUS redet hier über seine Berufung, die er mit dem Weizenkorn vergleicht, das man in die Erde legt, damit es Frucht bringt (Joh 12,24). Dieses Korn ist jedoch nicht »tot«, also verdorben und unbrauchbar, weil sonst ja keine Ernte möglich wäre.

Dann folgt laut *Einheitsübersetzung* ein merkwürdiger Satz:

»Wer an seinem Leben hängt, verliert es; wer aber sein Leben in dieser Welt geringachtet, wird es bewahren bis ins ewige Leben« (EÜ: Joh 12,26).

Spricht Jesus hier angeblich wieder davon, daß man leichtsinnig mit seinem Leben umgehen und sich unachtsam jeder Gefahr aussetzen soll?

Sehen wir uns die anderen Übersetzungen an.

Die *Vulgata:*

»Qui amat animam suam, perdet eam; et qui odit animam suam in hoc mundo, in vitam aeternam custodit eam« (Vg: Joh 12,25).

So »richtet« auch der »sein Leben« »zugrunde« *(perdet)*, welcher es »liebt«, und welcher es »haßt« *(odit)*, wird es für das »ewige Leben« »bewahren« *(custodit)*.

Die *Luther-Bibel:*

»Wer sein Leben lieb hat, der wird's verlieren; und wer ... haßt, wird's erhalten zum ewigen Leben« (L-B: Joh 12,25).

Die *King-James-Version:*

»He that loveth his life shall lose it; and he that hateth his life in this world shall keep it unto life eternal« (K-J-V: Joh 12,25).

Auch die *Kleine Jerusalemer Bibel* spricht hier von der Liebe zum Leben, die Verlust bedeutet, sowie vom Lebenshaß, der denjenigen dorthin führt, » ... es (das Leben) zu ewigem Leben (zu) bewahren« (J-B: Joh 12,25).

Und auch *Die Gute Nachricht* sagt nichts anderes:

»Wer sein Leben liebt, der wird es verlieren. Wer aber sein Leben in dieser Welt geringachtet, wird es für das ewige Leben bewahren« (G-N: Joh 12,25).

Diese Übersetzungen unterscheiden sich also nicht von der Intention her, und sie stimmen vielfach sogar in der Formulierung fast völlig überein.

Die Übersetzungsfehler liegen hier in der falschen Wahl der Wortbedeutungen für die griechischen Worte *philon*, *apollüei* und *mison*.

So wurde *philon* statt mit »gieren« durch »lieben« bzw. »liebhaben« übersetzt. *Apollüei* wurde nicht mit »entschwinden«, sondern meist durch »verlieren« übertragen. Und *mison* wurde statt mit »sich nicht um etwas (ängstlich, zweiflerisch) kümmern« durch »hassen« übersetzt.

Die vollständige und korrekte Übersetzung lautet:

»Wer nach seinem Leben giert (furchtsam an seinem Leben hängt), (dem) wird es entschwinden; und der sich nicht (ängstlich, zweiflerisch) um sein Leben in dieser Welt küm-

mert, wird es bis in ein immerwährendes Leben bewahren« (Joh 12,25).

Die Aussage dieser Übersetzung paßt auch zu anderen Worten von Jesus über die Liebe (Joh 13,34f.; Mk 12, 28-31; Joh 10,11-15) und läßt die Frohbotschaft klar erkennen.

Jesus wünscht sich von niemandem, daß er »der Letzte von allen« und der »Diener aller« sein soll (Mk 9,35b).

Worum geht es in diesem Abschnitt (Mk 9,33-37)?

Die Jünger führten ein Gespräch, wer »hochstehender« (auch: größer, bedeutender, ausgezeichneter, ehrenvoller, mächtiger, berühmter ...) sei (vgl. Mk 9,34).

Darauf sagt JESUS laut *Einheitsübersetzung* folgenden befremdlichen Satz:

»Wer der Erste sein will, soll der Letzte von allen und der Diener aller sein« (EÜ: Mk 9,35b).

Das klingt wieder seltsam. Was heißt das: Letzter und Diener aller sein? Vor allem: Wie soll man das machen?

Das Verwirrspiel einer solchen Übersetzung kann dem Menschen nicht die Frohe Botschaft bringen.

Wie sehen nun die anderen Übersetzungen dieser Textstelle aus:

Die *Vulgata* sagt hier, daß der »Erste« (primus) der »Letzte« (novissimus, auch: Nachhut) und der »Diener« (minister, auch: Gehilfe, Helfer) von allen sein wird.

Die *Luther-Bibel* übersetzt, wie die Einheitsübersetzung, das griechische Verb »estai« (er, sie, es wird sein), was von seiner grammatikalischen Bestimmung her ein Futur (3. Pers. Singular) ist, sehr ungenau mit einem Imperativ (3. Pers. Singular):

»... der soll der Letzte sein von allen ...« (L-B: Mk 9,35b).

Die *King-James-Version* ist da genauer, indem sie jenen Versteil folgendermaßen übersetzt:

» ... the same shall be last of all ...« (K-J-V: Mk 9,35b).

So wird hier »estai« richtig mit einem Futur bestimmt.

Auch die *Kleine Jerusalemer Bibel* überträgt »estai« imperativisch: »... muß er der Letzte von allen ... sein« (J-B: Mk 9,35b).

Und auch bei der *Guten Nachricht* hat man sich für eine solche Übersetzung entschieden:

»Wer der Erste sein will, muß sich allen anderen unterordnen und ihnen dienen« (G-N: Mk 9,35b).

Fast alle Übersetzer haben die griechischen Worte *eschatos* und *diakonos* also mit »Letzter« beziehungsweise mit »Diener« übertragen.

Dies sind aber zu eingeschränkte und unklare Bestimmungen jener Worte, weil sie die Aussage des Satzes uneindeutig erscheinen lassen, ja sogar verfälschen.

Eschatos heißt nicht nur »Letzter«, sondern auch »Äußerster, Höchster, Größter, Erster; Niedrigster, Geringster, Schlechtester ...«.

»Äußerster« erscheint von allen Bedeutungen am geeignetsten, weil damit ausgedrückt wird, daß derjenige an die äußerste Grenze seiner Möglichkeiten geht.

Auch das Wort *diakonos* hat noch eine andere Bedeutung außer »Diener«, nämlich »Helfer«.

So lautet dann die logisch erscheinende und korrekte Übersetzung:

»... Wenn wer Angesehenster sein will, wird er von allen einer sein, (der an die) äußerste (Grenze) (seiner Möglichkeiten geht) und Helfer für alle ist« (Mk 9,35b).

Damit ist der Abschnitt verständlich. Der wirklich Angesehene und Ehrenvolle geht an die äußersten Grenzen, weil er eine große Zivilcourage und Vertrauen in die Liebe und Güte

Gottes besitzt. Er wagt es vertrauensvoll, über das Mittelmaß hinaus seiner inneren Berufung zu folgen, und teilt die gewonnenen geistigen und materiellen Schätze mit anderen. So ist er mit seiner positiven Lebenseinstellung Helfer von allen.

Jesus verkündet nicht ein Reich Gottes, das »mitten unter euch« (Menschen) ist (Lk 17,21b).

Über diesen Vers wurde schon einiges gesagt. Hier spricht JESUS zu den Pharisäern, die zu ihm gekommen sind, über das Reich Gottes. Sie wollen von ihm wissen, wann dieses Reich kommt. Als gute Kenner der alttestamentlichen Schriften wußten sie von der Ankündigung des Gottesreiches aus den prophetischen Texten (z.B. *Jesaja*).

Jesus gibt ihnen die Antwort, daß es nicht durch genaues »Ausschauhalten« (griech. *paratereseos*, auch: Beobachten) herbeikommt (Lk 17,20). Und dann sagt er laut *Einheitsübersetzung* einen Satz, der nicht ganz dazu paßt:

»... Denn: Das Reich Gottes ist (schon) mitten unter euch« (Lk 17,21b).

Wenn das Reich Gottes mitten unter ihnen ist, so bleibt in der Antwort doch unklar, wo genau dies sein soll. Meint da Jesus sich selbst? Aber warum hat er das dann nicht gesagt?

Es wurde schon berichtet, daß die Einheitsübersetzung als kirchlich-autorisierte Bibel eine andere Übersetzungsvariante als ihre eigene völlig ablehnt. So liegt die Vermutung nahe, daß man sich den einfachen Gläubigen aus kirchenpolitischen Gründen »unterordnen« will.

Die Übersetzung »mitten unter euch« begünstigt die Vorstellung, daß man hier gleich an Jesus denkt. Da liegt aber auch eine mögliche Deutung der römischen Amtskirche nicht fern, die das auf alle katholischen Geistlichen bezieht, welche sich ja als Stellvertreter Christi sehen. Sie stehen damit »mitten unter« den Menschen, in den Gemeinden und reden manchmal so, als würden sie Jesus oder Gott selber sein, indem sie den Menschen bestimmte Dinge verbieten oder erlauben.

Damit ist aber auch jede »Unterdrückung« von höherer kirchlicher Stelle des gläubigen Gottesvolkes möglich. Dieses muß dann gehorchen, weil »Jesus« (= Priester, Pfarrer, Bischof, Papst) unter ihnen ist und sagt, was zu tun ist.

Das griechische Wort, das da mit »mitten unter« übersetzt wurde, heißt *entos* und bedeutet »unter« bei Zahlen, anderenfalls aber: »innen, darinnen, inwendig, innerhalb, in der Mitte; im Inneren ...«.

Die Übersetzung mit »mitten unter euch« ist also nicht völlig richtig.

Die *Vulgata* übersetzt wie die Einheitsübersetzung mit »intra vos«, was »unter euch«, aber auch »in euch« heißt.

Intra hat jedoch eher die Bedeutung von »untereinander, zwischen ...« und gibt damit für alle Übersetzungen eine Richtung, wie wir es bei der Einheitsübersetzung gesehen haben.

Martin Luther wählte in seiner Übertragung, wie auch die *King-James-Version*, eine andere Variante:

» ... sehet, das Reich Gottes ist inwendig in euch« (ursprüngliche L-B: Lk 17,21b).

Die revidierte *Luther-Bibel* von 1984 hat jedoch die Wendung:

» ... Reich Gottes ist mitten unter euch« (L-B: Lk 17,21b).

Die *King-James-Version* hingegen macht dieselbe Ausnahme wie Martin Luther:

» ... for, behold, the kingdom of God is within you« (K-J-V: Lk 17,21b).

Auch die *Kleine Jerusalemer Bibel* übersetzt diesen Versteil mit »mitten unter euch«, wie auch *Die Gute Nachricht:*

»... Denn schon jetzt richtet Gott mitten unter euch seine Herrschaft auf!« (G-N: Lk 17,21b).

Damit verweigert die römisch-katholische Kirche den Menschen eine wirkliche Frohe Botschaft, weil sie das »Reich Gottes« durch jene Übersetzung in etwas Äußeres legt. Sie gesteht niemandem zu, daß er die Erfahrung vom Reich Gottes in seinem Inneren machen kann.

Hier wird auch ihre unchristliche Morallehre von einem »Gewissen« begründet, das von »außen« her, d.h. von kirchlichen Amtsträgern, »gelenkt, gesteuert und gebildet« wird.

So führt sie jedes Bekenntnis zur Gewissensfreiheit ad absurdum (vgl. II. Vaticanum, Lumen Gentium, Nr. 41), weil der Mensch dadurch nicht wirklich frei ist.

Jesus hingegen schenkt uns eindeutig gute Worte, wenn er nach einer korrekten Übersetzung sagt:

»... Denn seht doch, das Reich Gottes ist im Inneren (inwendig) von euch« (Lk 17,21b).

Diese Worte geben uns Freiheit und Freude, weil wir durch sie in der Gewißheit leben können, daß Gott mit seiner Liebe uns ganz nahe ist.

Jesus verkündet keinen widersprüchlichen Gott, der einerseits für »alle« Bedürfnisse sorgt und andererseits den Menschen seiner täglichen »Plage« überläßt (Mt 6,34b).

In diesem Textabschnitt spricht Jesus über das große Vertrauen, das jeder gegenüber seinem Schöpfer haben kann. Zu diesem »Urvertrauen« gehört das Wissen, daß der Mensch von der göttlichen Schöpfung alles bekommt, was er für ein glückliches Leben braucht, weil Gott stets für ihn sorgt und ihm dies alles gibt (vgl. Mt 6,25-34).

Ein solcher Glaube an Gott wird jedoch laut *Einheitsüber-*

setzung durch den letzten Satz der Rede von Jesus wieder völlig in Frage gestellt:

»Sorgt euch also nicht um morgen; denn der morgige Tag wird für sich selbst sorgen. Jeder Tag hat genug eigene Plage« (EÜ: Mt 6,34b).

Wenn jeder Tag seine eigene Plage haben muß, so muß man sich doch wieder sehr um das eigene Leben sorgen (vgl. Mt 6,25: »... Sorgt euch nicht um euer Leben ...«).

Der Widerspruch in dem Textabschnitt liegt auf der Hand.

Wie sieht der Versteil Mt 6,34b bei den anderen Übersetzungen aus?

Die *Vulgata:*

» ... sufficit diei malitia sua« (Vg: Mt 6,34b).

Wie bei der Einheitsübersetzung »genügt« (sufficit) »für den Tag« (diei) »die eigene Schlechtigkeit« (malitia; auch: Bosheit, Arglist, Tücke, Übel, Unglück).

Die *Luther-Bibel:*

»Es ist genug, daß jeder Tag seine eigene Plage hat« (L-B: Mt 6,34b).

In derselben Weise ist der Vers auch in der *King-James-Version* übersetzt:

» ... Sufficient unto the day is the evil thereof« (K-J-V: Mt 6,34b).

Die *Kleine Jerusalemer Bibel:*

»Jeder Tag hat genug an seiner eigenen Plage« (J-B: Mt 6,34b).

Die Gute Nachricht:

»Ihr habt genug zu tragen an der Last von heute« (G-N: Mt 6, 34b).

Wo wurde bei all diesen Übersetzungen der Fehler gemacht? Das griechische Verbaladjektiv *arketon* darf nicht mit der Wortbedeutung »genug haben«, sondern muß mit »(ist) abgehalten« übertragen werden, um einen logischen Sinn zu ergeben. Das griechische Wort »te hemera« darf nicht mit dem falschen nominativischen Fall (vgl. EÜ: »Jeder Tag ...«), sondern muß richtigerweise mit einem Dativ, also »dem Tag« übersetzt werden.

Damit lautet die korrekte Übersetzung:

»Grübelt nicht über das Morgen nach, denn das Morgen wird für sich selbst sorgen. Dem Tag ist (so) seine Plage (Schaden, Übel, Leid, Unglück, Not, Elend, Unheil, Qual, Schmerz, Widerwärtigkeit, Gefahr, Mutlosigkeit, Beschwerde, Schlechtigkeit, Böses ...) abgehalten (abgewehrt)«. (Mt 6,34b).

Damit hat die ganze Rede von Jesus einen wunderschönen Abschluß gefunden. Er zeigt den Menschen, daß eine vertrauensvolle Geisteshaltung sie von negativen Erfahrungen und Zukunftsängsten befreit.

Andere Übersetzungen des Textes können uns nicht wirklich innere Freiheit schenken, sondern lassen uns vielmehr in Pessimismus stürzen.

5
Die Befreiung der Evangelien von autoritären, hierarchie- und herrschsüchtigen Denkstrukturen

Fehler in den traditionellen Übersetzungen und ihre Richtigstellung

Über das autoritäre und hierarchiesüchtige Denken in der Kirche wurde schon vieles gesagt.
Sehen wir uns nachfolgend Beispiele an, in denen sich in die Übersetzungen ein unchristliches Denken eingeschlichen hat und dort hartnäckig seit Jahrhunderten gehegt und gepflegt wird. Der negative Einfluß auf die Menschheit kann nicht geleugnet werden, vor allem dort, wo sich kirchliche Amtsträger als »Stellvertreter Christi« gesehen haben und noch immer betrachten und darauf ihre Autorität und Leitungsgewalt stützen (vgl. Katholischer Erwachsenen-Katechismus, Nr. 935-937, S. 272; Codex Iuris Canonici, can. 331).

Sind sie seine »Stellvertreter«, dann können sie auch so autoritär auftreten, wie Jesus es laut ihrer falschen Übersetzung getan haben soll.

Jesus kommt nicht, um statt »Frieden« das »Schwert« und familiäre Entzweiung »auf die Erde« zu bringen (Mt 10,34-36).

Diese falsch übersetzte Textstelle Mt 10,34ff. hatte in der Theologie und im praktischen Leben der christlichen Kirchen eine gigantische Auswirkung.

Die Verse in den traditionellen Übersetzungen müssen zu den anstößigsten und paradoxesten der gesamten Bibel gerechnet werden, weil es in den Quellen diesen großen Widerspruch nicht gibt: daß nämlich JESUS, der Sohn Gottes, »auf die Erde ... das Schwert« und auch die »Entzweiung« bis in die Familien hinein »bringen« soll.

Daß es angesichts solch falscher Übersetzungen Theologen, Religionslehrern und kirchlichen Amtsträgern jeder Art schwerfällt, die »christliche Lehre« überzeugend zu verkünden, ist verständlich.

Alle traditionell-christlichen Kirchen haben heute weltweit Schwierigkeiten mit ihrer »Verkündigung«.

Nicht umsonst wird vom gegenwärtigen Papst und Oberhaupt der römisch-katholischen Kirche von einer »Neuevangelisierung« gesprochen. Was aber soll da »neu« sein?

Die Bibel und im besonderen die Evangelien enthalten noch immer all ihre haarsträubenden Übersetzungsfehler, und so gibt es auch keinen Grund für die Annahme, daß die römisch-katholische Kirche plötzlich einen völlig neuen Weg gefunden hätte.

Der neue »Weltkatechismus«, der vom Apostolischen Stuhl lehrmäßig verbindlich und verpflichtend für die gesamte römische Weltkirche herausgegeben wurde, hat in der Frage der Todesstrafe noch immer dieselbe menschenunwürdige und unchristliche »Theologie«, die PAULUS im *Römerbrief* (vgl. Röm 13,4) andeutet und die von AUGUSTINUS (*Politeia 41,445)* und THOMAS VON AQUIN (*Summa Theologiae* 2,2q.64 a.2 ad 3;q.67 a.4) in ihren Werken dargestellt wurde. Sie geben ihre Zustimmung zur staatlichen Todesstrafe, weil dadurch angeblich die Gesellschaft geschützt beziehungsweise das »Gemeinwohl« erhalten würde.

Welch absurder Gedanke aber ist es, durch einen Mord an einem Menschen etwas Gutes zu tun, um damit scheinbar für das »Wohl« der Gemeinschaft zu sorgen?

Wer kann sich als einfacher Staatsbürger bei dem Gedanken »wohl«fühlen, daß jemand nach demokratischem Recht in seinem Namen, Auftrag und Anliegen getötet wird?

Da kann man sich nur »helfen«, indem man diesen Gedanken so schnell wie möglich verdrängt.

Viele kirchliche Amtsträger machen das auch nicht anders. Beispielgebend sind da die Herausgeber des römisch-katholischen Weltkatechismus.

Jeder Christ weiß aus dem *Neuen Testament*, warum der Hohepriester Jesus getötet haben will.

»Ihr bedenkt nicht«, sagte er im Hohen Rat, »daß es für euch besser ist, wenn ein einziger Mensch für das Volk stirbt, als wenn das ganze Volk zugrunde geht« (EÜ: Joh 11,50).

So wird vom Hohenpriester als Grund für die Tötung Jesu auch schon das »Gemeinwohl« angeführt.

Der Hohepriester hatte kraft seines Amtes die richterliche Gewalt und das Recht, für ein Jahr »Prophet zu sein«, und somit die Erlaubnis, das jüdische Gesetz auszulegen, aber auch legitim einen solchen Rechtsspruch zu tätigen (vgl. Joh 11,51ff.).

Hätte da die römisch-katholische Kirche nicht auch für eine solche Tötung zum Schutz der Gemeinschaft gestimmt?

Aber nun zu diesem Vers Mt 10,34ff! Wie bereits gesagt, gibt Jesus seinen Jüngern eine ausführliche Unterweisung (Mt 10,5-39), bevor er sie zu den Menschen »aussendet«.

In dieser Rede, in der er auch vom »Friedenswunsch« der Jünger für die Menschen spricht, die sie beim Betreten der Häuser antreffen (vgl. Mt 10,13), fallen in der *Luther-Bibel* und in der *Einheitsübersetzung* folgende Worte von Jesus:

»Ihr sollt nicht meinen, daß ich gekommen bin, Frieden zu bringen auf die Erde. Ich bin nicht gekommen, Frieden zu bringen, sondern das Schwert. Denn ich bin gekommen, den Menschen zu entzweien mit seinem Vater und die Tochter mit ihrer Mutter und die Schwiegertochter mit ihrer Schwiegermutter. Und des Menschen Feinde werden seine eigenen Hausgenossen sein« (L-B: Mt 10,34ff.).

Es wurde schon ausführlich besprochen, daß dieser Vers absolut nicht in die gesamten Reden von Jesus, ja überhaupt nicht in die Bibel paßt.

Wie lautet er in den anderen Übersetzungen?

In der *Vulgata* finden wir ihn in folgender Weise:

»Nolite arbitrari quia pacem venerim mittere in terram; non veni pacem mittere, sed gladium. Veni enim separare hominem adversus patrem suum, et filiam adversus ...; et inimici hominis, domestici eius« (Vg: Mt 10,34ff).

Also ist schon in dieser alten Übertragung Jesus nicht »gekommen« (vgl. *venerim* bzw. *veni* – »ich bin gekommen ...)«, um »Frieden« (*pacem*), sondern das »Schwert« (*gladium*) auf die Erde ... (zu) bringen«.

Auch in der neuesten Überarbeitung, der *Neo-Vulgata*, wurden diese Verse aus dem Griechischen nicht anders übersetzt (»... venerim ... veni ... veni ...«).

Die *King-James-Version* bringt sie ebenfalls nicht anders:

»Think not that I am come to send peace on earth: I came not to send peace, but a sword. For I am come to set a man at variance against his father, and ... And a man's foes shall be they of his own household« (K-J-V: Mt 10,34ff).

Ebenso heißt es in der *Kleinen Jerusalemer Bibel:*

»Glaubet nicht, ich sei gekommen, Frieden auf die Erde zu bringen. Ich bin nicht gekommen, Frieden zu bringen, sondern das Schwert. Denn ich bin gekommen, den Menschen zu entzweien mit seinem Vater ... Und die Feinde des Menschen werden seine (eigenen) Hausgenossen sein« (J-B: Mt 10,34ff).

Aber auch in der *Guten Nachricht* bringt Jesus nicht den Frieden in die Welt, wenn er dort sagt:

»Glaubt nicht, daß ich gekommen bin, Frieden in die Welt zu bringen. Nein, ich bin nicht gekommen, Frieden zu bringen, sondern Streit. Ich bin gekommen, um die Söhne mit ihren Vätern zu entzweien, ... Die nächsten Verwandten werden zu Feinden werden« (G-N: Mt 10,34ff).

Obwohl bei dieser Übersetzung das griechische Wort *machairan*, das laut Lexikon soviel wie »Schwert, Dolch, Messer usw.« bedeutet, mit »Streit« übertragen wurde, verändert das die Grundaussage jener Verse nicht.

Welche Ungeheuerlichkeit ist es, so etwas als Botschaft von Jesus, dem »Sohn Gottes«, auszugeben und das als »Heilige Schrift« oder »Wort Gottes« niederzuschreiben!

Wo liegt nun der Fehler beim Übersetzen?

Die Übersetzer des griechischen Urtextes haben nicht erkannt, daß das griechische Verb *elthon*, das hier in den ersten zwei Versen (Mt 10,34.35) mit »ich sei gekommen ... Ich bin ... gekommen ...« übersetzt wurde, nicht nur mit diesem Aorist, 1. Person (!), Singular (!) bestimmt werden kann, sondern ebenso grammatikalisch richtig und im Gesamtzusammenhang der neutestamentlichen Evangelien nur mit einem Aorist, 3. Person (!), Plural (!) übertragen werden darf.

Elthon hier als Aorist 3. Person, Plural von *erchomai* heißt dann: »sie kommen« bzw. »sie sind gekommen«.

Damit lautet die richtige und völlig einleuchtende Übersetzung:

»Meint nicht, daß sie (Menschen, die wie »Wölfe« sind; vgl. Mt 10,16) kommen, um Frieden auf der Erde zu stiften. Sie kommen nicht, um Frieden, sondern ein Schwert zu bringen. Denn sie kommen, um einen (Mann, Mensch) mit seinem Vater, oder ein Mädchen (Tochter) mit seiner Mutter, oder eine junge Gattin (Braut, Verlobte) mit ihrer Schwiegermutter zu entzweien; und so sind manch einem die eigenen Hausgenossen feindlich gesinnt« (Mt 10,34ff.).

Wer ist jedoch mit »sie« gemeint?

Jesus sprach einige Verse davor von Menschen, die den Frieden, den die Jünger ihnen wünschen sollen, nicht annehmen wollen (Mt 10,13ff.). Und er warnte seine Jünger vor ihnen, die wie »Wölfe« sind und vor denen sie sich in acht nehmen sollen. Diese Menschen können sie auch vor Gericht bringen, wo aber der Geist Gottes ihnen Schutz und Hilfe gewähren würde (vgl. Mt 10,16-20).

Daß Jesus nicht gekommen ist, um Zwietracht zwischen den Menschen zu säen und sogar in deren eigenem Elternhaus Zank und Hader zu entfachen, müßte eigentlich jeder christliche Theologe wissen, der ja auch die alttestamentlichen Prophetentexte kennt und genauestens studiert hat.

Der hier im Matthäus-Text eingebaute Vers aus der Schrift des Propheten MICHA (Mi 7,6) sagt nämlich genau das Gegenteil von dem aus, was in den falschen Übersetzungen steht.

Als ein Prophet des 8. Jh. v. Chr., und somit lange Zeit vor der ersten Zerstörung von Jerusalem mit seinem salomonischen Tempel durch die Babylonier (598 v. Chr.; Beginn des sog. Babylonischen Exils), warnt Micha im 7. Kapitel das Volk Israel vor einem »Tag deiner Bestrafung« (Mi 7,4). Einige Verse später sagt er dann:

»Denn der Sohn verachtet den Vater, die Tochter stellt sich gegen die Mutter, die Schwiegertochter gegen die Schwiegermutter; jeder hat die eigenen Hausgenossen zum Feind« (EÜ: Mi 7,6).

Danach legt Micha im Gegensatz zu dieser Beschreibung der traurigen Zustände unter der Bevölkerung (Mi 7,1-6) ein Bekenntnis zu Gott ab:

»Ich aber schaue aus nach dem Herrn, ich warte voll Vertrauen auf Gott, meinen Retter. Mein Gott wird mich erhören« (EÜ: Mi 7,7).

Auch im Vers Micha 7,2 (»... Alle lauern auf Blut, einer macht Jagd auf den anderen«) ist inhaltlich eine Nähe zu jener Stelle im Matthäus-Evangelium vorhanden, daß » ... sie kommen, ... um ... ein Schwert zu bringen« (Mt 10,34).

Im *Matthäus-Evangelium* soll offensichtlich jenes Zitat aus dem Prophetentext (Mi 7,6) den Hörer (damals Judenchristen) an diesen Propheten und sein Wort erinnern.

Es soll aber darüber hinaus auch die Parallele zwischen dem Propheten Micha und Jesus gesehen werden, der vor der zweiten Zerstörung von Jerusalem (70 n. Chr.) die Menschen zum Frieden, aber nicht zur Spaltung, zum Zwist, Streit oder gar Krieg aufgerufen hat.

Die unterschiedlichen Aussagen in den falschen Übersetzungen ein und desselben Prophetentextes im Alten und im Neuen Testament sind damit deutlich sichtbar gemacht worden.

Im *Alten Testament* sieht der Prophet ein zerrüttetes Volk vor sich, in dem es Streit und Zwistigkeiten bis in die Familien hinein gibt. Daran erkennt er Gefahren für das gesamte Volk; ihn jedoch hält das nicht davon ab, auf Gott, seinen Retter zu vertrauen. In den *neutestamentlichen* falschen Übersetzungen wurde der Sinn dieses Prophetentextes (Mi 7,6) völlig verdreht und Jesus so dargestellt, als ob er die Apokalypse für das Volk Israel auslösen und gemäß einem göttlichen Auftrag die Familien spalten würde.

Daher geht es hier nicht nur um eine Verwechslung oder um ein Nichterkennen einer bestimmten Verbalform. Es steht etwas viel Entscheidenderes auf dem Spiel: Wird Gott als »Rächer« an einer ungläubigen Menschheit gesehen, der mit dem Schwert kommt – oder als der Liebende, der mit allem Respekt vor der freien Entscheidung des Menschen ihm den Frieden bringen will?

In den Übersetzungen liegt so auch indirekt ein Bekenntnis zu diesem oder zu jenem Gott.

Bei der Parallelstelle des *Lukas-Evangeliums* treffen wir auf ein sehr ähnliches Problem wie bei Mt 10,34ff. So heißt es in der *Einheitsübersetzung* und der *Vulgata* (aber auch in den anderen Übersetzungen):

»Meint ihr, ich sei gekommen, um Frieden auf die Erde zu bringen? Nein, sage ich euch, nicht Frieden, sondern Spaltung. ... Wenn fünf Menschen im gleichen Haus leben, wird Zwietracht herrschen: ... der Vater gegen den Sohn ... die Mutter gegen die Tochter ...« (EÜ: Lk 12,51-53).

»Putatis quia pacem veni dare in terram? Non, dico vobis, sed seperationem. Erunt enim ... dividentur; pater in filium ... mater in filiam ... .« (Vg: Lk 12,51-53).

Der Unterschied zum Matthäus-Text liegt allein darin, daß hier bei Lukas Jesus nicht das »Schwert, sondern die »Spaltung« (seperationem; auch: Trennung, Absonderung, Scheidung) auf die Erde bringt.

Der Fehler der Übersetzung besteht diesmal darin, daß man den ersten Satz im Vers Lk 12,51 als Frage, und nicht als Feststellung verstanden hat.

Die korrekte Übersetzung lautet:

»Glaubt, daß ich helfe, Frieden auf der Erde herbeizuführen! Nicht aber Spaltung, sage ich euch. Denn wegen dieser (Spaltung) also werden fünf in einem Haus, drei gegen zwei oder zwei gegen drei, Parteien bilden. Sie werden entzweit sein: Vater gegen Sohn und Sohn gegen Vater, Mutter gegen die Tochter und Tochter gegen die Mutter, Schwiegermutter gegen ihre Schwiegertochter und Schwiegertochter gegen Schwiegermutter« (Lk 12, 51-53).

Damit stimmen die beiden Texte bei Matthäus und Lukas inhaltlich und aussagemäßig völlig überein: Jesus bringt den Frieden.

Jesus kommt nicht, um »Feuer auf die Erde zu werfen« (Lk 12,49).

Diese Worte von JESUS stehen in einer langen Rede zu einer großen Volksmenge (vgl. Lk 12,1-59).

Der Vers Lk 12,49 liegt vor den eben gebrachten Worten über den Frieden beziehungsweise die Spaltung (vgl. Lk 12,51ff.).

In dem Textabschnitt (vgl. Lk 12,35-53), wo jener Vers steht, spricht Jesus über rechtes und unrechtes Handeln in Form eines Gleichnisses vom treuen und untreuen Knecht. Der unwillige Knecht weiß zwar Bescheid über die Wünsche seines Herren, aber er handelt nicht danach, und so wird er bestraft (vgl. Lk 12,47f).

Nun sagt Jesus laut *Einheitsübersetzung* folgendes:

»Ich bin gekommen, um Feuer auf die Erde zu werfen. Wie froh wäre ich, es würde schon brennen!« (EÜ: Lk 12,49).

Bilder wie »Feuer auf die Erde zu werfen« lösen natürlich nichts Freudiges bei uns aus, sondern sie erzeugen im Gegenteil Angst und Schrecken. Plötzlich verwandelt sich da die Person von Jesus, der gerade noch liebend Kranke heilte oder die Menschen zur Einigung und Versöhnung aufrief, in eine furchterregende Gestalt, die zwar sehr gut zu dem falsch übersetzten Vers Lk 12,51 paßt (Jesus bringt nicht Frieden, sondern Spaltung), jedoch verhindert, daß Menschen zu ihm volles Vertrauen fassen können.

Wie sieht der Vers Lk 12,49 in den anderen Übersetzungen aus?

Die *Vulgata:*

»Ignem veni mittere in terram, et quid volo nisi ut accendatur?« (Vg: LK 12,49).

Auch hier »kommt« (veni) Jesus, um »Feuer« (ignem) auf die »Erde« zu »werfen«.

Die *Luther-Bibel:*

»Ich bin gekommen, ein Feuer anzuzünden auf Erden; was wollte ich lieber, als daß es schon brennte!« (L-B: Lk 12, 49).

Die *King-James-Version:*

»I am come to send fire on the earth; and what will I if it be already kindled (K-J-V: Lk 12,49).

Die *Kleine Jerusalemer Bibel:*

»Ich bin gekommen, Feuer auf die Erde zu werfen, und wie wünschte ich, daß es schon entfacht wäre!« (J-B: Lk 12,49).

Die Gute Nachricht:

»Ich bin gekommen, um auf der Erde ein Feuer zu entfachen, und ich wollte, es stünde schon in hellem Brand« (G-N: Lk 12,49).

Bei allen Übersetzungen finden wir die gleiche Tendenz: daß Jesus Feuer auf die Erde wirft.

Wo liegt nun der Fehler in den Übersetzungen?

Wie beim Vers Mt 10,34f. finden wir wieder das griechische Verb *elthon* mit den zwei Bedeutungen »ich komme« und »sie kommen«.

Da Jesus, wie bereits gesagt, in den vorhergehenden Versen Lk 12,47f. über »treulose« Menschen gesprochen hat, müssen diese auch hier gemeint sein, welche »kommen« (*elthon*), um »Feuer auf der Erde zu legen«.

Die korrekte Übersetzung lautet dann:

»Sie (die untreuen Menschen) kommen, um auf der Erde Feuer zu legen, aber ich bin wahrhaft bereit, wenn es dann brennt« (Lk 12,49).

Diese Worte von Jesus sind einsichtig, wenn man auch den nächsten Satz über die Taufe liest, die er für jeden bereithält (vgl. Lk 12,50).

Jesus treibt die Händler von Schafen und Rindern nicht mit einer Geißel aus dem Tempel (Joh 2,15).

Diese Szene von der angeblichen Vertreibung der Händler mit einer Geißel gehört zu den bekanntesten biblischen Erzählungen, und große Künstler haben sie als Motiv für Gemälde ausgewählt.

Der Textabschnitt (Joh 2,13-22), in dem dieser Vers steht, handelt davon, daß JESUS mit seinen Jüngern den Tempel besucht. In den Vorhöfen findet er Händler vor, die Rinder, Schafe und Tauben für den Tempelopferkult verkaufen. Aber auch Geldwechsler machen hier ihre Geschäfte (vgl. Joh 2,13f).

Nun ereignet sich laut *Einheitsübersetzung* folgendes:

»Er machte eine Geißel aus Stricken und trieb sie alle aus dem Tempel hinaus, dazu die Schafe und Rinder; das Geld der Wechsler schüttete er aus, und ihre Tische stieß er um« (EÜ: Joh 2,15).

Es ist unverständlich, warum Jesus »alle«, also auch die Händler, mit einer »Geißel« aus den Tempelhöfen hinausgejagt haben soll, da er doch so viel von der Vergebung und Liebe Gottes gesprochen hat.

Und wie soll diese einprägsame Handlung die Jünger motiviert haben, seiner wichtigsten Weisung zu folgen: nämlich einander zu lieben (vgl. Joh 13,34)?

Wie finden wir diesen Vers in den anderen Übertragungen vor?

Die *Vulgata:*

»Et cum fecisset quasi flagellum de funiculis, omnes eiecit de templo, oves quoque et boves, et ...« (Vg: Joh 2,15).

Auch hier treibt Jesus mit einer »Geißel« (flagellum) »alle« (omnes) aus dem Tempel, »auch« (quoque) »Schafe und Rinder« (oves ... et boves).

Die *Luther-Bibel:*

»Und er machte eine Geißel aus Stricken und trieb sie alle

zum Tempel hinaus samt den Schafen und Rindern und ...« (L-B: Joh 2,15).

Die *King-James-Version:*

»And when he had made a scourge of small cords, he drove them all out of the temple, and the sheep, and the oxen; ...« (K-J-V: Joh 2,15).

Die *Kleine Jerusalemer Bibel:*

»Da machte er eine Geißel aus Stricken und jagte alle zum Tempel hinaus, samt den Schafen und Rindern, ...« (J-B: Joh 2,15).

Allein *Die Gute Nachricht* übersetzt so, daß sie stark in die Nähe des griechischen Urtextes kommt, obwohl sie sich nicht genug an ihn hält:

»Da machte er sich aus Stricken eine Peitsche und trieb alle Rinder und Schafe aus dem Tempelbezirk« (G-N: Joh 2,15).

Wo liegt diesmal der Fehler?

Die beiden griechischen Partikel *te ... kai* wurden mit »dazu ... und«, »auch (quoque) ... und«, »samt ... und«, jedoch nicht richtig mit »sowohl ... als auch« übersetzt. Dadurch entstand die völlig falsche Aussage.

Und wie lautet die korrekte Übersetzung?

»Und er (Jesus) verfertigte eine Peitsche aus Stricken und trieb alle aus dem Tempel(vorhof) hinaus, sowohl die Schafe als auch die Rinder; sodann streute er von den Geldwechslern die kleinen Münzen aus und stürzte die Tische um« (Joh 2,15).

Jetzt ist eindeutig, was sich da ereignet hat. Jesus hat mit einer Peitsche alle Tiere, und nur diese, aus dem Tempel verjagt. Die Händler liefen vermutlich freiwillig hinter denen her, weil sie sie nicht überall suchen wollten. Dann verschüttete er das Kleingeld der Wechsler und stieß ihre Tische um.

Es wird jedoch nichts berichtet von einer Verletzung oder gewaltsamen Handlung gegen auch nur einen Menschen, was aber die meisten Übersetzungen, außer der Guten Nachricht, uns glauben machen wollen.

Auch hier zeigt sich ein sehr merkwürdiges Denken der Übersetzer: Sie machen aus Jesus jemanden, der Menschen wie Tiere mit einer Geißel vertreibt.

Wie kann angesichts solcher Übersetzungen eine christliche Kirche überzeugend davon reden, daß Gott jeden einzelnen Menschen liebt?

Jesus gibt seinen Jüngern nicht den Auftrag, »Sünden zu vergeben« oder »die Vergebung zu verweigern« (Joh 20,22b,23).

Auch über diesen Vers wurde im vorhergehenden Teil schon einiges gesagt.

Der auferstandene JESUS erscheint den verängstigten Jüngern und wünscht ihnen den Frieden (vgl. Joh 20,19-21).

Dann sagt er laut *Luther-Bibel,* ähnlich wie in der Einheitsübersetzung:

»Nehmt hin den heiligen Geist! Welchen ihr die Sünden erlaßt, denen sind sie erlassen; und welchen ihr sie behaltet, denen sind sie behalten« (L-B: Joh 20,22b,23).

Warum jedoch soll Jesus seinen Jüngern eine Vollmacht gegeben haben, jemandem die Vergebung seiner Sünden zu verweigern (vgl. EÜ: Joh 20,23) bzw. ihn in die Lage zu bringen, seine Sünden zu »behalten« (vgl. L-B)?

Wie sieht dieser Vers bei den anderen aus?

Die *Vulgata:*

»Accipite Spiritum sanctum, quorum remiseritis peccata, remittuntur eis, et quorum retinueritis, retenta sunt« (Vg: Joh 20,22b,23).

Auch hier sollen die Jünger auf sein Wort hin den Menschen ihre »Sünden« *(peccata)* »nachlassen« *(remiseritis)* oder »beibehalten« *(retinueritis).*

Die *King-James-Version:*

»Receive ye the Holy Ghost: Whose soever sins ye remit, they are remitted unto them; and whose soever sins ye retain, they are retained« (K-J-V: Joh 20,22b,23). Hier ist ebenso von der »Beibehaltung« (retain) der Sünden die Rede.

Die *Kleine Jerusalemer Bibel:*

»Empfanget heiligen Geist. Welchen ihr die Sünden nachlasset, denen sind sie nachgelassen, und welchen ihr sie behaltet, denen sind sie behalten« (J-B: Joh 20,22b,23).

Die Gute Nachricht:

»Empfangt Gottes heiligen Geist! Wem ihr die Schuld erlaßt, dem ist sie von Gott vergeben. Wem ihr sie nicht erlaßt, dem ist sie auch von Gott nicht vergeben« (G-N: Joh 20,22b,23).

Die Fehler in den Übersetzungen wurden bei der Wahl der Wortbedeutungen gemacht.

Die korrekte Übersetzung erhält man durch die Wahl anderer Bedeutungen für das griechische Wort *aphete* (nachlassen, vergeben; aber auch: auflösen) und für das Wort *hamartias* (Sünde, Schuld; aber auch: Irrtum).

Das griechische Verb *kratete* wurde mit »die Vergebung verweigern« bzw. »die Sünden behalten« übersetzt. Laut Lexikon hat *kratete* diese Bedeutung jedoch nicht, sondern lautet vielmehr: »mächtig, stark sein, Herr sein, durchbringen, sich behaupten, in Kraft bleiben, jemanden übertreffen, Macht oder Herrschaft haben, erreichen, erlangen, meistern ...«.

So lautet die korrekte und verständliche Übersetzung:

»... Erkennt den Heiligen Geist! Löst ihr von einigen die Irrtümer (Fehler, Sünden) auf, sind sie (von ihnen) befreit; seid ihr unter einigen (geistig) stark, sind sie gestärkt« (Joh 20,22b,23).

Es ist nicht schwer, darin gute Worte von Jesus zu erkennen, die uns aufbauen, ermutigen und mit Empfindungen von

Glück erfüllen. Nun kommen auch nicht unterschwellige Ängste in uns auf, die wir vor einer kirchlichen Institution empfinden, die uns sogar die Vergebung nach göttlichem Recht verweigern kann.

Hat diese harte, unbarmherzige, ja unmenschliche Kirche den Aufruf zur »siebenundsiebzigmaligen Vergebung« (Mt 18,21f.) völlig vergessen?

Jesus rät niemandem, »sich« Freunde mit ungerechtem Mammon (Geld) zu machen, um in die ewigen Wohnungen aufgenommen zu werden (Lk 16,9).

Auch von diesem Vers war bereits die Rede.

JESUS erzählt ein Gleichnis (Lk 16,1-8) von einem betrügerischen Verwalter, der seinen Herrn bestiehlt, indem er dessen Gläubiger Teile ihrer Schuld erläßt, um im Falle seiner Entlassung bei ihnen Aufnahme zu finden. Laut *Luther-Bibel* kommentiert Jesus diese Erzählung in derselben Weise, wie es die *Einheitsübersetzung* wiedergibt:

»Und ich sage euch: Macht euch Freunde mit dem ungerechten Mammon, damit, wenn er zu Ende geht, sie euch aufnehmen in die ewigen Hütten« (L-B: Lk 16,9).

Auf die Merkwürdigkeit einer solchen Übersetzung wurde schon hingewiesen; vor allem weil die darauffolgenden Worte von Jesus inhaltlich und aussagemäßig genau das Gegenteil davon behaupten (Lk 16,11-16). Er spricht dann eindeutig negativ über den »Mammon«, wie er es ja allgemein in allen Evangelien tut (Mt 6,24).

Was liest man in den anderen Übersetzungen?

Die *Vulgata:*

»Et ego vobis dico: Facite vobis amicos de mamona iniquitatis; ut, cum defeceritis, recipiant vos in aeterna tabernacula« (Vg: Lk 16,9).

Auch hier gebietet angeblich Jesus seinen Jüngern, sich »Freunde« *(amicos)* mit dem »ungerechten Mammon« *(mamona iniquitatis)* zu »machen« *(facite)*, um in die ewigen Wohnungen aufgenommen zu werden.

Die *King-James-Version:*

»And I say unto you, Make to yourselves friends of the mammon of unrighteousness; that, when ye fail, they may receive you into everlasting habitations« (K-J-V: Lk 16,9).

Die *Kleine Jerusalemer Bibel:*

»Auch ich sage euch: Machet euch Freunde mit dem ungerechten Mammon, damit man euch, wenn er zu Ende geht, in die ewigen Zelte aufnimmt« (J-B: Lk 16,9).

Die Gute Nachricht:

»›Ich sage euch‹, fügte Jesus hinzu, ›Nutzt das leidige Geld dazu, durch Wohltaten Freunde zu gewinnen. Wenn es mit euch und eurem Geld zu Ende geht, werden sie euch dafür eine Wohnung bei Gott verschaffen‹«(G-N: Lk 16,9).

Hier wird der griechische Text mehr interpretiert als übersetzt, indem manche Worte, wie zum Beispiel »durch Wohltaten«, »eurem Geld« und »bei Gott«, völlig willkürlich hinzugefügt worden sind.

Trotzdem erhält der Leser dadurch keine klare und verständliche Aussage. Warum soll das Geld etwas Leidiges sein? Geld an sich ist weder gut noch böse. Menschen können einem auch keine »Wohnung« bei Gott verschaffen, weil dies nur er allein tut (vgl. Joh 14,2f.).

Bei allen Übersetzungen liegt der Hauptfehler darin, daß das griechische Wort *poiesate* von seiner grammatikalischen Form her als ein Imperativ Aorist (2. Person Plural; »macht«) übertragen wurde. Die Übersetzer, bei der alten lateinischen Vulgata angefangen bis heute, erkannten nicht, daß *poiesate* korrekt ein epischer Aorist (2. Person Plural) ist. Ohne diesen epischen Aorist aber bleibt der Satz ein merkwürdiger Befehl.

Wie lautet die richtige Übersetzung?

»Nun rede ich zu euch: ›Macht ihr euch Freunde mit dem betrügerischen Mammon (= Geld und Gewinn aus Betrug und Verbrechen) damit, falls man (euch) im Stich läßt, sie euch an Orten begrüßen, (wo man sich) lebenslänglich (aufhalten muß)?‹« (Lk 16,9).

Nun ist der Sinn dieses Verses klar. Jesus stellt den Jüngern als Einleitung seiner Erklärung eine rhetorische Frage, die jedoch eine Verneinung erwarten läßt. Die Jünger sollen sich eben nicht mit betrügerischem Geld Freunde »kaufen«, weil dies stets negative Folgen (Tod, Gefängnis, Knechtschaft) nach sich zieht.

Da ist das Vertrauen auf Gott die bessere Haltung dem Leben gegenüber.

Damit lehnt Jesus jedoch das Geld nicht prinzipiell als etwas Schmutziges ab.

Warum wohl hat die Kirche diesen Fehler in ihren Übersetzungen nicht erkannt? Paßte er nicht gut in ihr Denken, das von Geld, Macht, Ansehen und Einfluß geprägt ist?

Es ist doch sehr interessant, daß die römisch-katholische Kirche auch deshalb am Zölibat festhält, weil sie dadurch Witwen und Waisen aus Priesterfamilien keine Rente zahlen muß. So erhält sie ihre Machtposition mit Geld.

6
Die Befreiung der Evangelien von Reichtumsverachtung

Fehler in den traditionellen Übersetzungen und ihre Richtigstellung

Es wurde schon darauf hingewiesen, daß Jesus nicht den Reichtum an sich verurteilt und daß der Reiche für ihn nicht von vornherein ein Sünder oder schlechter Mensch ist, der Schuldgefühle haben muß.

Die folgenden Beispiele werden zeigen, daß er allein den Geiz und die Geldgier des Menschen für negative Haltungen hält, weil sie für ihn nicht wirklich Gewinn, sondern letztlich sogar Verlust bedeuten.

Hat sich ein Mensch aus Geldgier krank gearbeitet, so wird das sicherlich niemand als Gewinn oder Bereicherung für sein Leben bezeichnen können. Auch die Angst davor, den Reichtum wieder zu verlieren, macht ihn nicht glücklich.

Von einem anderen extremen Standpunkt dem Reichtum gegenüber sprechen jedoch die traditionellen Übersetzungen und mit ihnen die verschiedenen christlichen Kirchen in ihren Lehren, wenn sie Jesus in den Mund legen: »Verkaufe alles, was du hast«.

Am meisten profitiert eine kirchliche Institution, die sich nach außen hin als »arm« präsentiert, tatsächlich jedoch dem »Kleingeld« auch der ärmeren Menschen nachjagt.

Hier soll nicht pauschal alle soziale Leistung von kirchlichen Institutionen geschmälert werden; doch es muß betont werden, daß die Sichtweise von Jesus und der Urkirche eine andere war.

Jesus fordert niemanden auf, »alles, was er hat, zu verkaufen und es den Armen« zu geben (Mk 10,21).

Worum geht es in dem Abschnitt, in welchem sich dieser Vers befindet (Mk 10,17-31)?

Ein Mann kommt zu JESUS mit der Frage, was er tun soll, um »ewiges Leben« zu erlangen (vgl. Mk 10,17).

Nachdem er ihm auch noch berichtet hat, daß er sich seit seiner Jugend streng an das jüdische Gesetz hält, antwortet ihm Jesus laut *Einheitsübersetzung* mit folgenden Worten:

»Eines fehlt dir noch: Geh, verkaufe, was du hast, gib das Geld den Armen, und du wirst einen bleibenden Schatz im Himmel haben; dann komm und folge mir nach!« (EÜ: Mk 10,21b).

Diese Worte sind unverständlich, weil sie im Widerspruch zu jener Rede von Jesus über die Liebe zu Gott, zu den Mitmenschen und zu sich selbst stehen (Mk 12,28-34).

Denn die Liebe zu sich selbst und der Verkauf all dessen, was man hat, schließen sich aus.

Wie sieht dieser Satz nun in den anderen Übersetzungen aus?

Die *Vulgata:*

»... unum tibi deest, vade, quaecumque habes vende et da pauperibus ...« (Vg: Mk 10,21b).

Auch hier soll der junge Mann, »das, was er hat« (*quaecumque habes*), »verkaufen« *(vende)* und den Armen geben. Das lateinische Verb »habes« hat die Bedeutung »haben, besitzen, beherrschen ...«, aber auch: »können, vermögen«.

Ob es jedoch mit der Bedeutung in die Übersetzung hineingeschrieben wurde, ist letztgenommen sehr fragwürdig.

Die *Luther-Bibel:*

» ... Eines fehlt dir. Geh hin, verkaufe alles, was du hast, und gib's den Armen ...« (L-B: Mk 10,21b).

Die *King-James-Version:*

» ... One thing thou lackest: go thy way, sell whatsoever thou hast, and give to the poor ...« (K-J-V: Mk 10,21b).

Die *Kleine Jerusalemer Bibel:*

» ... Geh, verkaufe alles, was du hast, und gib es den Armen ...« (J-B: Mk 10,21b).

Die Gute Nachricht:

» ... Verkaufe alles, was du hast, und gib das Geld den Armen ...« (G-N: Mk 10,21b).

Alle Übersetzungen schlagen wieder einmal den selben Weg ein.

Es soll also nach der Interpretation der traditionellen christlichen Kirchen (vor allem die römisch-katholische) jeder Mensch diesem Ruf folgen und »alles, was er hat, verkaufen« (vgl. Armutsgelübde der katholischen Ordensgemeinschaften).

Wo liegt hier der Fehler beim Übersetzen?

Das griechische Wort *echeis*, das in diesem Versteil verwendet wurde, hat die Bedeutung von »halten, haben, besitzen«, aber auch: »die Mittel oder Kräfte haben, die Fähigkeit zu etwas in sich haben; vermögen, imstande sein, können, ...«.

Wählt man nun dieses zweite Bedeutungsfeld, so erhält man die einzig richtige Übersetzung des Verses:

»Da blickte ihn Jesus an, weil er ihn gern hatte und sagte: ›Eines fehlt dir! Geh, verkaufe alles, was du kannst und gib (es) Armen; somit wirst du einen Schatz im Himmel haben, und nun sei mein Jünger‹« (Mk 10,21).

Jetzt wird klar, was Jesus sich vom wohlhabenden Mann, aber auch allgemein von jedem wünscht: Daß man das, was man hat, soweit man es kann, mit anderen (z.B. Ärmeren) teilt.

Jesus lehrt nicht, daß der »Reichtum« etwas »Trügerisches« sei (Mk 4,19).

Wovon handelt der Textabschnitt Mk 4,13-20, in dem der Vers steht?

JESUS erläutert seinen Jüngern das Gleichnis vom Sämann und den Körnern, das er zuvor erzählt hat (Mk 4, 1-9).

Er erklärt ihnen, daß der »Sämann« das »Wort« Gottes sät (Mk 4,14).

Und dabei sagt er laut *Einheitsübersetzung* auch diesen Satz: »Bei anderen fällt das Wort in die Dornen: sie hören es zwar, aber die Sorgen der Welt, der trügerische Reichtum und die Gier nach all den anderen Dingen machen sich breit und ersticken es, und es bringt keine Frucht« (EÜ: Mk 4,18.19).

Es ist unverständlich, warum der Reichtum trügerisch sein soll.

Sieht man sich die zahlreichen kirchlichen Prunkbauten an, so hat man nicht den Eindruck, daß da Reichtum als etwas Trügerisches verstanden wurde.

Sehen wir uns diesen Vers Mk 4,19 in den anderen Übersetzungen an!

Die *Vulgata:*

»... et aerumnae saeculi et deceptio divitiarum et circa reliqua concupiscentiae introeuntes suffocant verbum, ...« (Vg: Mk 4,19).

Auch hier ist die »Täuschung« *(deceptio)* der »Reichtümer« *(divitiarum)* ein Grund, warum das Wort Gottes bei dem Betreffenden keine Frucht bringt.

Die *Luther-Bibel:*

»... und die Sorgen der Welt und der betrügerische Reichtum und die Begierden nach allem anderen dringen ein und ersticken das Wort und es bleibt ohne Frucht« (L-B: Mk 4,19).

Die *King-James-Version:*

»And the cares of this world, and the deceitfulness of riches, and the lusts of other things entering, choke the word, and it becometh unfruitful« (K-J-V: Mk 4,19).

Diese Übersetzung spricht also auch von »Hinterlist« oder der »Täuschung durch Reichtümer« (deceitfulness of riches).

Die *Kleine Jerusalemer Bibel:*

»... aber die weltlichen Sorgen und der Trug des Reichtums und die Begierden nach dem übrigen dringen ein und erstikken das Wort, und es wird fruchtlos« (J-B: Mk 4,19).

Die Gute Nachricht:

»... aber sie verlieren sich in ihren Alltagssorgen, lassen sich vom Reichtum verführen und leben nur für ihre Wünsche. Dadurch wird die Botschaft erstickt und bleibt wirkungslos« (G-N: Mk 4,19).

Wieder einmal läuft die Tendenz aller Übersetzungen in eine Richtung: Der Reichtum ist etwas, was mit Täuschung, Hinterlist oder Verführung zu tun hat.

Haben die Übersetzer nicht bemerkt, daß da die »Reichtümer« personifiziert werden und von sich aus selbständig handeln und urteilen?

Welcher Unsinn ist das, so etwas in Worte von Jesus hineinzulegen!

Den Reichtum auf solche Weise zu »dämonisieren« heißt aber auch, den Wohlhabenden gleichzeitig zum »Hinterlistigen, Täuschenden oder Verführer« zu machen, der seinen Besitz eigentlich gar nicht verdient.

Dies schürt Streit, Neid, Ängste, Zwist und oft auch Kriege, die auf dem Konflikt zwischen Arm und Reich geschicktestens aufgebaut werden.

Der wahren Situation wird diese negative und pessimistische Welt- und Menschensicht jedoch nicht gerecht.

Allein der Glaube an die besten Chancen und Möglichkeiten für jeden Menschen geben auch dem Armen Mut und Hoffnung, weil er in der Überzeugung leben kann, daß sich seine Zukunft stets zum Besseren entwickelt, da Gott seine guten Bestrebungen immer unterstützt. Ja, Gott hat ausnahmslos jeden zu seinem Mitarbeiter an der wunderbaren Schöpfung »erwählt«.

Wo liegt in diesem Fall der Fehler der Übersetzungen?

Die beiden hier zu findenden griechischen Wörter *apate* und *ploutou* wurden nicht exakt genug übersetzt. *Apate* heißt soviel wie »Betrug, Täuschung, Überlistung, Verführung, Hinterlist«.

Ploutou kann mit »Reichtum, Überfluß, großes Vermögen, Schatz« übertragen werden.

Die beiden Wörter zusammen können aber nicht als »betrügerischer Reichtum«, sondern müssen als »Betrug wegen oder um des Reichtums willen« übersetzt werden.

Folglich lautet die korrekte Übersetzung:

»Diese sind es, die das Wort (Gottes) hören; aber die Sorgen (Kümmernisse, Grübeleien ...) über das Leben (Lebensdauer, Menschenalter, Ewigkeit ...), der Betrug um des Reichtums willen oder auch die (gierigen) Bestrebungen nach den zukünftigen Dingen kommen hinzu und bedrängen das Wort von allen Seiten, und so wird es nutzlos« (Mk 4,18b.19).

So wird einem dieser Vers verständlich. Reichtum hat nichts mit Täuschung zu tun.

Im Gegenteil, Jesus ruft die Menschen auf, »um des Reichtums willen« niemanden zu betrügen oder zu täuschen, weil es einen besseren Weg gibt, um zu Wohlstand und Vermögen zu kommen.

Gott segnet alle Menschen und beschenkt sie reichlich. So gelangt man zu Reichtum, ohne dabei unredliche Tricks angewendet zu haben.

Jesus verlangt von keinem Menschen, als sein Jünger »auf den gesamten Besitz zu verzichten« (Lk 14,33).

Diese Übersetzung entspricht dem, was bereits über Besitz, Eigentum oder Reichtum gesagt wurde.

Die christlichen Kirchen gehen da einen Weg, der nichts mit dem der Urkirche zu tun hat; ihre Lehren sind auch in diesem Fall keine Frohe Botschaft.

Wovon handelt der Abschnitt (Lk 14,25-33), in dem der betreffende Vers steht?

JESUS spricht in ihm über die Jüngerschaft der Menschen, die ihn auf seinem Weg begleiten. Dabei bringt er zwei Beispiele. Im ersten Bild vom »Burg- oder Turmbau« *(pürgon)* gibt er zu überlegen, daß eine gute Planung und die Mittel da sein müssen, bevor man an einen Beginn denken kann (Lk 14,28ff.).

Im zweiten Bild ist dann die Rede von einem König, dessen Land vor der Eroberung durch einen anderen steht. Hier rät Jesus, eine friedliche Lösung zu bedenken und sich nicht um jeden Preis auf dem Schlachtfeld zu messen (Lk 14,31f.).

So geht es hier nicht nur um Schutz, Sicherheit und Frieden, sondern vor allem darum, daß jeder vor einer entscheidenden Handlung in sich geht, seine Gedanken ordnet und frei von Panik und Angst nach der besten Lösung sucht.

Darauf folgt laut *Einheitsübersetzung* ein Satz, der inhaltlich völlig aus dem Rahmen fällt:

»Darum kann keiner von euch mein Jünger sein, wenn er nicht auf seinen ganzen Besitz verzichtet« (EÜ: Lk 14,33).

Der Leser erkennt keinen Zusammenhang mehr und sieht auch keinen Grund, warum er auf seinen ganzen Besitz verzichten soll.

Wie sieht der Vers in den anderen Übersetzungen aus?

Die *Vulgata:*

»Sic ergo omnis ex vobis, qui non renuntiat omnibus quae possidet, non potest meus esse discipulus« (Vg: Lk 14,33).

Auch hier kann der nicht Jünger von Jesus sein, der nicht »alles, was er besitzt« *(omnibus quae possidet)*, »aufgibt« *(renuntiat)*.

Die *Luther-Bibel:*

»So auch jeder unter euch, der sich nicht lossagt von allem, was er hat, der kann nicht mein Jünger sein« (L-B: Lk 14,33).

Die *King-James-Version:*

»So likewise, whosoever he be of you that forsaketh not all that he hath, he cannot be my disciple« (K-J-V: Lk 14,33).

Auch hier muß jeder, der sein Jünger sein will, alles, was er hat, »aufgeben« (forsaketh).

Die *Kleine Jerusalemer Bibel:*

»So kann auch keiner von euch, der sich nicht von allem, was er hat, lossagt, mein Jünger sein« (J-B: Lk 14,33).

Die Gute Nachricht:

»Jesus schloß: ›Keiner von euch kann mein Jünger sein, wenn er nicht zuvor alles aufgibt, was er hat‹« (G-N: Lk 14,33).

Der Fehler wurde hier bei der Wahl der Bedeutung für das griechische Wort *apotassetai* gemacht. Es wurde »verzichten, aufgeben, sich lossagen, verlassen ...«, nicht jedoch »einsetzen, für sich ordnen, für sich in Ordnung bringen, sich gegenüber etwas verpflichtet fühlen ...« verwendet.

Der Vers lautet richtig:

»So kann nun jeder von euch, der alles einsetzt, was ihm zur Verfügung steht, mein Jünger sein« (Lk 14,33).

So ergibt auch der Abschluß dieser Rede von Jesus einen Sinn.

7
Die Befreiung der Evangelien von Gottesfurcht

Fehler in den traditionellen Übersetzungen und ihre Richtigstellung

Die Furcht vor Gott ist für die traditionelle christliche Theologie nicht nur ein Thema, das im *Alten Testament* abgehandelt wird, wo nach der alten Vorstellung von Gott dieser die härtesten Strafen und Sanktionen für die Nichtbefolgung seiner Anordnungen erläßt (vgl. z.B. Ex/2. Mose 19, 10-13: Steinigung und Ermordung mit Pfeilen), sondern sie gehört seit Jahrhunderten auch zum festen Bestand dessen, was als christliche Lehre verkündet wird. Daher ist es nicht verwunderlich, daß die Denkweise von der Angst vor Gott sich nicht nur in den theologischen Bibelinterpretationen, sondern auch in den traditionellen Übersetzungen der vier *Evangelien* findet.

Sehen wir uns nun einige der brisantesten Beispiele an!

Jesus, der Sohn Gottes, hat keine Angst, auch nicht im Garten von Getsemani (Mt 26,37).

In diesem Text wird davon berichtet, daß sich Jesus mit seinen Jüngern auf dem Ölberg aufhält, um dort nach dem Mahl zu beten, bevor sich seine Festnahme, die Prozesse und die Kreuzigung ereignen werden (Mt 26,30-46).

Er nimmt Petrus und die beiden Zebedäus-Söhne mit sich, um abseits von den anderen Jüngern zu beten (vgl. Mt 26,37a).

Hier formuliert nun die *Einheitsübersetzung:* »Da ergriff ihn Angst und Traurigkeit ...« (EÜ: Mt 26,37b).

Soll Jesus, der Sohn Gottes, auf dem Ölberg im Kreise seiner engsten Freunde Angst gezeigt haben?

Es ist unmöglich, daß er, der ja über sein großes göttliches Werk Bescheid wußte (vgl. Mt 16,21f; 17,22; 20,17-19; 26,31f.), solche Empfindungen gehabt haben soll.

Genauso undenkbar ist es, daß Jesus sich vor seinem göttlichen Vater und dessen Auftrag gefürchtet haben soll, da das doch seine Berufung war. Zweifelsohne hatte er dafür die göttliche Macht und Fähigkeit bekommen.

Anderenfalls müßten auch wir Menschen vor unserer Berufung und vor Gott Angst haben. Sehen wir uns diesen Vers Mt 26,37 in den anderen Übersetzungen an.

Die *Vulgata:*

»Et assumpto Petro ..., coepit contristari et maestus esse« (Vg: Mt 26,37).

Das klingt ein wenig anders als in der *Einheitsübersetzung*. Jesus ist hier nicht ängstlich, sondern »betrübt« *(contristari)* und »traurig« *(maestus)*.

Die *Luther-Bibel:*

»Und er nahm ... und fing an zu trauern und zu zagen« (L-B: Mt 26,37).

Die *King-James-Version:*

»And he took ..., and began to be sorrowful and very heavy« (K-J-V: Mt 26,37).

Jesus ist »traurig« *(sorrowful)* und »sehr schwermütig« *(very heavy)*.

Die *Kleine Jerusalemer Bibel:*

»Dann nahm er ... und begann zu trauern und zu zagen« (J-B: Mt 26,37).

Die Gute Nachricht:

»... nahm er mit. Traurigkeit und Zittern befiel ihn, ...« (G-N: Mt 26,37).

So zeigt Jesus auf dem Ölberg in den traditionellen Übersetzungen Reaktionen von Angst, Zittern und Zagen. In der Vulgata und der King-James-Version ist von »Betrübtheit« und »Schwermut« die Rede.

Alle Übersetzer dachten hier an das, was Jesus erwartete. Man erkannte jedoch nicht, daß seine Gefühle mit seiner gegenwärtigen, jedoch nicht mit der zukünftigen Situation (Kreuzigung) zusammenhängen. So war er von »Trauer und Betrübtheit« erfüllt, weil sich nun die Gemeinschaft, die er sehr liebte, auflösen und sie alle über sein Handeln (gewaltlose Gefangennahme) »unwillig« sein würden (Mt 26,31, 50-56).

Der Fehler entstand wieder einmal bei der Wortwahl.

So wurde das griechische Wort *ademonein* mit »zargen, von Angst ergriffen sein, von Zittern befallen sein ...«, jedoch nicht mit »betrübt sein« übersetzt.

Die richtige Übersetzung lautet:

»Da nahm er Petrus und die beiden Söhne des Zebedäus mit sich und begann traurig und betrübt zu sein« (Mt 26,37).

Damit wird einem die Person Jesus in der angesprochenen Situation klarer. So wie Jesus brauchen auch wir Gott in keiner Situation zu fürchten.

Jesus ängstigt niemanden damit, daß es für eine »Lästerung« gegen den Heiligen Geist »in Ewigkeit keine Vergebung« gebe (Mk 3,29).

Welche Ängste vor Gott löst dieses angebliche Wort JESUS in den traditionellen Übersetzungen bei den Menschen aus? Was alles kann da als Lästerung gegen den Heiligen Geist gewertet werden? Wie leicht kann man, auch aus Unachtsamkeit, »in Ewigkeit keine Vergebung erhalten«?

Wie viele Menschen wurden aber auch auf dieses Wort hin von der »christlichen« Amtskirche in Angst und Schrecken versetzt sowie unterdrückt?

Konnte man damit nicht auch die Hexen- und Ketzerverbrennungen rechtfertigen?

Sehen wir uns diesen Vers in den anderen Übersetzungen an.

Die *Vulgata:*

»qui autem blasphemaverit in Spiritum Sanctum, non habebit remissionem in aeternum, sed reus erit aeterni delicti« (Vg: Mk 3,29).

Auch hier darf derjenige, der den »Heiligen Geist lästert«, auf Ewigkeit mit keinem Schulderlaß *(remissionem)* rechnen, er ist und bleibt für immer *(aeterni)* wegen seiner »Vergehen« *(delicti)* »schuldig« *(reus)*.

Die *Luther-Bibel:*

» ... wer aber den Heiligen Geist lästert, der hat keine Vergebung in Ewigkeit, sondern ist ewiger Sünde schuldig« (L-B: Mk 3,29).

Die *King-James-Version:*

»But he that shall blaspheme against the Holy Ghost hath never forgiveness, but is in danger of eternal damnation« (K-J-V: Mk 3,29).

Auch hier erwartet den Lästerer gegen den Heiligen Geist keine »Vergebung« *(forgiveness)*, und er lebt in der »Gefahr von ewiger Verdammnis« *(in danger of eternal damnation)*.

Es kann natürlich im Menschen keine angenehme Vorstellung erweckt werden, sozusagen ständig über ein Minenfeld ewiger Verdammnis zu gehen. Und es ist unmöglich, so einem Gott volles Vertrauen zu schenken oder ihn gar zu lieben.

Die *Kleine Jerusalemer Bibel:*

»Wer aber gegen den Heiligen Geist lästert, findet in Ewigkeit keine Vergebung, sondern ist in ewiger Sünde schuldig« (J-B: Mk 3,29).

Die Gute Nachricht:

»Wer aber den Heiligen Geist beleidigt, für den gibt es keine Vergebung, denn er ist auf ewig schuldig geworden« (G-N: Mk 3,29).

Wo liegt diesmal der Fehler der Übersetzer?

Vor allem in der unrichtigen Wahl der Bedeutungen für die griechischen Worte *echei, aiona* und *hamartematos.*

Echei wurde mit »haben, finden ...«, statt mit »kennen, erkennen, wissen, verstehen, geistig begreifen ...« übertragen.

Aiona wurde mit »Ewigkeit«, statt mit »Leben« übersetzt.

Hamartematos wurde mit »Sünde, Schuld, Vergehen«, statt mit »Irrtum« wiedergegeben.

So lautet die korrekte Übersetzung:

»Doch wer den Heiligen Geist verleumdet (schmäht, Böses nachsagt ...), kennt keine Befreiung im Leben, sondern ist immer im Irrtum gefangen« (Mk 3,29).

Diese Worte fügen sich harmonisch in den übrigen Text ein, weil Jesus damit auf die bösen Worte der Schriftgelehrten anspielt, die nicht anerkennen wollen, daß in ihm Gottes Geist wirkt (Mk 3,22-30). Aber mehr noch, diese Worte von Jesus sind wirklich aufbauend, weil man zu einer wichtigen Einsicht gelangt: Durch die Anerkennung des Geistes Gottes erlebt man in seinem Leben wirkliche Befreiung und ist nicht in einem Irrtum gefangen. Man ist behütet vor Wegen, auf denen jeder nur Leid und Unglück erfahren kann.

Jesus hält keine Rede über das »Ende der Welt« (Mk 13,7, 10, 13).

Diese drei Verse stehen innerhalb einer großen und langen Unterweisung JESU an seine Jünger, die in der *Einheitsübersetzung* als »Die Rede über die Endzeit« bezeichnet wird (Mk 13,1-37).

Wie bereits ausgeführt, handelt jedoch der griechische Urtext nicht von der »Endzeit«, dem Weltgericht, Weltuntergang oder ähnlichem, sondern allein von der Zerstörung Jerusalems mitsamt seinem Tempel durch die Römer im Jahre 70 n. Chr. (vgl. Mk 13,1-4), worüber Jesus mit seinen Jüngern kurz vor dieser Rede spricht.

In Zusammenhang damit fallen aber laut Einheitsübersetzung drei Sätze, in denen von einem »Ende« gesprochen wird:

»Wenn ihr dann von Kriegen hört und Nachrichten über Kriege euch beunruhigen, laßt euch nicht erschrecken! Das muß geschehen. Es ist aber noch nicht das Ende« (EÜ: Mk 13,7).

»Vor dem Ende aber muß allen Völkern das Evangelium verkündet werden« (EÜ: Mk 13,10).

»Und ihr werdet um meines Namens willen von allen gehaßt werden; wer aber bis zum Ende standhaft bleibt, der wird gerettet« (EÜ: Mk 13,13).

Damit wird diese Rede zu einer düsteren, furchterregenden Zukunftsvision, bei der die ganze Welt ihre Zerstörung findet.

Ein solches göttliches Endgericht paßt ausgezeichnet in die traditionelle Gottesvorstellung, bei der der Mensch in Gottesfurcht versetzt wird.

Wenn Gott uns so eine Zukunft verheißt, so müssen wir alle auch Angst vor ihm haben.

Wie ist das in den anderen Übersetzungen formuliert?

Die *Vulgata:*

»Cum audieritis ... bella ..., ne timueritis; oportet enim haec fieri, sed nondum finis ...« (Vg: Mk 13,7).

»Et in omnes gentes primum oportet praedicari evangelium« (Vg: Mk 13,10).

»Et eritis odio ... Qui autem sustenuerit in finem hic salvus erit« (Vg: Mk 13, 13).

Auch hier sollen sich die Jünger »nicht fürchten« *(ne timueritis)*, denn »es ist nötig, daß dies geschieht« *(oportet … haec fieri)*.

In der Vulgata muß ebenso »vorerst« (*primum;* aber auch: Erster, Höchster …) unter allen Völkern das Evangelium verkündet werden.

Und es wird ebenfalls der »gerettet« *(salvus)*, welcher alles Leid (vgl. Mk 13,7-12) bis zum »Ende« *(finem)* »erträgt« *(sustinuerit)*.

Die *Luther-Bibel:*

»Wenn ihr aber hören werdet von Kriegen …, so fürchtet euch nicht. Es muß so geschehen. Aber das Ende ist noch nicht da« (L-B: Mk 13,7).

»Und das Evangelium muß zuvor gepredigt werden unter allen Völkern« (L-B: Mk 13,10).

»Und ihr werdet gehaßt … Wer aber beharrt bis an das Ende, der wird selig« (L-B: Mk 13,13).

Die *King-James-Version:*

»And when ye shall hear of wars …, be ye not troubled: for such things must needs be; but the end shall not be yet« (K-J-V: Mk 13,7).

»And the gospel must first be published among all nations« (K-J-V: Mk 13,10).

»And ye shall be hated …; but he that shall endure unto the end, the same shall be saved« (K-J-V: Mk 13,13).

So fügt sich auch diese Übersetzung stark in die Tradition der anderen ein: Kriege muß es geben, aber das »Ende« *(end)* ist noch nicht da. Die Botschaft muß »zuerst« *(first)* allen verkündet werden. Und ebenso wird derjenige »gerettet« *(saved)*, der bis zum Ende das alles »erträgt« *(endure)*.

Die *Kleine Jerusalemer Bibel:*

»Wenn ihr aber von Kriegen … hört, erschreckt nicht. Es muß so kommen, aber es ist noch nicht das Ende« (J-B: Mk 13,7).

»Unter allen Völkern muß zuvor die Heilsbotschaft verkündet werden« (J-B: Mk 13,13).

»Und ihr werdet ... Wer aber ausharrt bis zum ende, der wird gerettet werden« (J-B: Mk 13,13).

Die Gute Nachricht:

»Erschreckt nicht, wenn nah und fern Kriege ausbrechen. Es muß so kommen, aber das ist noch nicht das Ende« (G-N: Mk 13,7).

»... denn bevor das Ende kommt, muß die Gute Nachricht allen Völkern verkündet werden!« (G-N: Mk 13,10).

»Jeder wird euch hassen, ... wer aber bis zum Ende standhaft bleibt, wird gerettet werden« (G-N: Mk 13,13).

Beim Lesen dieser Texte verliert sich jede Freude über das Leben und die göttliche Schöpfung, denn die Vorstellung von einem kommenden Weltende kann natürlich niemanden glücklich machen, auch dann nicht, wenn ihm vorher die »Heilsbotschaft« oder die »Gute Nachricht« verkündet worden ist.

Für die Gründe der unrichtigen Übersetzungen sind, wie schon angedeutet, die falschen Interpretationen und Intentionen, mit denen an den griechischen Urtext herangegangen worden ist, verantwortlich. Das Anliegen des Verfassers wurde verfälscht und unkorrekt als Vision des Weltunterganges dargestellt; und auf dieses Ziel hin wurde die Übersetzung erarbeitet. Man hielt sich nicht daran, daß Jesus in jener Rede im dreizehnten Kapitel des *Markus-Evangeliums* allein von der Zerstörung von Jerusalem spricht.

Die Frohe Botschaft Gottes liegt nun darin, daß er alle Menschen ermutigt, stets auf den Geist Gottes zu vertrauen, vor allem dann, wenn sie unter einer Verfolgung um seines Namens willen stehen (Mk 13,9-13).

Auch sollen sich die Menschen nicht am Krieg in Jerusalem beteiligen, sondern »in die Berge flüchten«, ihr Leben schützen und Gott um Hilfe bitten (Mk 13,14-18).

Bei der Übersetzung dieser drei Verse (Mk 13,7, 10, 13) wurden wieder Fehler bei der Wahl der Wortbedeutungen gemacht.

So wurde im Vers Mk 13,7 das griechische Wort *throeisthe* mit »fürchten, erschrecken« statt richtig mit »sagen, verkünden, erzählen ...« übertragen.

Und das griechische Wort *telos* wurde mit »Ende« statt mit »Ideal, das Vollkommene, Vollkommenheit, Bestimmung, Ziel, Zweck ...« übersetzt.

Im Vers Mk 13,10 wurde das griechische Wort *proton* mit »vor dem Ende«, »vorerst und »zuerst« statt mit »zum ersten Mal« wiedergegeben, was allein logisch ist.

Im Vers Mk 13,13 wurde das griechische Wort *telos* ebenfalls unrichtig mit »Ende« statt besser und richtig mit »Ziel, Bestimmung ...« übersetzt.

Wie lautet folglich die korrekte Übersetzung dieser drei Verse?

»Wenn ihr auch von Kämpfen und Nachrichten über Kriege hört, sagt euch nicht: ›Es ist nötig, daß (sie) stattfinden, sondern: (Es ist) keineswegs das Ideal (das Vollkommene, die Erfüllung, der Erfolg, die Vollkommenheit, das Ziel, die Bestimmung, die Vollendung)‹« (Mk 13,7).

»Und es soll zum erstenmal unter allen Völkern die Frohe Botschaft öffentlich bekanntgemacht werden« (Mk 13,10).

»Und ihr werdet wegen allen möglichen (Dingen) um meines Namens willen geschmäht (verabscheut, vernachlässigt, gehaßt) werden. Doch der am Ziel (Bestimmung) festhält, dieser wird wohlbehalten am Leben bleiben« (Mk 13,13).

Jesus gibt den Menschen also nicht einen »Katastrophenplan« für das rechte Verhalten beim Weltuntergang, sondern er sagt ihnen, daß man auch bei einem aufkommenden Krieg am Willen zum Frieden festhalten soll und diese Auseinandersetzungen nicht für unausweichlich ansehen darf, weil das kein Ideal oder etwas Vollkommenes darstellt.

Jesus lehrt niemanden, daß Gott »in Versuchung« führt (Lk 11,4c; Mt 6,13a).

Hier geht es um einen Teil des wohl ältesten und bekanntesten christlichen Gebetes, das traditionell als »Vaterunser« bezeichnet wird.

In der *Einheitsübersetzung* lautet dieser Satz:

»Und führe uns nicht in Versuchung« (EÜ: Lk 11,4c; Mt 6,13a).

Die Bitte von Gott »nicht in Versuchung geführt« zu werden, bestürzt uns mehr als alles andere, was wir über ihn aus dem Neuen Testament in den traditionellen Übersetzungen erfahren.

Aufgrund einer solchen Übersetzung müssen wir glauben, daß Gott wohl etwas mit dem Satan oder dem Bösen zu tun hat, weil ja nur dieser – nach den biblischen Aussagen – Menschen in Versuchung bringt oder verführt (vgl. Gen/1. Mose 3,1-14;Mk 1,13).

Diese Übersetzung ist so unklar, daß sie eine solche Deutung zuläßt.

Doch es ist unsinnig, daß der Eindruck entsteht, Gott sei ein »Verführer«, den man darum bitten müßte, einen nicht zu verführen.

Wie sieht jener Vers in den anderen Übersetzungen aus?

Die *Vulgata:*

»... Et ne nos inducas in tentationem« (Vg: Lk 11,4c).

Die lateinische Übersetzung hält sich an den griechischen Urtext.

Die *Luther-Bibel* hat den völlig gleichen Wortlaut wie die Einheitsübersetzung.

Die *King-James-Version:*

»And lead us not into temptation ...« (K-J-V: Lk 11,4c).

Auch hier also kein Unterschied zur Einheitsübersetzung.

Und ebenso auch nicht in der *Kleinen Jersusalemer Bibel.*

Die Gute Nachricht:

»Und laß uns nicht in die Gefahr kommen, dir untreu zu werden« (G-N: Lk 11,4c).

Diese Übersetzung versucht zwar die Ungeheuerlichkeit abzuschwächen, aber sie hält sich wiederum nicht genug an den griechischen Urtext.

Wo liegt der Fehler?

Das griechische Wort *eisenegkes* heißt »hineinführen«, aber auch »hineinstürzen«. Es ist ein Aoristkonjunktiv (2. Pers. Singular) und kann daher imperativisch als »Wunsch« oder »Bitte« übersetzt werden.

Der Aorist ist aber auch als eine »subjektive Erwartung, d.h. ein künftiges Geschehen, das der Sprechende unter gewissen Umständen als wahrscheinlich ansieht«, (Bornemann/Risch, Griechische Grammatik, § 227, S. 232) übersetzbar.

Demnach heißt *eisenegkes* entweder als Bitte: »... führe (uns) ... nicht ...« oder korrekt und passend als Erwartung eines zukünftigen Geschehens beziehungsweise als Abschluß des Gebetes und Feststellung: » ... läßt du (uns) nicht ... hineinstürzen«.

Bei einem griechischen Wort ohne Artikel, so wie es hier bei *peirasmon* (Versuchung, Verführung) der Fall ist, besteht grammatikalisch die Möglichkeit, den unbestimmten Artikel »eine« hinzuzufügen, um die Aussage noch klarer zu machen.

So lautet dann die korrekte Übersetzung jenes Verses und eine neue Fassung des gesamten Gebetes in der Kurzform des *Lukas-Evangeliums:*

»Schöpfer (Vater, Urheber),
Dein Name werde in höchster
Weise geehrt!
Dein Reich gelange zum Dasein!

Unsere Nahrung und das, was für
unsere Existenz (unser Leben) nötig ist,
gib es uns an diesem Tag.
Und löse uns unsere Irrtümer
(Fehler, Sünden) auf, denn
auch wir selbst lassen jeden
los, der in unserer Schuld steht.

Und so läßt du uns nicht in eine
Versuchung hineinstürzen«.
(Lk 11,2b-4)

8
Die neuen und korrigierten Übersetzungen als eine »Auferstehung« der urchristlichen Botschaft

In vielen Beispielen wurde gezeigt, daß es um mehr geht als um eine neue und zeitgemäße Formulierung eines fast schon zweitausend Jahre alten Textes, der aber in seiner Bedeutung nichts an Aktualität verloren hat. Und es konnte nicht das Ziel dieses Buches sein, in den ausgewählten Beispielen philologisch und bedeutungsmäßig korrekter Neuübersetzungen einzelner Bibelstellen mit den großen Übersetzungsleistungen – etwa der Sprachgewalt und -schönheit Martin Luthers oder der leichten Eingängigkeit der *Zürcher Bibel* oder der *Guten Nachricht* – zu konkurrieren.

Es kam vielmehr eine immens wichtige Tatsache zum Vorschein: Daß nämlich jede christliche Theologie und mit ihr jede christliche Kirche in den vielen Jahrhunderten einem »Dornröschenschlaf« erlegen ist, aus dem sie nicht erwachen wollen, wenn auch viele grausame Handlungen ihrer Amtsträger dazu hätten führen müssen.

Die falschen Übersetzungen waren oft sehr wohl eine große »Hilfe«, um all das als »Wille Gottes« zu legitimieren, was in Wirklichkeit aufs höchste unchristlich war.

So ruft die Tatsache der Unkorrektheit der Textübertragungen nicht nur Betroffenheit hervor, sondern der Abschied von ihnen öffnet plötzlich für alle Menschen durch die neuen Übersetzungen einen zukunftsweisenden und gesegneten Weg, um einen schöpferischen Lebensstil entwickeln zu können. Die richtigen Übersetzungen bieten die Chance, das eigene Leben unter einem völlig veränderten Blickwinkel zu sehen und zu erleben.

Und so ist es einerseits wie der Eintritt in eine geistige Welt, die vor etwa zweitausend Jahren vielen Menschen wirklich Mut und Kraft gegeben hat. Damit erscheinen die neuen Übersetzungen als eine großartige, spirituelle Wiederentdeckung.

Andererseits führt uns der griechische Text zu einer Weisheit, die unser Inneres mit Glück, Freude und Hoffnung erfüllt.

So wird uns allen aus diesen alten Büchern wirklich die »Frohe Botschaft Gottes« verkündet, die auch die künftigen Generationen harmonisch und in Frieden durch die nächsten Jahrtausende geleiten kann.

Nachwort

Es erging mir wie einem Archäologen bei der Entdeckung einer vergrabenen Stadt, als ich in den Jahren 1987 bis 1990 bei meiner Tätigkeit als römisch-katholischer Religionslehrer an Pflichtschulen im Land Salzburg (Lungau) gründliche Stundenvorbereitungen betrieb. Dabei mußte ich zu meinem Erstaunen feststellen, daß in der *Einheitsübersetzung* nicht nur schlecht, sondern auch falsch übertragen worden war. Ich übersetzte daher viele neutestamentliche Texte aus dem griechischen Original, um den Schülern ein optimales Wissen über das Christentum zu vermitteln.

So fand ich damals heraus, daß JESUS nicht mit einer Geißel die Händler wie Tiere aus dem Tempel getrieben hat (vgl. Joh 2,15); und daß er auch nicht auf einem Feigenbaum Früchte suchte, obwohl es nicht die »Zeit der Feigenernte« war (vgl. EÜ: Mk 11,13). Jesus kannte nämlich die Erntezeit und wußte auch, wann man Früchte finden konnte und wann nicht.

Die korrekte Übersetzung von Mk 11,13c lautet:

»So gab es keine Aussicht, Feigen (zu bekommen)«.

Jesus ließ dann den Feigenbaum verdorren (vgl. Mk 11,14.20f.), weil die Menschen sich nicht an das jüdische Gesetz gehalten haben, die Nachlese Armen und Fremden zu überlassen (vgl. Lev/3. Mose 19,9f., aber auch: Dtn/5. Mose 24,19-21; auch Mi 7,1-7).

Ich forschte weiter und es wurde mir in den darauffolgenden Jahren immer mehr die Ungeheuerlichkeit klar, daß die Menschheit etwa seit eintausendsechshundert Jahren durch die *Vulgata*-Übersetzung über Jesus und seine Botschaft teilweise falsch informiert wird.

Es ist mir nicht möglich, darüber zu schweigen, daß in allen Bibeln der Welt (vor allem in den Büchern des *Neuen Testaments*) schwere Übersetzungsfehler enthalten sind.

Jeder Christ, aber auch Nichtchrist hat das Recht zu wissen, daß die Bibel, die er besitzt, in vielem eine Fälschung ist und ihm daher nicht das rechte Wissen über das Christentum und über die christliche Gottesvorstellung vermittelt.

Es gibt für mich keine größere Herausforderung bei meiner Übersetzungsarbeit, als aus den alten Schriften die Frohe Botschaft Gottes »freizulegen«, vor allem dort, wo die Bibel aus menschlicher Schwäche, Irrtum oder bewußter Täuschung ihrer segensreichen Aussagen beraubt und daher unheilvoll »kastriert« wurde.

Zum Schluß sei all jenen mein großer Dank ausgesprochen, die mir bei der Veröffentlichung hilfreich zur Seite gestanden haben.

Als erstes sei hier meine Frau Silvia genannt, die mich in unzähligen Stunden als Beraterin in philologisch-grammatikalischen Fragen sowie als »Sekretärin« so treu und kreativ begleitet hat.

Es sei aber auch dem Cheflektor des Ariston Verlages, München, Herrn Frank Auerbach gedankt, der durch seine vortrefflichen Ratschläge mitgeholfen hat, das Werk in dieser Form entstehen zu lassen.

Abschließend gilt mein spezieller Dank Herrn Univ.-Prof. Dr. Otto Kransteiner, dem Ordinarius des Instituts für Slawistik an der Universität Salzburg, sowie seinen Assistenten, die mir bei der Zitation jener altbulgarischen Bibeltextstelle (Mt 10,34ff.) aus dem *Codex Marianus* behilflich waren.

JOHANNES DIETL-ZEINER

Bibliographie

Quellen

Augustinus: Bekenntnisse. Übersicht von Joseph Bernhart, Frankfurt/ Main 1955

Die Bibel, Altes und Neues Testament. Einheitsübersetzung, hrsg. im Auftrag der Bischöfe Deutschlands, Österreichs, der Schweiz, des Bischofs von Luxemburg und des Bischofs von Lüttich, Stuttgart 1980

Die Bibel nach der Übersetzung Martin Luthers, hrsg. von der Deutschen Bibelgesellschaft Stuttgart, Stuttgart 1991.

Edmond Bordeaux-Szekely: Das Friedensevangelium der Essener. Schriften der Essener, Bd 1, 12. Aufl., Fulda, 1988

–: Das geheime Evangelium der Essener. Schriften der Essener, Bd 4, 7. Aufl., Fulda, 1988

Codex Iuris Canonici, Auctoritate Ionannis Pauli PP.II Promulgatus, Vatican City 1983

Codex Marianus. Altbulgarische Bibelübersetzung (10. Jh.)

Enchiridion symbolorum. Hrsg. von Denzinger-Schönmetzer, definitionem et declarationum de rebus fidei et morum. 36. Aufl., Freiburg 1976

The Greek New Testament. Hrsg. von Kurt Aland u.a., 3. Aufl., Stuttgart, 1975

Die Gute Nachricht. Das Neue Testament in heutigem Deutsch, hrsg. von der Deutschen Bibelgesellschaft (Evangelisches Bibelwerk), dem Katholischen Bibelwerk e.V. Stuttgart u.a., 2. Aufl., Stuttgart, 1982

The Holy Bible. Authorized King-James-Version. Cambridge University Press, Cambridge, London, New York o.J. (193).

Flavius Josephus: Altertümer, Jüdischer Krieg

Katechismus der Katholischen Kirchen. Hrsg. von Papst Johannes Paul II., deutsche Ausgabe München 1993

Katechismus der Katholischen Kirche. Deutsche Ausgabe, München 1993

Katholischer Erwachsenen-Katechismus. Das Glaubensbekenntnis der Kirche, hrsg. von der Deutschen Bischofskonferenz, 2. Aufl., Bonn, 1985

Kleine Jerusalemer Bibel, Neues Testament und Psalmen. Herder-Übersetzung mit dem vollständigen Kommentar der Jerusalemer Bibel. Übers. von Ulrich Schütz, Freiburg 1991

Martin Luther: Werke, »Weimarer Ausgabe«, hrsg. von J.K.F. Knaake, G. Kawerau u.a., 135 Bände, 1883 – 1983, Graz

Josef Neuner/Heinrich Roos: Der Glaube der Kirche in den Urkunden der Lehrverkündigung. 10. Aufl., Regensburg, 1986

Novum Testamentum, Graece et Latine. Hrsg. von Augustinus Merk, 8. Aufl., Rom, 1957

Karl Rahner/Herbert Vorgrimler: Kleines Konzilskompendium. Alle Konstitutionen, Dekrete und Erklärungen des Zweiten Vaticanums in der bischöflich beauftragten Übersetzung. 2. Aufl., Freiburg/Br., 1966

Josef Schmid: Synopse der drei ersten Evangelien mit Beifügung der Johannes-Parallelen, 7. Aufl., Regensburg, 1977

Über die geschichtliche Wahrheit der Evangelien. Instruktion der Päpstlichen Bibelkommission vom 21. 4. 1964. Vorwort von Wolfgang Beilner. Klosterneuburg 1965

Erich Weidinger: Die Apokryphen, Verborgene Bücher der Bibel. Augsburg 1990

Zweites Vatikanisches Konzil: Dogmatische Konstitution über die göttliche Offenbarung »Dei verbum«, mit Einführung und Kurzkommentar von Walter Kirchschläger, Klosterneuburg 1985

Lexika, Handbücher, Grammatiken

Eduard Bornemann/Ernst Risch: Griechische Grammatik, 2. Aufl., Frankfurt/Main 1978

Joseph Dey: Schola Verbi, Lehrbuch des neutestamentlichen Griechisch. 6. Aufl., Aschendorff/Münster 1976

Handbuch religionspädagogischer Grundbegriffe 2, hrsg. von Gottfried Bitter u.a., Bd 2, München 1986

Lexikon der christlichen Moral, hrsg. von Karl Hörmann u.a., Innsbruck 1976

Hermann Menge: Langenscheidts Großwörterbuch Altgriechisch-Deutsch, 27. Aufl., Berlin 1991

Michael Petschenig: Der kleine Stowasser, Lateinisch-deutsches Schulwörterbuch, Wien 1971

Florian Weigel/Emil Sofer: Griechische Schulgrammatik, 39. Aufl., Wien 1954

Verfasser- und Vielverfasserschriften

Michael Baigent/Richard Leigh: Verschlußsache Jesus. Die Qumranrollen und die Wahrheit über das frühe Christentum. München 1991

Klaus Berger: Exegese des Neuen Testamentes. Neue Wege vom Text zur Auslegung. Heidelberg 1977

Karl Bihlmeyer/Hermann Tüchle: Kirchengeschichte, Bd 1-3, 18. Aufl., Paderborn 1982

Otto von Corvin: Pfaffenspiegel. Historische Denkmale des Christlichen Fanatismus. Flensburg 1979

Henri Daniel-Rops: Er kam in sein Eigentum. Die Umwelt Jesu. Paris-Stuttgart 1961

Geschichte der Katholischen Kirche. Ein Grundkurs, hrsg. von Josef Lenzenweger u.a., Graz 1986

Immanuel Kant: Ausgewählte Werke. Schriften zur Pädagogik und ihrer Begründung. Paderborn 1963

Werner Keller: Und die Bibel hat doch recht. Forscher beweisen die historische Wahrheit, 17. Aufl., Reinbek/Hamburg 1976

Walter Kirchschläger: Schriftverständnis leicht gemacht. Zur Vermittlung biblischen Grundwissens. Klosterneuburg 1980

Jacob Kremer: Die Bibel lesen – aber wie? Eine kleine Anleitung zum Verstehen der Heiligen Schrift, 6. Aufl., Stuttgart 1978

Hans Küng: Theologie im Aufbruch. Eine ökumenische Grundlegung. München 1987

Franklin H. Littel/Erich Geldbach: Atlas zur Geschichte des Christentums, New York–München 1989

Dr. Joseph Murphy: Die Macht Ihres Unterbewußtseins. Das Große Buch innerer und äußerer Entfaltung. Ariston Verlag, 53. Auflage, Genf/München 1994

Uta Ranke-Heinemann: Eunuchen für das Himmelreich. Katholische Kirche und Sexualität. 7. Aufl., Hamburg 1988

–: Nein und Amen: Anleitung zum Glaubenszweifel. Hamburg 1992

Hugh J. Schonfield: Die Essener. Das Geheimnis des wahren Lehrers und der Einfluß der Essener auf die Gestaltung der Geschichte. Fulda 1985

Kurt Schubert: Die Kultur der Juden im Altertum. Wiesbaden 1980

Carsten Peter Tiede, Matthew D'Ancona: Der Jesus-Papyrus. München 1996

Veit Valentin. Deutsche Geschichte, Bd. 1. 2. Aufl., München 1969

Verzeichnis der falsch übersetzten Evangelienstellen in den traditionellen Bibeln und ihren korrigierten Fassungen